B. Bauer

Freimaurer, Jesuiten und Illuminaten, in ihrem geschichtlichen Zusammenhang von B. Bauer

B. Bauer

Freimaurer, Jesuiten und Illuminaten, in ihrem geschichtlichen Zusammenhang von B. Bauer

ISBN/EAN: 9783743300385

Hergestellt in Europa, USA, Kanada, Australien, Japan

Cover: Foto ©ninafisch / pixelio.de

Manufactured and distributed by brebook publishing software (www.brebook.com)

B. Bauer

Freimaurer, Jesuiten und Illuminaten, in ihrem geschichtlichen Zusammenhang von B. Bauer

Freimaurer, Jesuiten

und

Illuminaten,

in ihrem geschichtlichen Zusammenhange.

Von

J. Bauer.

Berlin, 1863.

Verlag von Ferdinand Heinicke, Deßauerstraße 5.

Einleitung.

1) Verhältniß des Freimaurerordens zur Revolution, zum Jesuitismus und zum Socialismus.

Wir wollen in den folgenden Zeilen nicht als Ankläger gegen die Freimaurerei auftreten; wir werden ihr nicht die Schuld an den Revolutionen, die seit 1789 Europa erschüttert haben, aufbürden und haben auch nicht den mindesten Anlaß dazu, sie mit jener Interessirtheit, welche die Blutsverwandtschaft erzeugt oder die Concurrenz entzündet, anzugreifen. Wir werden sie vielmehr nur als ein Geschöpf des achtzehnten Jahrhunderts erklären und wenn wir ihr auch noch für die Gegenwart eine große Bedeutung zuschreiben müssen, uns nur den Schluß erlauben, daß das neunzehnte Jahrhundert trotz aller seiner sogenannten Fortschritte über die geistigen Mächte und über die Organisationen seines Vorgängers nicht weit hinausgekommen ist.

Allerdings ist das einzig Interessante an der Freimaurerei ihr Verhältniß zur Revolution. Ihre Stellung zum Jesuitismus, den sie ablöste, zur Aufklärung des vorigen Jahrhunderts, aus der sie ihre Nahrung zog, zur Revolution, von der sie sich theils entzücken, theils erschrecken ließ, endlich zum Socialismus und dessen Ideal einer sogenannten rein-menschlichen Verbindung, — das ist es allein, was an ihr die Betrachtung reizen kann. Aber die Frage nach diesem höchst interessanten Verhältniß ist durchaus nicht erledigt, wenn man den Freimaurerbund mit allen jenen ihm verwandten Erscheinungen zusammenwirft und völlig identificirt. Man verwechselt bei diesem Verfahren nichts mehr und nichts weniger, als Zustand und Action, Spiel und Ernst, Mummerei und historische Oeffentlichkeit, Plagiat und Originalität, die Ergötzungen eines beschränkten Stilllebens und den männlichen Muth des Bekenntnisses. Mit Einem Wort: man versperrt sich durch dieses unhistorische Verfahren den Weg zur Einsicht, daß die Freimaurerei im Zustande der Passivität ist, was die Revolution mit den ihr verwandten Erscheinungen vom Jesuitismus bis zum Socialismus in der höchsten Energie der Activität und des Kampfes ist.

Es liegen uns zahlreiche Aeußerungen von Freimaurern vor, die wir zunächst als Belege für diesen Satz anführen können. In jener Erklärung vom 24. Februar 1793, in welcher der Herzog von Orleans, damaliger Egalité, bis dahin Großmeister des großen Orient, sich vom Bunde lossagte und überhaupt eine geheime Verbindung mit dem Bestand der jungen Republik als unvereinbar bezeichnete, sagte er unter Anderem: „Ich hatte mich zu einer Zeit, in welcher wahrlich noch Niemand unsere Revolution voraussah, der Freimaurerei angeschlossen, weil sie eine Art Bild der Gleichheit bietet, gerade wie ich mich den Parlamenten angeschlossen hatte, welche eine Art Bild der Freiheit boten. Ich habe unterdessen das Phantom gegen die Wirklichkeit aufgegeben." Das „Niemand" in dieser Erklärung nimmt uns die Mühe ab, an den Lauf der französischen Geschichte zu erinnern, der, um bei der Revolution anzulangen, durch den großen Orient wahrlich nicht gefördert zu werden brauchte. Hätte der Herzog seinen Logen irgend einen Beitrag zur Herbeiführung oder Beschleunigung der Revolution nachrühmen können, so hätte er es, um seinem Großmeisterthum einige Ehre anzuthun, gewiß gethan. Und was ihn selbst betrifft, so wird man den armen Schächer von dem Vorwurf einer systematischen revolutionären Thätigkeit getrost freisprechen können. Er wurde, wie alles Andere, vom König und dessen Ministern an bis zu den Volkshaufen der Straße, von einer Sucht des Nivellements getrieben, die er so wenig wie die Anderen in diesem Gewühl deuten konnte und für welche ihm seine früheren Logenarbeiten am wenigsten eine Deutung geben konnten.

Ein belehrendes Bild von der Stellung der französischen Logen zur Revolution geben uns die Mittheilungen von A. G. Jouaust in seiner Monde Maç. (siehe Findel's Geschichte der Freimaurerei, 1862, Bd. 2, S. 41, 42) über die Geschichte der Loge „La Parfaite Union" zu Rennes. Dieselbe unterbrach plötzlich ihre Arbeiten, als die Regierung 1788 die Militärgewalt gegen das Parlament der Bretagne aufbot, nahm aber ihre Sitzungen wieder auf, als das Parlament wieder eingesetzt wurde, ohne daß sie irgendwie fähig gewesen wäre, sich über den Zusammenhang zwischen dem Schicksal einer Corporation und der Vorrechte derselben und zwischen ihrem eigenen Gedeihen Rechenschaft abzulegen.

„Endlich, fährt jener Geschichtschreiber der Maçonnerie von Rennes fort, im Juli 1789, beim Eintreffen der Nachricht von der Erstürmung der Bastille, kamen die politischen Gefühle in der Loge zum Ausbruch. Dieselbe erklärte sich freimüthig für dieses Ereigniß und für die neuen Grundsätze, welche durch die Nationalversammlung zur Geltung kommen sollten, und in einer Arbeit vom 23. Juli äußerte der Meister vom Stuhl: die glückliche Revolution, welche sich vollziehe und eine Vereinigung der Geister und Herzen aller Franzosen verheiße, sei für den wahren Maurer Gegenstand des Dankes gegen den obersten Baumeister aller Welten und mit ihr beginne das Reich der Gerechtigkeit und Liebe", worauf die beiden Logen zu Rennes beschlossen, den Ausbruch der Revolution durch einen feierlichen Act der Wohlthätigkeit auszuzeichnen.

Der genannte französische Geschichtschreiber bemerkt zwar bei dieser Gelegenheit: „Die Bewegung von 1789, begonnen in rein humanitärem Charakter und in der Hoffnung auf beständige Harmonie zwischen König und Volk und zwischen Adel, Geistlichkeit und dem Bürgerstande, war ein theilweise in den Logen vorbereitetes großes Werk, während für den durch blinden Widerstand des Königthums, wie durch den Egoismus und die Eitelkeit des Klerus und des Adels veranlaßten schrecklichen Zusammensturz der alten Gesellschaft die Maurerei nicht verantwortlich gemacht werden kann."

Indessen diesem Selbstruhm, daß die Revolution zum Theil in den Logen und ihrem Bruderbunde ihre Vorbereitung gefunden hatte, können wir keine größere historische Bedeutung beilegen, als jener Betheuerung unserer Beamten, die in der Wahlbewegung nach dem 18. März 1848 den Wählern versicherten, daß sie auch schon vor der Revolution im Kreis ihrer Familien constitutionell gesinnt gewesen seien. So viel und so wenig diese constitutionellen Geheimräthe durch ihre Gesinnung innerhalb der vier Wände ihrer Familienwohnungen zum Ausbruch der Märzrevolution beigetragen haben, so viel und nicht mehr und nicht weniger haben die französischen Logen zur Vorbereitung der Revolution von 1789 gethan. Hofften sie in ihrer humanitären Schwärmerei noch im Juli 1789 auf beständige Harmonie zwischen Klerus, Adel und Bürgerstand, so verstanden sie die Revolution so wenig, wie der Geschichtschreiber der Maurerei von Rennes dieselbe noch jetzt versteht. Eine Revolution, die zwei Jahre vor 1789 durch das Königthum im Kampf mit den historischen Ständen in's Leben gerufen wurde und den Sieg des Absolutismus über die ständischen Corporationen bezweckte, — eine Revolution, die nach dem Zusammentritt der Generalstände im Mai 1789 durch den Kampf des bürgerlichen Standes gegen die Vorrechte des Klerus und des Adels aus einer königlichen eine bürgerliche wurde, ging über den Horizont der Maurer und war für sie nur ein Ereigniß, über welches sie kannegießern konnten, aber dessen Hervorrufung ihre Kräfte überstieg.

Aus der neueren Zeit führt der schon erwähnte neueste Geschichtschreiber der Maurerei überhaupt, Findel, einige Stellen aus dem Rundschreiben an, in welchem die Loge „zu den drei Bergen" in Freiberg 1835 sich über die Erschlaffung ausspricht, die nach der Juli-Revolution in Folge der lebhaften Theilnahme an den politischen Ereignissen im Logenleben eingetreten war. Die Loge meint nämlich, diese Aufregung werde sich legen und die Theilnahme sich dem Bruderbunde wieder zuwenden, um so eher, „da die Veränderungen, welche jetzt im äußeren Leben vorgehen und die unsere Aufmerksamkeit auf sich und von unserem stillen Bunde hinweg zogen, dem wahren Sinne der Maurerei nicht entgegen, ihm vielmehr entsprechend sind, da die Umänderung, welche jetzt in dem politischen Ganzen und in dem Einzelnen vorgeht, eher eine Entwicklung des maurerischen Geistes außerhalb der Grenzen des Freimaurerbundes, als ein sich ihr entgegenstemmendes Streben genannt werden kann." Dennoch meint die Freiberger Loge, der stille Bruderbund und die geräuschvolle Inscenesetzung seiner Grundsätze in der Außenwelt würden immer etwas Verschiedenes sein. Obwohl, sagt sie, „in manchem Maurer der Gedanke aufgekeimt ist, daß unsere Zeit die königliche Kunst zum Gemeingut zu machen strebe, daß vielleicht aus dem Geheimnisse der königlichen Kunst die Fortschritte der Humanität hervorgegangen seien, welche wir dem nicht-maurerischen Leben zugestehen müssen und mit Freuden zugestehen, so wird doch das Außenleben den Sinn der königlichen Kunst nie ganz in sich aufnehmen."

Warum nicht? Worin liegt also der Unterschied zwischen den Geheimnissen des Bruderbundes und den historischen und offenkundigen Leistungen der Weltmenschen? Woher, trotz der Freude an den humanitären Revolutionen und trotz der Theilnahme an den Fortschritten derselben, die Antipathie des Logenbundes gegen das Interesse, welches das revolutionäre Drama der Welt den Brüdern einflößt? Die Antwort liegt in der maurerischen Auffassung der sogenannten königlichen Kunst.

Herstellung des reinen Menschen, die Pflege rein menschlicher Verhältnisse, Verkehr und Umgang des Menschen mit dem Menschen, Schließung eines reinen Menschenbundes — das ist die Aufgabe der Freimaurerei.

Die Brüder des Logenbundes fühlen sich durch diese Bestimmung ihres Vereins erhoben. Sie glauben in dem Ideal des reinen Menschen und des Menschenbundes ein tiefes, der profanen Welt verborgenes und unzugängliches Geheimniß zu besitzen. Im reinen Menschen wollen sie das Inhaltvollste und Wirklichste dieser Welt aufstellen; vom Bild desselben fühlen sie sich erhoben; es belebt ihr Freiheitsgefühl, begründet die gegenseitige Achtung, die sie unter einander üben, und stärkt ihre Erwartung eines Bundes, in welchem der Mensch im Andern nur den Menschen sieht.

Wir wollen ihnen dagegen nicht bemerklich machen, daß alle bisherige Geschichte menschlich und die Darstellung des Menschen war — daß alle Einrichtungen, die bisher von Menschen getroffen sind, menschlich waren — daß der Mensch sehr wenig ist, wenn er bloß Menschliches wirkt und hervorbringt, und daß er dann nur dem Thiere gleich wirkt, welches auch nur seine Gattung darstellt — daß ein Bund von Menschen, die im Namen des Menschen vereinigt sind, eine an sich sehr leere Phrase ist, die vom bestimmten und lebensvollen Inhalt der Geschichte abstrahirt.

Kurz, wir wollen vom Werth dieser Phrase noch absehen; — wir wollen diese Phrase des Menschen als reinen Menschen den Freimaurern nicht als Beweis entgegenhalten, daß sie, indem sie das rein Menschliche suchen, indem sie es pflegen und hegen wollen und indem sie sich mit der leeren Tautologie: das Menschliche ist das Wesen des Menschen, beschäftigen, gegenüber den andern, auch menschlichen, aber zugleich politischen und kirchlichen Kreisen der wirklichen Welt, doch auch etwas Besonderes und Eigenes sind — wir wollen vielmehr zunächst den Protest, den ihre Menschenphrase gegen die bisherige und noch im vollen Gange befindliche Geschichte erhebt, in's Auge fassen.

Sie selbst, die Freimaurer, sagen zwar, ihre Phrase des reinen Menschen werde sich nicht gegen die bestehende Gesellschaft richten. Wenn man ihnen bemerklich macht, daß der reine Mensch, der ihnen als das Allgemeinste und Allumfassende erscheint, in der That vielmehr etwas sehr Bestimmtes und die Antithese gegen alles sonstige Bestimmte — der Gegensatz gegen Staaten und Völkerschaften, gegen Nationalitäten, Corporationen, Gemeinden und Bekenntnisse ist, so berufen sie sich auf ihre Logengesetze, die ihnen den Frieden mit dem Bestehenden oder eigentlich nur die Nicht-Beunruhigung des Bestehenden gebieten. Ihr Mensch ist die Kriegserklärung gegen die Welt und er soll sich mit der Welt und deren Ordnungen nicht beschäftigen. Er steht Allem entgegen und doch soll er an nichts rühren, sich mit nichts, was ihm und dem er selbst feindlich ist, befassen. Die Phrase des reinen Menschen, mit der man Alles gesagt zu haben glaubt und mit der nichts gesagt ist, ist das Nichts von allem Bestehenden, und doch scheut sich der Freimaurer, es auszusprechen, daß er nichts von dem Bestehenden will.

Diese Zweideutigkeit, Verehrung einer Phrase, die die Kriegserklärung gegen die wirkliche Welt ist und statt des Krieges nur passive Theilnahmlosigkeit gegen die Welt und Absonderung von deren Ordnungen gebietet, ist das Wesen des Freimaurerbundes und wird durch die Vergleichung mit den verwandten parallelen Erscheinungen vom Jesuitismus an bis zum Socialismus uns in ihrer ganzen Haltungslosigkeit noch klarer werden.

Mit seiner Pflege und Darstellung des Rein-Menschlichen und mit seiner Behauptung, daß der Cultus des Humanen im Geheimniß seiner Logen durchaus nicht gegen die bestehenden kirchlichen und politischen Verhältnisse gerichtet sei, bildet der Freimaurerorden einen augenblicklichen Ruhepunkt in jener auf die Geltendmachung des Rein-Menschlichen gerichteten Bewegung, die sich im 15. Jahrhundert gegen die christliche Lebensordnung erhob und seit dem Schluß des 18. Jahrhunderts die Massen ergriffen hat. Diese Bewegung begann im Humanismus, setzte sich im Jesuitenorden fort und ging durch die Aufklärung und Revolution in den heutigen Socialismus über.

Im Humanismus das Werk privater Gelehrtenkreise, im Jesuitismus die Propaganda eines kirchlichen Ordens, ward diese Auflehnung gegen das christliche Heil in der Aufklärung das Geschäft bürgerlicher, Fürsten, Adel und Geistlichkeit umfassender Coterieen, in der Revolution der Aufstand der Leidenschaft gegen die alten Vorstellungen des Dienstes, Amts und Berufs, im Socialismus das selbstisch-stolze Pochen auf die Heiligkeit und den absoluten Werth der Arbeit.

Der Aufstand des natürlichen Menschen gegen die christliche Forderung und Thatsache der Wiedergeburt vollzog sich im Humanismus in der Form der Rückkehr zu dem bewunderten heidnischen Alterthum, im Jesuitenorden unterm Schirm eines lockern Zusammenhangs mit der kirchlichen Predigt von der Gnade. Nachdem der Jesuitismus den natürlichen Menschen hinreichend verwöhnt und mit Selbstzufriedenheit erfüllt hatte, so daß derselbe die schwachen Fäden, die ihn noch mit der Gnade verbanden, zerreißen und der erschlafften Zucht des Ordens entlaufen konnte, trat der alte Adam in der Aufklärung in seiner ganzen Blöße auf die Weltbühne — ein altkluges Wesen, voll von selbstgefälligem Stolz auf seine kosmopolitischen Leistungen im griechischen und römischen Alterthum, in der That aber noch sehr unreif, da er mit seinem Gegensatz, dem christlichen Dienst und Gnadenstand, sich noch nicht gemessen hatte, auch schon deshalb sich nicht messen konnte, weil derselbe in der Mitte des vorigen Jahrhunderts so gut wie nicht mehr da war.

Der Satz, daß der Jesuitismus die kirchliche Fortbildung des Humanismus und der Vater der Aufklärung und des modernen Liberalismus ist, — dieser Satz, auf welchem unsere Gruppirung der abamitischen Erscheinungen vom Humanismus bis zum Liberalismus beruht, wird in dem betreffenden Abschnitt dieser Schrift ausführlich begründet werden.

Weishaupt, der Erfinder und Stifter des Illuminaten-Ordens, bewunderte den Jesuiten-Orden wegen der Pfiffigkeit und Weltklugheit, die derselbe in der Leitung seiner Angehörigen bewiesen hatte, und nahm sich ihn für die Regelung der Disciplin in seiner eigenen Stiftung zum Vorbilde. In der Hitze seines Aufstandes gegen Kirche und Staat bemerkte er nicht, daß der Jesuiten-Orden zu beiden gleichfalls schon in feindseliger Spannung gestanden und sein Ordensgebäude aus demselben Material, welches er für seinen eigenen Geheimbund benutzte (aus dem natürlichen Menschen), aufgerichtet hatte. Nicht nur die Schlauheit und Kleinlichkeit der Berechnung, mit welcher Weishaupt seine Jünger bei den Schwächen und Leidenschaften des natürlichen Adam faßte, stellt ihn mit den Jesuiten in Eine Reihe, sondern auch seine Ansicht vom Menschen als einem bloßen Naturwesen. Er unterschied sich von seinen Vorgängern nur dadurch, daß er die Consequenz derselben zog und, indem er mit der Freiheit und mit dem Selbstgenügen des natürlichen Willens Ernst machte, die jesuitische Phrase der Gnade strich.

Der Freimaurer-Orden bezeichnet nun auf dem Uebergang vom Jesuitismus zur Aufklärung des 18. Jahrhunderts und zum revolutionären Illuminatismus jenes Zwischenstadium, wo die kirchlichen Interessen ermattet waren und Niemand mehr innerlich und ernstlich beschäftigten und der Naturmensch noch nicht die Kraft und den Muth hatte, den Kampf mit denselben durchzuführen. Er bot dem Naturmenschen ein Asyl gegen den Kirchenstreit, überließ den letzteren aber seinem eigenen Verlauf. Er zog das Rein-Menschliche, welches der Jesuitismus noch mit den Pflichten und Traditionen des Kirchenthums auf schonende, ja in der gefälligsten Weise in einiger Verbindung erhalten hatte, zurück und stellte es den streitenden Kirchen anheim, ihm einstens in seinen Brudersaal zu folgen.

Er trägt also das Zweideutige einer Uebergangsperiode an sich und hat dasselbe bis jetzt erhalten. Die Armuth seiner reinen Menschlichkeit zwang ihn zwar, in die Gebiete, zwischen denen er seine Erhabenheit und Unschuld bewahren will, hinüberzugreifen und ihnen einigen Stoff und ein wenig Leidenschaft zu entlehnen. Aber auch in diesen Anleihen bewies er seine Natur als Mittelwesen, indem er sowohl die verlassene Kirche und Feudalwelt um Ornamente und Titel anging, als auch sich aus der revolutionären Aufklärung bereicherte. Der alten Welt, auf deren Bekehrung zur menschheitlichen Bruder-Idee er ruhig warten wollte, entnahm er seinen priesterlichen und ritterlichen Mummenschanz; die Revolution, deren Ernst er vom Anfang seines Bestehens an desavouirte, machte er im Illuminatismus und dessen freimaurerischen Nachwirkungen zu einem pfiffigen Spiel. Er schielt nach dem alten Priester- und Ritterthum und kokettirt zugleich mit der Revolution.

Seine gleichmäßige Ausbreitung in den germanischen wie in den romanischen Ländern verdankt der Freimaurer-Orden dem Umstande, daß er die Eigenthümlichkeiten der beiden Hauptracen des westlichen und mittleren Europa's combinirte und von seiner Entstehung an bis jetzt vereinigt in sich bewahrt hat.

Er ist eine germanische Eidgenossenschaft und ein romanischer Orden.

Seiner ersten Constituirung in den nächsten Jahren nach dem Tode Ludwig's XIV. waren jene fast ein Vierteljahrhundert ununterbrochen einnehmenden Kriege vorangegangen, in denen eine Mischung der Volksgeister, besonders aber jener selben Volksgeister, die damals an der Spitze der politischen und kirchlichen Entwickelung standen, des englischen und des französischen, sich vollzogen hatte, — eine Mischung, in welcher die Resultate der kirchlichen Krisen, die Europa seit dem dreißigjährigen Kriege erschüttert hatten, sich verbanden.

Der westfälische Friede hatte die römische Kirche matt gesetzt und gegen ihren Einspruch und mit Nichtbeachtung ihres Protestes die europäischen Angelegenheiten geordnet. Der Jesuitenorden hatte mit Hülfe Ludwig's XIV. sein Dogma von der Kraft und vom Vermögen des natürlichen Menschen gegen den Jansenismus und gegen die augustinische Ueberlieferung durchgesetzt, damit aber auch die kirchliche Debatte über Gnade und Natur für immer geschlossen. Die Erbschaft der Katholicität stand offen, der Naturmensch war durch die Jesuiten fernerer dogmatischen Belästigungen entzogen und von der kirchlichen Disciplin emancipirt. Der Erbe der Katholicität und der weltliche Pfleger des Naturmenschen hatte sich indessen in England herangebildet. Aus dem leidenschaftlichen Streit der Kirchensecten war daselbst der Gedanke einer rationellen und natürlichen Katholicität und eines Bundes, die von den Gegensätzen der Kirchen und Secten nicht berührt wurden, hervorgegangen. Die Allgemeinheit des Naturverstandes, die Katholicität des natürlichen Lichts, die Universalität der natürlichen Brüderlichkeit, die Unabhängigkeit des menschlichen Umgangs von politischen Abstufungen und von den kirchlichen Bekenntnissen — diese neuen Formen einer naturalistischen Katholicität traten in das Erbe der römischen Kirche ein, um dasselbe für eine unkirchlich gewordene Zeit nutzbar zu machen und zu verarbeiten, und sie umhüllten sich zugleich mit den Institutionen eines auf Verschwiegenheit, unbedingten Gehorsam und hierarchische Abstufung gegründeten Ordens. Der Freimaurer-Orden war damit fertig.

Etwas Germanisches von bescheidener Verschämtheit, Abneigung gegen Aufdringlichkeit und von scheuem Vertrauen auf die Kraft des eigenen Pfundes hatte der Orden noch, indem er mit seiner menschheitlichen Brüderlichkeit und mit seiner Naturweisheit der bürgerlichen Ordnung und den Kirchen keinen Krieg machen und diese sich selbst überlassen wollte. Aber doch war diese Enthaltsamkeit nur eine Caricatur des Germanischen. Wenn der Germane aus seiner innern Erfahrung und aus seinem Erlebniß eine Position zieht, welche den Erfahrungs- und Geistesschatz der Welt vermehrt, so ist er zu vornehm, bescheiden und stolz, dieselbe in romanischer Propagandasucht der Welt aufzubringen; aber diese Bescheidenheit und Sicherheit schließt den Kampf der Vertheidigung und die Kritik älterer Erfahrungen, welche die neue Position zurückdrängen oder vernichten wollen, nicht aus. Der Kampf der Vertheidigung ist keine Revolution; Kritik des Alten, welches sich durch seine Absperrung gegen die neue Position um seinen wahren Sinn bringt, ist keine Propaganda, Deutung der Welt im Licht der neuen Position keine Aufdringlichkeit.

Diese Kritik der bestehenden Gesellschafts- und Kirchenordnungen fehlte dem Freimaurerorden vom ersten Augenblick seines Bestehens an bis zur Gegenwart, darum hat er auch nicht eine einzige originale Leistung aufzuweisen. Kritik konnte er aber nicht üben, weil ihm ein originaler Kern fehlte. Seine Abschließung gegen die Welt war die Selbstgenügsamkeit der Armuth. Sein reiner Mensch ist kein wirklicher, agirender Mensch, kein Geschichtsmensch. Der Orden pflegt nur menschlichen Umgang, erzeugt aber keine schöpferische, originale Menschen. Seine Betheuerung, daß er die bestehenden Ordnungen nicht stören will, ist aufrichtig gemeint; aber nur deshalb, weil er sehr wohl fühlt, daß ihm selbst zur theoretischen Defensive und zur Auseinandersetzung mit jenen Ordnungen die Kraft und der Muth und zur Kritik derselben der eigene Gehalt fehlt. Er ist so wenig wie die Aufklärung eine Anstalt und ein Mittel zur Veredlung des Innern, zur Erweckung des Gemüths, zur Pflege der Originalität, und läßt die natürliche Seele, mit der er sich gleich der Aufklärung allein beschäftigt, ohne Halt; darum ist er, während die letztere die Seele gegen das Bestehende reizt, aufregt und anstachelt, auf ein feiges Vertuschen und Abläugnen seines Gegensatzes angewiesen.

Gleichwohl setzt ihn der Gegenstand des Geheimcultus, die reine Menschlichkeit, zu dem Bestehenden in Spannung. Hat er auch gleich der Aufklärung keine Mission und keine erbauende Kraft, so hat er doch gleich dieser den Geschäftsgeist der Propaganda, die Sucht der Glücklichmacherei, die Begierde nach Weltherrschaft. Ohne productive Kraft für die Geschichte, selbst ohne alles Talent zur Negation, wird er doch beständig von der Geschichte und deren respectiven originalen Leistungen influencirt, rafft er ruckweise, wie Aufklärung und Revolution vorschreiten, deren Abfälle in sich auf und hofft er, daß diese seine oft von ihm verläugneten Mitarbeiter seine reine Menschheitlichkeit von dem geschichtlichen Ballast, mit dem er aus eigener Kraft nicht fertig werden kann, befreien. Er macht keine Revolutionen, ist aber mit seinem Gedeihen von ihnen abhängig.

Es geht ihm in dieser Hinsicht wie dem Socialismus, der auch in seine reine Menschheitlichkeit zu bigott vernarrt ist, um, von originalen Menschen zu schweigen, überhaupt nur active Menschen in seinem Kreise zu dulden, und immer nur die Nachwehen der Revolutionen und die Ermattung der revolutionären Geister für sein Aufkommen benutzt.

Ueberhaupt bringt es die Freimaurerei mit ihren rein menschlichen Beziehungen und Verhältnissen nicht weiter als der Socialismus mit seiner Humanität. Dieser will seine humanen Gattungswesen zu einer Arbeitsmaschine machen, die sich selbst in Bewegung setzt, die Freimaurerei stellt die Herrlichkeit ihrer Menschheitlichkeit in Maschinerieen und Phantasmagorieen dar. Beide repräsentiren die Selbstüberhebung des Arbeitsbewußtseins und wollen die Arbeit, die immer nur Mittel zum Zweck und nur im Hinblick auf das Resultat erfreuend sein und sich mit Genuß verbinden kann, zu einem Heiligen und Absoluten erheben. Der Socialismus staffirt die humane Arbeit, die er predigt, pfäffisch mit menschheitlichem Schnickschnack aus, die Freimaurerei mit mysteriösem Schnickschnack, den sie den Aufklärungsbüchern über den alten ägyptischen Cultus und die Mysterien der Griechen entlehnt hat. Beide wollen die Arbeit zum Range eines Dienstes, der Berufsthätigkeit und der Amtsverwaltung oder eines Cultus erheben und unternehmen damit eine Unmöglichkeit. Dienst, Amt, Beruf, die allerdings im Verschwinden begriffen sind und durch neue Organisationen ersetzt werden müssen, waren eine Thätigkeit, die mit dem Glauben an das amtliche und dienstliche Interesse verbunden war und, indem sie die Einbildung auf sich selbst nicht kannte, jenes Interesse walten ließ. Die Arbeit des Socialisten schlägt den umgekehrten Weg ein; in ihrer Unbescheidenheit und Eingebildetheit macht sie sich zum obersten Zweck und ihr selbstischer Stolz straft sich selbst, indem er das Mißvergnügen, welches im Herzen der Socialisten pocht, großzieht und endlich der Unlust zur Arbeit, der Trägheit und seinen eigenen Täuschungen erliegt. Die Arbeit, welche der Freimaurer zum Cultus machen will und für die er sich arbeitsmäßig ausstaffirt, ist von vorn herein nur ein Spiel, Koketterie und ein Mummenschanz.

2) Das Streben des Freimaurerordens nach Weltherrschaft.

Auch in dem Streben nach Allein- und Weltherrschaft ist der Freimaurer-Orden der Erbe des Jesuiten-Ordens, hat er der Sucht der Aufklärung nach alleiniger Geltung die Befriedigung einer geheimen Organisation gegeben und jetzt am Socialismus einen gefährlichen Rivalen erhalten.

Das „ôte-toi, que je m'y mette" des natürlichen Menschen war von vorn herein das Losungswort des Jesuiten-Ordens. Er erfüllte den Traum des Humanismus. Hatte dieser, zum Theil schon mit socialistischen Ansätzen, wie in des Thomas Morus „Utopia", sich am Gedanken ergötzt, daß die Weltordnung rein aus dem Willen, aus der Ueberlegung und aus freiem Vorsatz hervorgehen und daß diesem Willensproduct die bestehende Gesellschaft, deren Ordnungen den vermeintlich blinden Kräften der Natur, des Genius, des Glaubens, der Interessen und Leidenschaften entsprungen seien, sich unterordnen, endlich weichen müsse, so unternahm der Jesuitismus die Ausführung dieses Gedankens. Er schuf den Verein der Wissenden und Wollenden, der die Herrschaft des reinen Geistes über Staat und Kirche übte. In diesem Verein und dessen Vorsteher hatte der Fürst Macchiavelli's, dieses politische Ideal des Humanismus, seinen Meister gefunden. Auch die Kirche und das Papstthum, denen der Jesuiten-Orden seine Dienste zu Gebote stellte, waren ihm nur Mittel, um seine Autorität, seine Ansicht von den Rechten und zugleich von der Behandlung und Beherrschung des natürlichen Menschen obenauf zu bringen. Zitternd und zagend, aber von der Kühnheit und Zuversicht seiner geistlichen Führer bezwungen, folgte das Papstthum denselben seit den Tagen des Tridentinischen Concils bis zum Erlaß der Bulle Unigenitus und ließ es sich von ihnen dazu bestimmen, den Sieg des natürlichen Willens, der Willenskraft und des selbstgeschaffenen Verdienstes über die christliche Gnade dogmatisch zu decretiren.

Dieser Sieg war aber der Ruin des Jesuitenordens. Sie hatten den Boden, auf dem sie nach ihrer ganzen Vergangenheit allein operiren konnten, die Kirche, selbst ruinirt. Sie waren bodenlos geworden, und die Aufklärung nahm den natürlichen, unkirchlich gewordenen Menschen für sich in Beschlag. Sie versprach ihm die Weltherrschaft; in der That wollte sie ihn, wie der Jesuiten-Orden es mit der Kirche versucht hatte, benutzen, um durch ihn die Herrschaft zu erlangen.

Die Aufklärungsliteratur des vorigen Jahrhunderts ist eine fortlaufende Reihe von Bekenntnissen der Herrschsucht. Die Männer der Aufklärung selbst, von kritikloser Zuversicht zu ihren Projecten, Ideen und zu sich selbst getragen, verachteten die Leistungen der Vergangenheit und die Autoritäten der Gegenwart, — jene glaubten sie mit ihrer leichtsinnigen Phantasie für immer beseitigt zu haben, der Sturz der bestehenden war für sie nicht mehr eine Frage der Zeit, sondern in Kurzem zu erwarten.

In dem Roman „Ala Lama oder der König unter den Schäfern", den Bahrdt 1790 in seinem Gefängniß zu Magdeburg schrieb, sind alle leitenden Personen des geschilderten Staats dumm oder niederträchtig; der einzige kluge und ehrliche Mann, der sich unter ihnen befindet und den zerrütteten Staat wieder in Ordnung bringt, ist Pogona, d. h. da in diesem griechischen Wort der Verfasser seinen Namen versteckt hat, Bahrdt selbst.

Basedow war ein wahrer Typus jener excentrischen Männer des vorigen Jahrhunderts, die sich Jeder für den wahren Gottmenschen und für die vollendete Darstellung des Priester-Königthums hielten, und die Festigkeit seines Glaubens an seinen Beruf zur Herrschaft, so wie die Wuth seiner Begierde, die ganze Welt zu seinen Füßen zu sehen, giebt uns einen Begriff davon, wie in Frankreich aus der Manie der Weltverbesserung der Schrecken der Revolution entstehen konnte.

Campe stellte im braunschweigischen Journal von 1792 den Satz auf, daß die Schriftsteller die eigentliche gesetzgebende Macht im Staat seien.

Der Illuminaten-Orden ist weiter Nichts als eine Anstalt, die sich die Gründer desselben zur Etablirung ihrer Herrschaft, zur Heranbildung geeigneter Diener und zur Ansammlung eines willenlosen Gefolges zubereiteten. „Wenn Sie Ihren Vortheil kennen, schreibt Knigge an Weishaupt den 26. März 1783, so ist die Welt unser. Ich sehe große, ungeheuer große Aussichten vor mir." Allein er schrieb damit dem ursprünglichen Stifter des Ordens nichts Neues; die unbeschränkte Herrschaft hatte derselbe von Anfang an im Auge gehabt.

Keine politische, keine religiöse Herrschaft hat die Menschen bisher in dem Grade als unmündig angesehen und behandelt, wie es der Freimaurerorden mit seinen Angehörigen gethan hat. Die ganze Verachtung, mit welcher die Aufklärung auf die in Vorurtheilen befangene Menschheit herabsah und sie mit List, Schlauheit und kleinlichen Mitteln von ihren sogenannten Leidenschaften und künstlichen Interessen befreien und an den Anblick des natürlichen Lichts allmählich gewöhnen wollte, hat in dem Orden ihre Organisation erhalten.

Oberherrschaft der Weisen, Guten und Vollkommenen, Fürsorge derselben für die Schwachen und Unmündigen — das ist das Thema aller Freimaurer-Schriften, -Predigten und -Gedanken.

Parcere subjectis et debellare superbos — von diesem Wahlspruch des Römerthums haben die Aufklärung und die Freimaurerei nur den zweiten Theil sich zu Herzen genommen. Das stolze Herrenthum der kirchlichen und politischen Autorität haben sie — wir sagen nicht: gestürzt, sondern nur zu stürzen gesucht; aber mitten in ihrem Kampf haben sie diesem Herrenthum sogleich ihr eignes entgegengestellt und die Diener des Alten zu einer härteren und blinderen Unterwerfung angehalten, als wie sie jemals in der Welt existirt hat.

Der Socialismus ist nur die Vollendung dieser Herrschaftsgedanken und Herrschaftsschwärmerei. Er hat den Wahnsinn der Despotie zur Form des abstractesten Gedankens erhoben und (mit geheimem Vorbehalt der Rechte und der Erhabenheit der Maschinenaufseher) die allgemeine Idee der Menschheit oder der Gesellschaft zum absoluten Herrn ihrer Werkzeuge, der Knechte, des miserabeln Haufens der wirklichen Menschen gemacht.

Woher kommt es nun — wie ist es zu erklären, daß alsbald nach der ersten Freimaurerei im vorigen Jahrhundert Fürsten und Könige sich an die Spitze derselben stellten, d. h. in der That sich der Leitung der maurerischen Obern unterwarfen und somit in den Stand der allgemeinen Unmündigkeit eintraten?

In einem an Leopold, König der Belgier, gerichteten, aber auf diesem Umwege eigentlich für die Adresse Palmerston bestimmten Briefe sprach sich Louis Philipp 1840 über die Gefahren, die man in der damaligen Behandlung der orientalischen Frage Frankreich bereiten wollte, sehr verständig und einsichtig aus. Diejenigen, sagt er, die, wie Palmerston, in einem Kriege, den sie für Frankreich durch Isolirung oder Mißachtung nothwendig machen, nur für dieses Land Gefahren erblicken, bedenken nicht, daß in diesem Kampfe die Sieger eben so schlimm daran sein werden, wie die Besiegten, da der jetzige Zustand der Menschenköpfe, die sich in Nichts mehr fügen und vielmehr Alles umstürzen möchten, eine neue Auflage des Wiener Congresses oder eine neue Abgrenzung Europa's unmöglich macht.

„Die Welt wird entkönigt werden, schreibt er in diesem Zusammenhange (the world shall be unkinged); das zu Grunde gerichtete England wird die Musterregierung der Vereinigten Staaten zu seinem Vorbilde nehmen und der Continent das spanische Amerika zu dem seinigen."

Ob der Bürgerkönig mit der letzteren Hypothese die Zukunft des ganzen europäischen Continents getroffen hat, diese Frage wollen wir hier nicht behandeln. Wir halten uns an den ersteren Theil seines Satzes: „Die Welt wird entkönigt werden."

Es ist ein Kenner, ein Eingeweihter, der so spricht. Der Vater des Bürgerkönigs hatte als Großmeister des französischen maurerischen „Orients" den Sturm der Revolution auf den legitimen König von Frankreich vorbereitet und für sich selbst die Krone erobern wollen. Louis Philipp hatte sie im Bunde mit den Freimaurern wirklich erobert und seine ganze Regierung hatte nur den Einen Zweck, diese Eroberung gegen seine Bundesgenossen zu behaupten.

Das Haus Orleans hat das Verhältniß der Herrscher zu dem Orden in classischer Weise dargestellt. Das Ganze kommt auf's Benutzen und Dupiren hinaus. Der Vater scheiterte im Versuch; der Sohn führte das Ding mit lächelnder, vornehmer, man kann sagen, mit abliger Ironie durch und gab es mit gleich vornehmer Haltung auf, als es schief ging.

Wie er als erster Bürger seines Reichs das Börsenspiel der von ihm beherrschten Bürger, d. h. ihr Spiel mit Staat und Gesetz dulden mußte und sich damit half, daß er als oberster Börsenspieler durch seine Agenten und befreundeten Banquiers gegen dieses Spiel selber spielte und die Course nach seinem Herrscherwillen dirigirte, — wie er in den Verhandlungen um Civilliste und um die Dotation seiner verheiratheten Prinzen mit den knickernden Bürgern handelte und feilschte und schließlich seinen Willen durchsetzte und seinen Preis herausschlug, so operirte er auch als erster Freimaurer seines Reiches.

In der Juli-Revolution hielten sich die Freimaurer für die eigentlichen Sieger; ihre Logen hatten unter der Restauration die Wahlen beherrscht und die Niederlage der Regierung Karl's X. entschieden. Nach der Revolution hielten sie sich daher mit Recht für die Stütze der Juli-Regierung (wie auch die deutschen Freimaurer-Zeitungen jener Periode mit nicht unbegründetem Stolz der Welt verkündeten), aber sie wollten auch ihren Preis heraushaben und, indem sie Louis Philipp die Herrschaft ließen, durch ihre Minister und Abgeordnete regieren, d. h. die Herrschaft ausüben, — eine Forderung, gegen die sich Louis Philipp nicht anders helfen konnte, als indem er auf sie wie auf das Treiben der Börse einging, die ministeriellen Haussiers und Baissiers sich gegenseitig ruiniren ließ, die aufgedrungenen Herrscher und Minister abnutzte und dupirte und schließlich durch befreundete Ordensbrüder seinen Gedanken obenauf erhielt.

Die Bundesgenossen benutzen und dupiren, das war das System Louis Philipp's. Aber er wußte auch, daß die Absicht Jener dieselbe war. Und sein Brief an den König der Belgier beweist, daß er nicht weniger das Ende kannte: die Entkönigung der Welt und ihre Auflösung in souveräne, unfügsame Individuen — die Herabsetzung der Könige zu Privatleuten und die Forderung der Privaten, als Herrscher und Könige zu gelten.

Das letzte Wort, welches der Illuminaten-Orden seinen Angehörigen, wenn er sie durch alle vorbereitenden Grade hindurchgeführt hatte, eröffnete: in eigner Souveränetät selbst Priester, d. h. Ausleger aller Geheimnisse, und König sein, drückt auch den geheimen Sinn des Freimaurerordens aus. Durch den abenteuerlichen oder geschmacklosen Schnickschnack und Hocuspocus desselben geht der Ruf nach der noch vorenthaltenen oder verborgenen Krone hindurch, die der Maurer sucht und die ihn am Ende seiner Arbeiten belohnen soll.

Dieses Verlangen des Maurers nach dem königlichen Zeichen — diese Vertröstung auf die königliche Vollendung des freien Mannes hat der Illuminaten-Orden richtig gedeutet und mit seiner Deutung dem Streben der gesammten Aufklärung des vorigen Jahrhunderts einen präcisen Ausdruck gegeben.

Es handelte sich in diesem universalistischen Streben um nichts mehr und nichts weniger, als darum, das souveräne Ich zum Herrn aller weltlichen und geistlichen, bürgerlichen und kirchlichen, wissenschaftlichen und künstlerischen Interessen zu machen, so daß es dieselben alle in seiner Gewalt hat und in keinem von ihnen einseitig befangen ist.

Das lockte die Fürsten des vorigen Jahrhunderts — dieses Ziel entsprach ihren eigenen Wünschen.

Bisher war das absolutistische Königthum Ludwig's XIV. ihr Ideal gewesen. Derselbe hatte jene Interessen, die man in die eigene Gewalt bekommen wollte, wenigstens gefügig und unschädlich gemacht. Aber seine Weise ging nicht mehr; sie war nur ein persönlicher Versuch gewesen und seine Mittel waren nicht mehr zeitgemäß. Er hatte sich damit begnügt, Kirche, Adel, Kunst, Wissenschaft zu profaniren und zu entwürdigen, und an seine Helfershelfer, die Jesuiten, glaubte man nicht mehr.

Die Aufklärung und die Maurerei boten ein neues Mittel und eine neue Parole; sie hieß: Veredlung, Vereinfachung, Nutzbarmachung jener Interessen und ein Gemeinbund, der sich über die Grenzen der bestehenden Staaten hinweg die Hand reicht und jenen veredelten und vereinfachten Interessen die ihnen gebührende größere Domäne eröffnet. Welchen Reiz mußte diese Idee und die mit ihr verbundene Aussicht für Fürsten haben, die zu gewissenhaft waren, um die auf sie vererbten und ihnen anvertrauten Interessen nur zu profaniren, die sich vielmehr als Diener und oberste Amtsleute des Ganzen betrachteten und im zerfallenden deutschen Reiche, ja in Mitteleuropa überhaupt, von der Nordsee bis zur Weichsel ein beinahe herrenloses Gebiet sahen, welches den Bekennern und Dienern der neuen Idee, die sich jenem Geheimbund zu verpflichten verständen, nothwendig zufallen müsse!

Außer der Gemeinsamkeit der Interessen und Ansichten, welche die Fürsten mit der Aufklärung und Maurerei verband, wirkte auf Seiten der Ersteren die Berechnung und der Grundsatz, daß man der Bewegung, um von ihr nicht niedergeworfen zu werden, immer voraus sein müsse.

Diese Weisheit war aber ihren bürgerlichen oder adligen Verbündeten auch ziemlich einleuchtend, und aus dem Wetteifer, sich gegenseitig zu überholen und den Hauptvortheil aus der Aufklärung zu ziehen, entstand jener stürmische Wettlauf, in welchem die Fürsten, etwas verstimmt, zurückblieben und ihren Concurrenten das Feld allein überließen.

Sie thaten noch mehr und sahen, einen schwachen bewaffneten Rettungsversuch abgerechnet, mit ziemlicher Gemüthsruhe zu, wie ihr Bruder Ludwig XVI. der nun groß gewordenen Revolution allein gegenüber stand und sein Spiel mit ihr durchführte — ein Spiel, welches sich die Grundsätze der fürstlichen Maurerfreunde zur Regel gemacht hatte und in einer allerdings düsteren Weise die vornehme und über dem Dinge stehende Ironie Ludwig Philipp's vorbildete. Der König der Revolution ließ sich diese schmecken und genehmigte ihre Decrete, weil sie ihm die Stände und Corporationen, Gemeinden und Provinzen preisgab und principiell die königliche Person über ihre alten Concurrenten erhob. So weit aber diese Beschlüsse dahin zielten, seine neue

Gewalt zu einem bloßen Schein zu machen, unterwarf er sich ihnen nur mit dem geheimen Vorbehalt, durch die Sanction seine Gegner einzuschläfern und ihnen Vertrauen einzuflößen, um sie hernach desto besser zu hintergehen. Die einzige Angst, die ihn in diesem Spiel beunruhigte, war die, daß seine Brüder, als Werkzeug der Emigrirten und als Vertreter der ständischen Interessen, sich mit bewaffneter Hand in seine Operationen mischen und gegen ihn ein Mißtrauen erwecken möchten, welches ihm die Durchführung seines Planes verderben würde.

Er wollte von der Revolution profitiren und sie zugleich dupiren. Die Revolution ließ ihm bekanntlich nicht Zeit dazu und machte ganz Europa zu ihrem Theater.

Auf diesem Schauplatz, der zu einem Weltreich der Freiheit, Gleichheit und Brüderlichkeit umgewandelt werden sollte, faßte Bonaparte mit fester und gewaffneter Faust mit den alten Parteien auch die Geheimbünde und besonders den Maurerbund zusammen und ließ auf seinen Eroberungszügen diese von ihm gebändigte und disciplinirte Propaganda sich mit den verwandten Bänden in den fremden Ländern affiliiren. Die Militärlogen seiner Regimenter eröffneten in den eroberten Städten ihre Arbeiten, fanden in den Logen derselben ihre Weltbrüder und gaben den Armeen des Imperators schon bei ihrem ersten Anrücken, bei der Kriegserklärung die Glorie von Vorkämpfern der Weltbrüderlichkeit. Die Niederlage der Armeen und die Uebergabe fester Städte geradezu, wie es öfter geschehen ist, aus absichtlichem Verrath und aus geflissentlicher Hingabe des vaterländischen Postens an das große Weltordensreich erklären, das scheint uns viel und historisch nicht zu begründen zu sein. Auch ohne diese Annahme läßt es sich verstehen, wie die Minister der auswärtigen Angelegenheiten, die zugleich Meister des Rosenkreuzersystems waren, und die Offiziere der Armee, die zugleich Logenbrüder und das aufgeklärte Raisonnement und Politisiren (siehe z. B. F. C. Laukhard's Leben und Schicksale, Leipzig, 1796, Band 3, p. 190) in das Feldlager mitzubringen gewohnt waren, als gebrochene Wesen den Armeen, in denen militärische Disciplin, der Maurereid und der Glaube an ihren Beruf zur Propaganda der Aufklärung zu Einem Motiv zusammengeschmolzen waren, gegenüberstanden und die Sache ihres Landes in Vergleich mit der Weltmission des Gegners als eine winzige und derselben gegenüber als eine von vorn herein verlorene ansahen.

Aber auch Bonaparte'n ging es mit seiner Benutzung der Aufklärung, der Maurerei und der Revolution wie seinen Vorgängern und wie seinem spätern Nachfolger Louis Philipp. Er wurde aus dem Sattel gehoben, weil er die Ueberzeugung von seiner Ueberlegenheit über das von ihm benutzte Mittel zu brutal zu erkennen gab. Hatten die Fürsten des vorigen Jahrhunderts mit dem Geheimbund concurriren und demselben als Führer immer voraus sein wollen — (hatte sich doch z. B. die braunschweigische Fürstenfamilie zur Würde der obersten Regulatoren und Gesetzgeber der deutschen Logen aufgeschwungen) — war Louis Philipp späterhin ein wahrer Virtuos in dem Spiel, welches er als oberster Freimaurer seines Reichs mit den Verstandesschwärmern des Ordens aufführte, so verachtete Bonaparte seine Mittel. Das stürzte ihn.

Die Fürsten des achtzehnten Jahrhunderts wurden von der Bewegung einfach nur überflügelt. Louis Philipp bekam man satt und ließ man fallen. Gegen Bonaparte erhoben sich die Geheimbünde, von denen der sogenannte Tugendbund nur ein verlorner Posten war, um die Verachtung mit völliger Vernichtung zu rächen, und zwar beschränkte sich diese Verschwörung zur Wiederherstellung der eigenen Ehre nicht nur auf das eroberte Ausland, sondern sie verzweigte sich auch durch die Logen Frankreichs. Der Friede von Tilsit und die Zusammenkunft von Erfurt waren der Höhepunkt des Eroberers; seitdem ging es mit ihm zurück und zum Sturz.

Die ganze Geschichte seit den beiden Pariser Frieden bis zur Gegenwart reducirt sich auf den Streit über die Napoleonische Hinterlassenschaft. Der Gedanke des Weltreichs, der Weltherrschaft, der Zweifel an der Dauerhaftigkeit der Zwischengrenzen und das Streben in's Universale — das Alles behauptet sich mit unverwüstlicher Kraft und erhebt sich auch immer wieder nach augenblicklichen Niederlagen. Die Frage ist nur noch, wem jene Herrschaft zufallen soll. Die organisirtesten Gewalten, zwischen denen sich die Frage am sichtbarsten bewegt, sind die Logen und das Königthum.

So viel ist bis jetzt gewiß: die Methode des Dupirens hat sich erschöpft. Die geistvollste Episode der letzten funfzig Jahre, die Regierung Louis Philipp's, läßt sich nicht wiederholen, wenigstens nicht mehr mit Aussicht auf Erfolg. Die Methode der Knechtung und die Positur der Verachtung scheint sich in Frankreich wiederholen zu wollen, seitdem Louis Napoleon die Logen, die schon unter der Restauration für einen aufgeklärten und gereinigten Bonapartismus schwärmten und für die Aufrichtung desselben conspirirten, wegen ihrer Unzufriedenheit mit der Gegenwart seiner militärischen Dictatur unterworfen hat, — mit welchem Erfolg, kann nach den Erfahrungen seines Onkels keine Frage sein.

Das wirkliche, persönliche Königthum, welches die Zeit sucht, kann weder durch aufgeklärte Concurrenz, noch durch Täuschung, wie es Ludwig XVI. versuchte, noch durch brutale Verachtung, eben so wenig durch schlaue Dupirung gewonnen werden.

Die Krone, welche die Freimaurer suchen, haben sie nicht dem Adelskönig, nicht dem Soldatenkönig, nicht dem Bürgerkönig, auch nicht dem Priesterkönig bestimmt, sondern ihrem reinen Menschen. Michel von Bourges sprach nach der Februarrevolution in der legislativen Versammlung den Sinn der Republikaner aus, als er den Satz aufstellte, daß das Volk ein Verein von Königen sei. Selbst ein an seiner Sache irre gewordener Legitimist, wie Larochejacquelin, überwarf sich 1850 mit dem legitimistischen Ausschuß und behauptete gegen denselben seine Zustimmung zum allgemeinen Stimmrecht, in welchem er die Anerkennung der Königlichkeit der ganzen Nation sah. Die Socialisten verzweifeln endlich an der Königlichkeit überhaupt und wollen den Menschenhaufen ihrem Gedanken-Despoten, der Idee oder dem Wesen der Menschheit unterwerfen.

Die letztere Secte ist zu ihrer Verzweiflung durch die Einsicht gekommen, daß das historische Königthum in der Concurrenz mit der Aufklärung und Revolution sich seines Eigenthums begeben hat und die privaten Könige der Logen, der Republikaner und der skeptischen Legitimisten vor Mittellosigkeit vergehen. Während aber im socialistischen Lager gerade aus dem Schmerz über den Verlust der Persönlichkeit sich das Verlangen nach derselben und nach dem persönlichen Königthum mit dem Ruf: „König, nimm das Eigenthum, Deine Eigenthumsgewalt wieder an Dich!" erhoben hat (siehe z. B. „Revolutions-Gedanken", Berlin 1849, S. 34), vertraut die Freimaurerei auf die organisirte Macht, die sie sich neben dem Königthum geschaffen hat, und rechnet sie mit Sicherheit darauf, die ganze Staatsgewalt zu einem Ordensamt zu machen.

Dem Regentengrade, welcher die Aufgabe hatte, die Ordenszwecke in dieser Welt durchzusetzen und die „Tyrannei" der Gesellschaft und des Staats zu brechen, hatte bereits der Illuminatenorden die Anweisung gegeben, er solle dahin streben, die Hand in den Landesregierungen zu haben, für die Staatsversorgung der Brüder zu wachen und ihnen im Landesregiment die schicklichsten Bedienungen zu erringen.

Er hatte damit den Sinn des Gesammtordens getroffen, und dieser hat nicht verfehlt, das Wort, welches ihm der Illuminatenorden aus dem Herzen genommen und nur etwas zu nackt aufgestellt hatte, zu einer Thatsache zu machen.

Der Gesammtorden hat seit dem vorigen Jahrhundert im Interesse seines Weltreichs auf die Staatsdienerschaft der Fürsten Beschlag gelegt und es denen, die ihm nicht huldigen, schwer, fast unmöglich gemacht, der Person der Fürsten zu nahen und die Landesinteressen dem Weltorden, dem sie geopfert werden sollen, zu entreißen.

Die Abnormität dieses Verhältnisses, welches ein über den Aufgaben und Verpflichtungen der Staaten stehender Orden zu den Actionsmitteln der letztern gewonnen hat, steigert sich endlich zu dem enormen Erfolg, daß er seit der Mitte des vorigen Jahrhunderts auch die Person der Fürsten in Beschlag, so zu sagen in ein Lehnsverhältniß genommen und von ihnen die Huldigung, das Gelübde des Schweigens und das Versprechen der Treue gegen seinen über die Staatenverbindungen hinausgehenden Zweck empfangen hat.

So hat der Orden die Fürsten dahin gebracht, ihm das Zugeständniß zu machen, daß sie nicht mehr die gnadenspendende, gewährende, austheilende und den Reichsfrieden sichernde Macht seien, daß es vielmehr mit ihrem Gnadenschatz auf die Neige gehe und daß nun an sie die Reihe gekommen sei, von den Unterthanen zu empfangen, begnadet und in die Geheimnisse der Menschenrechte, der Menschenwürde und der Weltordnung eingeweiht zu werden.

Fürsten rechneten es sich zur Ehre, mit den Illuminaten zu arbeiten, Fürsten standen im Hintergrund der Bahrdt'schen Union, deutsche Fürsten präsidirten dem von ihnen berufenen freimaurerischen Congreß zu Wilhelmsbad, das Haus Orleans war das Werkzeug der französischen Logen, das Haus Piemont widmete sich dem Dienst der Carbonaria, der romanischen Modification des Ordens, dieselbe Carbonaria gebot endlich über den französischen Kaiserthron.

Sie gebot und gebietet noch, denn sie fordert von den ihnen affiliirten Fürsten unbedingten Gehorsam und rächt unnachsichtig die Versuche derselben, sich von der Ordensaufsicht zu emancipiren. Louis Philipp erlag dem parlamentarischen Räsonniren seiner Ordensgenossen und wurde von der mißvergnügten maurerischen Nationalgarde im Stich gelassen, das Haus Piemont wird von seinen Ordensbrüdern geknechtet und zur Knechtung Italiens gezwungen; Louis Napoleon wurde, als er im Besitz der Macht lässig geworden schien, durch die Bomben Orsini's an seine Ordenspflicht erinnert.

Die pedantische Zucht, in welcher die Monarchen von den Ordensbrüdern gehalten werden, lehrt uns z. B. Guizot kennen, wenn er in einer jener Reden, in denen er sich in der Kammer vor 1848 wegen seiner Genter Reise zu rechtfertigen suchte, erklärte, er sei nur deshalb nach Gent gegangen, um der Wahrheit vor dem Throne Gehör zu verschaffen. Monarchen, die das Glück haben, von solchen Offenbarungen begnadet zu werden, sagen dann in ihren Erlassen die empfangene Aufklärung gleich einem auswendig gelernten Schulpensum her, wie z. B. Ludwig XVIII. bei seiner Rückkehr nach Paris die von Guizot ihm beigebrachte Wahrheit in seiner Proclamation an die Franzosen alsbald wörtlich wiedergab.

Sie, die Ordensbrüder, sind es ferner, die seit den Tagen Ludwig's XVI. die Monarchen selbst in den Augenblicken, wenn diese über einen einzelnen Gewaltact der Revolution gesiegt haben oder von einer günstigen Strömung der allgemeinen Stimmung in ihrem Kampf gegen die Zerstörung unterstützt werden, durch das Schreckbild von der unzerstörbaren Macht der Revolution einschüchtern und zur gesetzlichen Anerkennung derselben bereden. Sie nennen diese Anerkennung des Feindes Beruhigung der Geister, Abschluß der Bewegung, Organisation der aufgewühlten Massen und haben vielmehr durch diese Aufrichtung eines niedergeworfenen Feindes immer nur für die Fortdauer des Kampfes und für die fortwährende Zerbröcklung des Staatswesens gesorgt.

Für sich selbst und in seinen eigenen Angelegenheiten hat der Orden die von ihm den Monarchen angerathene Maxime zwar auch befolgt, aber in der That zu seiner Stärkung und Erweiterung. Wenn sich neue Kräfte der Zerstörung, wie z. B. der Illuminatenorden, aus seinem Schooß entwickelten, wenn er sie Anfangs verläugnete und den Maßregeln der Staatsregierungen gegen dieselben zustimmte, so nahm er sie doch in demselben Augenblick in seinen Organismus auf und verarbeitete sie zu seinem Nutzen und zur Vermehrung seiner Macht. Die Maxime, die dem Staat Verderben brachte, gereichte ihm selbst zum Vortheil; denn seine auf Zerstörung und Auflösung der Einzelstaaten ausgehende Arbeit gewann an jenen Geistern der Verneinung neue Werkzeuge und die Lehre, welche dieselben von den Staatsregierungen erhalten hatten, war ihm nur willkommen, da sie dadurch für seine Zwecke gefügig und seiner strengen Disciplin zugänglich gemacht waren.

Auch das Alterthum und das Mittelalter hatten ihre Revolutionen, aber dieselben waren, entsprechend dem geringen Umfange der Heerde der politischen Bewegung, localer Natur und auf den Sturz oder die Abänderung einzelner Institutionen gerichtet. Sie waren städtische oder Gemeinde-Angelegenheiten.

Die neueren Revolutionen sind dagegen universell, eine Weltangelegenheit und gegen die bestehende Weltverfassung überhaupt gerichtet.

Es ist eine Lieblingswendung der Freimaurer-Reden und selbst der apologetischen Schriften, die der Vertheidigung des Freimaurerbundes gewidmet sind, den Orden als den Meister zu bezeichnen, welcher die Kraft und die Befugniß hat, die Form zu zerbrechen und das in ihr vorbereitete Gebilde zu enthüllen.

„Wenn nach dem Willen des großen Baumeisters der Bau der Humanität fortschreiten soll, sagt die „Asträa, Taschenbuch für Brüder Freimaurer", Jahrgang 1845, so müssen die alten Gerüste fallen und wenn sich auch alle Weltmächte daran festklammerten, um sie vor dem Untergange zu retten."

Bald! Bald! war schon im vorigen Jahrhundert das Motto des Ordens.

„Bald prangt, den Morgen zu verkünden,
Die Sonn' auf goldner Bahn,
Bald soll der Aberglaube schwinden,
Bald siegt der weise Mann",

mit dieser Vertröstung beginnen die Genien in Schikaneder's Zauberflöte das Finale des Freimaurer-Drama's.

Die Vorkämpfer des Ordens für „Recht, Wahrheit, Freiheit und Licht" gegen rohe Gewalt und Despotie haben schon oft geglaubt, daß die Erfüllung dieses Bald und die Stunde gekommen sei, wo der Meister die Form zerbrechen könne, und sie haben auch in den letzten Jahren diesen ihren zuversichtlichen Glauben öffentlich in Streitschriften ausgesprochen.

Die revolutionäre Stimmung der Völker, die sich in den alten Formen nicht mehr heimisch fühlen und neue, befriedigende noch nicht erzeugt haben, die ununterbrochene Reihe von Erschütterungen, welche aus dem Schwanken aller neueren Völker zwischen der Unzufriedenheit mit dem Hergebrachten und zwischen der Furcht vor einem unbekannten Neuen hervorgegangen sind, — die Vorboten immer tiefer gehender Bewegungen — das ist es, was die Vorkämpfer des Ordens zu ihrem Glauben an jenes Bald, ja zu ihrer Ueberzeugung vom Jetzt gebracht hat.

Aber (und damit kommen wir auf den Satz zurück, mit dem wir unsere Erörterungen über diese Angelegenheit eröffnet haben) jene Stimmung der Völker haben sie nicht geschaffen, jene Erschütterungen nicht bewerkstelligt, noch geleitet, und sie werden auch spätere Krisen nicht allein in ihrer Gewalt haben.

Die Logen sind seit ihrem Auftreten im ersten Drittel des vorigen Jahrhunderts bis jetzt nur Ein Element der Auflösung gewesen — und zwar im Vergleich mit den Leistungen und mit dem positiven Gehalt der kritischen Wissenschaft ein idiotisches — mit ihren Papier-Constitutionen und paragraphirten Weltbeglückungsplänen ein kindergleich spielendes — mit ihrem Verschwinden in den Schreckensaugenblicken der Krisen ein eben nicht sehr muthvolles — im Conflict der Standesinteressen, in den Klassenkämpfen, im Streit der Kirchen, im Kampf der wissenschaftlichen Schulen, im Ringen der Völker und Racen miteinander ein machtloses.

Und doch nannten wir ihre Organisation eine der stärksten, die es gegenwärtig noch giebt?

Worin liegt denn also ihre Stärke?

Darin, daß sie dasjenige, was alle jene Kämpfe zu erreichen suchen, und was den streitenden Ständen, Kirchen, Schulen und Völkern als Ziel vorschwebt — Friede, Versöhnung, Ausgleichung, Ruhe, Sammlung und heimathliches Gefühl inmitten des Wechsels der Geschichte, als Motto oder Parole, als Symbol oder als Phrase festhalten.

Mit diesem Motto, ihrem einzigen Besitz, sind sie im Stande, jede Pause, in der sich die Welt nach einer erschütternden Aufregung einmal sammeln will, wieder zu beunruhigen — sind sie ferner im Stande, jede Revolution als einen Triumph ihrer Sache zu begrüßen und aus ihr Kraft für ihre Phrase zu ziehen, — vermögen sie es endlich, Fürsten und Regierungen mit einer niedergeworfenen Revolution auszusöhnen und ihnen die Ueberzeugung beizubringen, daß es unumgänglich nöthig sei, den besiegten Gegner durch Concessionen, ja, durch eine vollständige Anerkennung wieder aufzurichten.

Am 6. März 1848 erschien eine Deputation des Groß-Orients von Frankreich mit den Maurer-Insignien vor ihren Brüdern in der provisorischen Regierung und sagte unter Anderm: „Die Freimaurer haben zu jeder Zeit auf ihrem Panier die Worte geführt: Freiheit, Gleichheit und Brüderlichkeit, und indem sie diese auf der Fahne Frankreichs wiederfinden, begrüßen sie diese Triumphe ihrer Principien und freuen sich, sagen zu können, daß das Vaterland durch Euch die maurerische Weihe empfangen hat. Die Freimaurer Frankreichs, in 500 Logen vertheilt, die unter sich Ein Herz und Einen Geist haben, versprechen Euch ihre Hülfe, um das ruhmvoll angefangene Werk zu vollenden", — worauf die provisorische Regierung unter Anderm erwiderte: „Es ist wahr, die Freimaurerei hat die Politik nicht zum Gegenstand, — aber die hohe Politik, die Politik der Menschheit, hat in den Logen der Freimaurer immer Zugang gefunden" — dem entsprechend Lamartine am 10. März auf dem Stadthause nochmals erklärte: „Ich hege die Ueberzeugung, daß aus dem Schooß der Freimaurerei die großen Ideen entsprungen sind, welche den Volksbewegungen in den Jahren 1789, 1830 und 1848 zum Grunde gelegen haben."

Jene Phrase der Politik der Menschheit ist der Krystallisationspunkt, an welchen alle universalen, auf die Auflösung der bestehenden Ordnung ausgehenden Bestrebungen der Revolution anschießen können. Der Hunger dieser Phrase lauert, um sich für Augenblicke zu stillen, auf die Beute, die ihm ab und zu ein revolutionärer Stoß zuwirft, und nagt in den Zwischenpausen an den Institutionen, welche die kluge Benutzung und die Anerkennung einer Revolution dem vermeintlichen Schutz einer freimaurerischen Bureaukratie anvertraut hat.

Den Kampf mit der universalen Phrase umgehen, bemänteln oder läugnen, hilft nichts. Er ist seit anderthalb Jahrhunderten im Gange. Da die bestehenden Gewalten ihn einzugestehen sich scheuen, wird es wohl die Wissenschaft sein, die ihn, während die Regierungen sich in dem Nothzustande erschöpfen, zur Entscheidung bringen wird.

20 Einleitung. 2) Das Streben des Freimaurerordens nach Weltherrschaft.

Die Logen glauben zwar der Regierung der Zukunft gewiß zu sein. Einer ihrer Cultusacte, in welchem der christliche Glaube an die Ueberwindung der Welt carikirt ist, ist der Gesang der Brüder: sic transit gloria mundi, mit welchem dieselben das Aufsteigen und Züngeln der Alles verzehrenden Feuerflamme begleiten, worauf nach dem Erlöschen der letztern ein strahlender Glanz über der Loge aufgeht und die Brüder als die Weisen und Erleuchteten die Regierung des künftigen Ordensweltreichs darstellen.

Der Kampf gegen Despotie und Bevormundung soll also in der pedantischsten Bureaukratie seinen Abschluß finden. Wenn die Gerüste der alten Ordnung vom Feuer zerstört sind, soll das Sparrwerk der peinlichsten Knechtung die ganze Welt umspannen.

Gegen diese zärtliche Fürsorge, die ein phantastisch zugestutzter, im Grunde aber höchst prosaischer und engherziger Despotismus der Welt zugedacht und nach Kräften bereits gewidmet hat, wird uns die historische Kritik am erfolgreichsten sicher stellen und wir werden zu diesem Zwecke eine Reihe unserer im Wagener'schen Staats- und Gesellschaftslexion veröffentlichten Artikel, welche den weltlichen Charakter des Freimaurerordens, also auch seine Unfähigkeit zur Weltüberwindung, nachweisen, zusammenstellen. Den Artikel über die Geschichte der Freimaurergesellschaft selbst werden wir in einer neuen Bearbeitung und zum Schluß ein Resumé über den Weltdienst und Weltcultus dieses Ordens geben.

I.
Geschichte der Freimaurergesellschaft.

Der Boden, auf welchem die Freimaurerei an's Licht getreten, ist eine jener britischen Corporationen, die unter aristokratischem Protectorat sich ihrer Wichtigkeit und Bedeutung freuen, oft aber auch, nach dem Verfall oder auch selbst nach dem Verschwinden der Zunft, einem aristokratischen Vereine nur noch den wesenlos gewordenen Namen leihen. Der Zunftname jener Gesellschaft, aus welcher in den Jahren 1716 und 1717 der Bruderverein der Freimaurer hervorging, war in dem Augenblicke, als dieser neue Verein sich constituirte, ein bloßer Name geworden. Die Werkgenossenschaft der Maurer bestand zwar noch, aber ihre vornehmen Gönner und Beschützer nahmen an ihr keinen Antheil mehr, standen ihr so gut wie fremd gegenüber und hatten nichts mit den Angelegenheiten der Zunft zu thun. Die neue Wendung, welche der aristokratischen Verbindung eine Bedeutung für Jahrhunderte geben sollte, kam von außen. Es war eine demokratische Revolution, was die folgenreichen Beschlüsse der Jahre 1716 und 1717 hervorrief; das bürgerliche, literarische und aufgeklärte Element des Vereins unterwarf sich das aristokratische, aber nicht durch eigene Kraft, nicht durch eine der Zunft oder dem bisherigen Vereine innewohnende Idee, sondern mit Hülfe der deistischen Aufklärung, die in der vorhergehenden, fünfundzwanzigjährigen Kriegsepoche ihre Kraft erprobt hatte, und mit der Unterstützung der verwandten Elemente draußen, die nach einer Organisation verlangten und in den Verein gleich einem mächtigen Strom sich ergossen. Bald nach diesem Siege der Demokratie ordneten sich zwar die bürgerlichen Elemente wiederum dem aristokratischen, nach ihrer Erhebung auf dem Festlande einem fürstlichen Protectorat unter, ohne jedoch den Gedanken und die reelle Macht der Herrschaft aufzugeben.

Den Maurernamen verdankt der Verein dem Entschluß reicher und vornehmer Bauliebhaber des 17. Jahrhunderts, sich in die Maurerzunft aufnehmen zu lassen, um die Arbeiten derselben in dem damals einbringenden italienischen Baustyl zu fördern. Diese Protectoren hießen angenommene Maurer (accepted masons) im Unterschied von den Werkmaurern (operative masons) und finden sich in Schottland seit dem Anfang jenes Jahrhunderts, in England seit 1640. Christoph Wren, welcher die im Brande des Jahres 1666 eingeäscherte Paulskirche zu London im italienischen oder augustischen Styl wieder aufbaute, gab der Verbrüderung von Gönnern, Werkführern und Gewerksgenossen einen neuen Aufschwung; nach der Vollendung des Baues geriethen jedoch die Logen, wie man nach der englischen Bezeichnung der Bauhütten diese Verbindungen nannte, in Verfall, ihre Zahl schmolz bis zum Jahr 1716 in London und Süd-England überhaupt auf vier zusammen und die Verwaltung des vierundachtzigjährigen Wren war immer schwächer und nachlässiger geworden. Unzufrieden mit dieser Vernachlässigung von Seiten ihres Directors, unzufrieden ferner mit ihrer müßigen Isolirung innerhalb der Werkgenossenschaft, faßten endlich die „angenommenen" Maurer, die sich noch in jenen wenigen Logen zusammenfanten, den Plan, sich eine neue, selbstständige Organisation zu geben, vor Allem sich zu einem Bunde zu vereinigen. So constituirten die Abgeordneten jener vier Logen 1716 im Weinhaus zum Apfelbaum aus den Beamten der einzelnen Logen eine Großloge und ernannten am 24. Juni 1717 im Bierhaus zur Gans und zum Rost aus ihrer Mitte den Anton Sayer zum Großmeister. Sie hatten eine gesellschaftliche Verbindung im Sinne des **privaten** oder **rein menschlichen Verkehrs** gesucht und beabsichtigt, aber durch den absoluten Werth, den sie dieser Verbindung beilegten, sich zu allem Bestehenden in eine Opposition versetzt, deren Dürftigkeit sie mit den Attributen und Sagen der alten Maurergenossenschaft verdeckten, deren unveränderliche Hartnäckigkeit aber gleichwohl eins der wichtigsten Fermente der neueren Zeit geworden ist.

Ehe wir diesen idealen, aber an sich selbst höchst dürftigen und prosaischen Kern des Vereins in's Auge fassen, werden wir die mysteriösen Attribute, welche die neue Verbindung aus ihrer vermeintlichen Heimath, jener Maurergenossenschaft, mitgebracht hat, auf ihren Werth zurückführen.

Der wohltönende Zusatz „Frei" in dem mittelalterlichen Worte Free-Mason, der der jetzigen Weltverbrüderung den Anklang und das Gefühl von etwas Besonderem und Außerordentlichem giebt, rührt allein von dem Material her, in welchem eine besondere Art der Bauhandwerker arbeitete, nämlich die Steinmetzen, welche den Free-stone, den freistehenden oder den Quaderstein bearbeiteten, während der rough mason, der gewöhnliche Maurer, den unbearbeiteten Bruchstein, den rough stone, zur Mauer verband.

Das Wappen, welches die englischen Freimaurer den Masons entlehnten und von ihnen die Brudergesellschaften auf dem Festlande annahmen, sodann das Siegel des Geheimnisses, die Zeichen und Griffe, an denen sich die Bundesbrüder erkennen, endlich die mythische Urgeschichte, welche der Freimaurerei, gleich den Bauhandwerken, nicht nur mehrere sächsische Könige, sondern auch die weisen und gelehrten Geometer des classischen Alterthums, wie Vitruvius, Euklid und Pythagoras, ferner den Bauherrn Salomo und dessen Werkführer Hiram von Tyrus, ja, Nimrod, Kinus, Noah und Jubal zu Bundesbrüdern und Bundesstiftern geschenkt hat — Alles das haben die Freimaurer aus der Verbindung der englischen und schottischen Aristokratie mit dem Bauhandwerk.

Der Name „königliche Kunst", dessen hoher Klang später zu vielfachen und spielenden Deutungen benutzt worden ist, findet sich zum ersten Male in dem Constitutionen-Buche von 1738 und wird daselbst von dem unhistorischen Umstande abgeleitet, daß die Bruderschaft in vergangenen Zeiten öfters unter dem Patronat von königlichen Personen gestanden habe.

Jene ganze Urgeschichte, die im Laufe des 18. Jahrhunderts noch die weitere Fortbildung erhalten hat, wonach die Freimaurerei die bloße Fortsetzung der ägyptischen und griechischen Mysterien, des Pythagoräerbundes und der jüdischen Therapeuten- und Essäervereine ist, löst sich einfach durch die Thatsache auf, daß nur die Constitutionen der englischen mittelalterlichen Zunft, im Unterschiede von den deutschen Gewerksordnungen, die Zunftgeschichte bis auf das classische und orientalische Alterthum zurückführen.

Die älteste englische Constitution, die, in Versen abgefaßt, 1840 von Halliwell herausgegeben ist, stammt nach der von Kloß geführten Untersuchung aus der Zeit von 1429—1445. Schwerlich aber dürfte man den Gedanken, aus englischen Zunftgedichten des 15. Jahrhunderts sich Aufschlüsse über den geschichtlichen Zusammenhang einer englischen Corporation des späten Mittelalters mit Pythagoras, den Priestern von Memphis, Salomo und Noah zu holen, den eines nüchternen und ernsten Geschichtsforschers nennen. Außerdem bildeten die englischen Masons nicht einmal eine streng abgeschlossene Gilde, sondern nur das Glied einer großen Genossenschaft von Bauhandwerkern, zu denen außer den eigentlichen Maurern und Steinmetzen unter vielen Andern auch die Ziegeldecker, Glaser, Zimmerleute und Schreiner gehörten, und erst im Jahre 1477 wurden die Masons in London zu einer Corporation vereinigt, bei welcher Gelegenheit sie wahrscheinlich schon das Wappen erhielten, welches in der spätern Freimaurergesellschaft eine große Rolle spielt.

Gegenwärtig haben zwar die freimaurerischen Geschichtschreiber den historischen Zusammenhang ihres Bundes mit den griechischen und ägyptischen Mysterien, so wie mit den königlichen, priesterlichen und patriarchalischen Bauherren des Orients aufgegeben (obwohl sie sich an der Analogie ihrer Bundesarbeiten mit ähnlichen Ceremonien des Alterthums noch immer erfreuen), desto eifriger benutzen sie, z. B. Kloß, die moralischen Gebote der englischen Maurerconstitutionen, um denselben eine freiere oder sogar dem bestehenden Kirchenwesen abgeneigte religiöse Richtung zuzuschreiben. Sie übersehen aber dabei, daß die deutschen Gildestatuten, denen sie aus Vorliebe für ihre vermeintlichen englischen Ahnen eine größere kirchliche Befangenheit zuschreiben möchten, dieselben moralischen Gebote enthalten und daß die englischen Urkunden gleichfalls Gehorsam gegen die heilige Kirche Gottes einprägen und vor Ketzerei und Irrthum warnen.

Ueberhaupt aber verräth sich in der Mühsamkeit und Verliebtheit, mit welcher jene Geschichtschreiber in einer an sich dürftigen Urkunde, wie in jener von Halliwell herausgegebenen, Zeugnisse für ein dem ihrigen verwandtes Streben aufsuchen, die Engherzigkeit ihrer Geschichtsansicht und die freimaurerische Theilnahmlosigkeit für das Große, was die Welt wirklich bewegt und bis in ihre Tiefe ergriffen hat. Draußen, in der weiten Welt, hatten sich, während die englischen Masons ihre kleine Handwerksweisheit besingen ließen, in den niederrheinischen Genossenschaften der Brüder des gemeinsamen Lebens die Keime einer Reform des öffentlichen und häuslichen Lebens, der Schule und der Kirche geregt; aus Italien war der Humanismus nach Deutschland gedrungen und hatte hier einen Kreis von Männern, die im Studium und in der Verehrung der Schriften und ausgezeichneten Denker und Dichter des klassischen Alterthums sich für das Ideal einer von allen Religionsunterschieden unabhängigen Bildung in Gemeinschaft begeisterten, zusammengeführt; wenn es daher den Freimaurern darauf ankommt, in der Vergangenheit die Vorbilder für ihren über den Kirchenunterschieden stehenden Menschheitsbund zu suchen, so hätten sie dieselben sowohl in jenen niederrheinischen Brüdern, wie in den Humanisten des 15. Jahrhunderts finden können.

Daß sie sich statt dessen an eine Urkunde halten, die nicht nur im Vergleich mit jenen großen geschichtlichen Bewegungen, sondern auch in sich selbst weder bedeutsam, noch originell ist, kann man nur als die Nachwirkung jenes Fehlgriffs ihrer Vorgänger vom Jahre 1716 bezeichnen, indem dieselben bei ihrer Constituirung einen bloßen Anflug, den sie aus der großen wissenschaftlichen Thätigkeit des 18. Jahrhunderts auffingen, zur Summe aller Lebensweisheit erhoben und mit diesem Unding eines zum Weltsystem gesteigerten Anflangs, der ihnen aus der Zeitbildung zuflog, wirthschafteten, während der Fonds, aus dem sie geschöpft hatten, durch die fortschreitende Entwickelung der Gesellschaft immer mehr vergrößert wurde.

Fassen wir nun den ursprünglichen idealen Kern der Verbindung in's Auge.

Dieses eignen Kerns war die neue Gesellschaft bei ihrem Zusammentritt (gleich ihren Nachfolgern und Fortsetzern) noch so unsicher, daß sie 1718 unter dem Vorsitz des Großmeisters Payne den Beschluß faßte, die noch vorhandenen Schriften und Urkunden der Masons zu sammeln und zu untersuchen, um daraus die alten Einrichtungen zu erkennen. Am 24. Juni 1721, an welchem Tage der erste adlige Großmeister, Herzog von Montagu, installirt wurde, sanctionirte die Großloge die 38 Beschlüsse, die sie seit ihrer Constituirung gefaßt hatte, und schloß sie nach Hinzufügung eines 39. Beschlusses die Sammlung derselben ab. Endlich, am 17. Januar 1723, als der genannte Großmeister sein Amt in die Hände des Herzogs von Wharton niederlegte, bestätigte die Gesellschaft das in ihrem Auftrage von Dr. Anderson ausgearbeitete Constitutionenbuch. Obwohl in demselben nicht nur die mythische Zunfttradition anerkannt und die Geschichte der Gesellschaft mit dem frühesten Alterthum verknüpft, sondern auch das neue Grundgesetz unter dem Titel der alten Pflichten aufgestellt wird, so konnte die Gesellschaft doch nicht umhin, die Neuheit ihres Grundgesetzes ausdrücklich anzuerkennen. So heißt es, nachdem in der ersten Pflicht der Gehorsam gegen das Sittengesetz eingeschärft ist, gleich darauf: „wiewohl in alten Zeiten die Masons in jedem Lande verpflichtet waren, zu der Religion dieses Landes oder der Nation zu gehören, welche sie immer sein mochte, so hat man es dennoch nunmehr dienlich erachtet, sie zu derjenigen Religion zu verpflichten, in welcher alle Menschen übereinstimmen, und ihnen selbst ihre besondern Meinungen zu belassen, d. h. daß sie gute und treue Männer seien von Ehre und Ehrbarkeit, durch was immer für Benennungen oder Glaubensbekenntnisse sie sich unterscheiden. Hierdurch wird die Maurerei der Mittelpunkt der Vereinigung und das Mittel, treue Freundschaft unter Personen zu stiften, die sonst in beständiger Entfernung von einander hätten bleiben müssen." (In der Ausgabe dieses Constitutionenbuches vom Jahre 1738 wird der Maurer als treuer Roachibe bezeichnet, d. h. als Bekenner und Befolger der einfachen und für alle Völker bestimmten Anordnungen, die dem Bunde mit Abraham und dem mosaischen, ausschließlich dem auserwählten Volke vorbehaltenen Gesetz vorangingen.) In der zweiten Pflicht des ursprünglichen Constitutionenbuches wird in gleicher Weise der Gehorsam unter die bürgerliche Gewalt befohlen und die Revolution desavouirt, jedoch mit dem Zusatz, daß um der letzteren willen kein Bruder aus der Loge verbannt werden soll. In der sechsten Pflicht endlich werden alle Dispute über Religion und Politik aus der Loge verwiesen und wird brüderliche Liebe als die Grundlage „dieser alten Bruderschaft" bezeichnet und brüderlicher Beistand den Masons empfohlen.

Die maurerischen Schriftsteller sind auf diejenigen, die den Bund wegen seiner Welt- und Menschheitsreligion als eine Frucht des englischen Deismus bezeichnen, sehr schlecht zu sprechen und sie pflegen gegen diese Ableitung als ehrenrührig zu protestiren. Man kann diesen Protest in sofern allenfalls noch gelten lassen, als der Maurerbund von 1716 kein zusammenhängendes System über Gott und göttliche Dinge wie der Deismus aufgestellt hat. Die Brüder wandten auch nicht wie die Häupter der englischen Deisten die Waffen der historischen Kritik gegen die schriftlichen Urkunden des Alten und Neuen Bundes, noch ließen sie sich in ihrem Constitutionenbuch darauf ein, die Erhabenheit der natürlichen Religion, in welcher alle Menschen übereinstimmen, über die positiven Religionen nachzuweisen. Kurz, nichts lag ihnen ferner als Theorie, Kritik und wissenschaftliche Arbeit, wie die maurerische Verbindung überhaupt an der Vermehrung und Vergrößerung des Ideenreichs unschuldig ist und diejenige Secte, die sich noch am meisten, wenn auch nur in einem Sammlerinteresse auf die intellectuellen Arbeiten des 18. Jahrhunderts einließ, nämlich die der deutschen Illuminaten, mit dem Bann belegt hat. Je weniger aber der Bund die Theorie selbst geübt hat, um so fester steht die Thatsache, daß er die Idee, auf der er beruht, fertig und gegeben vorfand. Der Gedanke einer allgemeinen Religion, die Gleichgültigkeit des Bundes gegen die positiven Glaubensbekenntnisse, die Grundansicht des ersten Constitutionenbuchs, daß Sittlichkeit, Treue, Gütigkeit, Ehrbarkeit und Rechtschaffenheit von den Unterschieden der kirchlichen Denominationen unabhängig und ohne Rücksicht auf die Letzteren die Pflicht und das Band einer rein menschlichen Gesellschaft seien — das Alles sind Voraussetzungen und Grundsätze, die der Bund nur den deistischen Forschern zu verdanken hat. Sein Eigenthum ist die praktische Idee, Gleichgesinnte zu einem von dem Kirchenstreit unberührten freundschaftlichen Bruderbund zu vereinigen, aber das Mittel, dessen er sich bediente, um einen friedlichen und parteilosen Einigungspunkt außerhalb des Kampfes der englischen Kirchensecten zu gewinnen, ist dem Deismus entlehnt.

Daß der Redacteur des Constitutionenbuchs von 1723, der anglikanische Geistliche und Dr. der Theologie Anderson, so wie der reformirte Dr. juris Desaguliers, der schon in den ersten Jahren der Großloge als Redner auftrat, keine förmlichen Deisten waren, daß auch die seit 1724 bis zum Schluß des 18. Jahrhunderts zur Oeffentlichkeit gekommenen Ritualien eine christliche Färbung haben, auf christliche Dogmen, wie die Dreieinigkeit, Bezug nehmen und ihre Bestimmung für eine christliche Gesellschaft gleichsam an der Stirne tragen, spricht nicht gegen jene Ableitung. Die kirchlichen Dogmen, Bekenntnisse und Gemeinschaften, über die sich der Bruderbund erhob, sollten keineswegs bekämpft und vernichtet werden, die stolze Gleichgültigkeit ließ sie bestehen und das Constitutionenbuch von 1723 erklärte ausdrücklich, daß den Brüdern ihre besonderen Meinungen zu belassen seien. Theoretisch schwach und indifferent gegen das kirchlich Bestehende, umkleidete die Gesellschaft aber doch die prosaischste Satzung, die es geben kann, die des Deismus, mit dem Reiz des Mysteriums und mit dem Zauber eines über die positiven Religionen hinausgehenden Alterthums und nöthigte sie die unzufriedene Phantasie ihrer Mitglieder, die vermeintliche Erhabenheit jener Verstandessatzung über die kirchlichen Bekenntnisse durch die Vermehrung des mysteriösen Beiwerks und der Geheimformeln oder durch eigne Speculationen und durch die Mystik des Pantheismus zu beweisen und zu erhärten.

Gleichen Werth wie die friedliche Gleichgültigkeit, welche die Gesellschaft ihren Jüngern gegen die Kirchengemeinden zur Pflicht machte, hat der Gehorsam, den sie den Ihrigen, während sie dieselben in einen neuen Menschheitsbund einweihte, gegen den bestehenden bürgerlichen Verein vorschrieb. Wollte dieser neue Bund nicht zu einer harmlosen Vergnügungsgesellschaft ausarten, so mußte er sich durch fortgesetzte Constitutionsversuche gegen die Staatsgesellschaft in Kriegszustand versetzen.

Sowohl in kirchlicher wie in politischer Beziehung gleicht die Lage der Gesellschaft bei ihrem Eintritt in die Geschichte derjenigen eines vermeintlichen Entdeckers, der einige Gemeinplätze aus der allgemeinen Zeitbildung aufgenommen und, um den Ruhm seiner Entdeckung zu behaupten, sich selbst die Verpflichtung aufgelegt hat, jene Sätze zuzustutzen, daß sie den Schein des Originalen erhalten — durch seinen eigenen Entschluß abgesperrt von den großen Bewegungen und Veränderungen der Welt, eingesperrt dagegen in das Geheimniß, mit dem er sein Plagiat umgeben hat, muß er seine paar Verstandessätze phantastisch übertreiben, um sie als etwas Neues gegen die Welt geltend machen zu können.

Ein kräftiger Reiz zur phantastischen Ausschmückung des Bundes, seiner Ordnungen, Traditionen und Statute war die Katholicität und hierarchische Centralisation, welche sich derselbe sogleich bei seinem ersten Zusammentritt beigelegt und gegeben hatte. In dem Constitutionenbuch, welches in der Zusammenkunft vom 17. Januar 1723 genehmigt wurde, heißt die Maurerei der Mittelpunkt der Vereinigung, deren Mitglieder sich zur allgemeinen Weltreligion verpflichteten. Demselben Jahre gehört der Beschluß vom 24. Juni an, „daß es nicht in der Macht eines Menschen oder einer Gesellschaft stehen solle, eine Abänderung in der Maurergesellschaft ohne Zustimmung der Großloge zu machen"; am 25. November darauf wurde festgesetzt, daß die gültige Errichtung einer Loge, zu welcher bis dahin die gesetzliche Zahl von Brüdern autorisirt war, von der regelmäßigen Constituirung durch die Großloge abhängen solle. Die letztere definirte ihre Oberherrschaft durch den Beschluß vom Februar 1779 noch bestimmter, indem sie festsetzte, daß „von ihr jede Loge ihre Autorität ableite und daß nur sie und keine andere Autorität diese Gewalt zurückziehen oder wegnehmen könne."

Hatte in dieser Weise die englische Großloge neben der Katholicität ihrer Statuten zugleich die hierarchische Ordnung des Bundes begründet und damit auch den Streit der Secten um den Ruhm der wahren Katholicität und der vollendeten Hierarchie hervorgerufen, so diente die schottische Species des Vereins zur Erweckung der Geheimnißkrämerei und zur Wiederbelebung des mittelalterlichen Ritterthums und Ordenswesens.

Zwar erhob sich nach dem Anstoß der Londoner Bewegung zu York, welches in der mittelalterlichen Zunftgeschichte einen wichtigen Centralpunkt bildete, auch eine Loge, deren Meister in einer am Johannistage 1726 gehaltenen Rede den Namen eines Großmeisters von ganz England annahm, ohne jedoch seine Ansprüche auf Oberhoheit durchführen zu können. Die Loge blieb vereinzelt, zählte wenig Mitglieder, war immer dem Aussterben nahe und soll im Jahre 1824 nur Einen Bruder gehabt haben.

Wichtiger durch ihren Einfluß, an dem sie jedoch, was den Inhalt ihrer Arbeiten betrifft, höchst unschuldig waren und den sie absichtslos durch ihren bloßen Namen und durch ihre Feier des Andreastages übten, waren die schottischen Logen. Dieselben traten nämlich am Andreastage (30. November) 1736 zu einer Großloge von Schottland und zur Wahl eines Großmeisters, die auch später immer an demselben Tage gefeiert wurde, zusammen. Abgesehen davon, daß sie, als vermeintliche Fortsetzung eines mittelalterlichen Instituts, im Bau der Abtei Kilwinning (um 1140) ihre erste Bundesthat feierten, war aber ihre sogenannte Arbeit von der der englischen Maurer in Nichts verschieden und auf die drei Stufen des Lehrlings-, Gesellen- und Meistergrades vertheilt, und während man auf dem Festlande von einem besondern Geheimniß der schottischen Maurerei träumte, Schottengrade erfand und für das Andreasritterthum schwärmte, erkannte die schottische Großloge die Uebereinstimmung ihrer Constitution mit derjenigen der englischen Logen bereitwillig an.

Die Einwirkung, welche der schottische Verband auf das englische System übte, geschah auf dem Umwege über den Continent, indem das imaginäre Bild, welches man sich hier von der schottischen Weisheit und Ritterlichkeit geschaffen hatte, die englische Großloge bewog, die Würde des Johannistags zu fixiren. Auf den Umstand, daß die Constituirung derselben im Jahre 1717 am 24. Juni, dem Tage Johannis des Täufers, geschah, scheint die Bruderschaft Anfangs kein besonderes Gewicht gelegt zu haben; zwar fiel auch in den nächsten Jahren bis 1724 die Großmeisterwahl nebst solenner Versammlung auf denselben Tag; seit 1725 bis 1766 fand jedoch kein maurerisches Johannisfest statt und erst nach letzterem Jahr bewog der Gegensatz zu dem Andreascultus der französischen Logen und das Spiel der letzteren mit den schottischen Graden die englische Bruderschaft zur Bevorzugung des Johannistages und

Johannisnamens. Seitdem gaben sie auch den drei Stufen ihrer Maurerei den Namen der Johannisgrade. Doch ließ sich einige Jahre darauf die englische Großloge noch zu einer materielleren Concession herab, indem sie der von Frankreich ausgegangenen Sucht nach Hochgraden so weit nachgab, daß sie 1777 über den drei Johannisgraden den durch französische Anregung entstandenen Royal-Arch-Grad anerkannte.

Dagegen bewies die Mythe von einer eigenen schottischen Maurerei in Verbindung mit politischen Zwecken und mit der französischen Sucht nach Auszeichnung und Avancement in der gesellschaftlichen Hierarchie eine fast grenzenlose Fruchtbarkeit, als das Londoner Institut durch Engländer, die im Gefolge des Prätendenten sich in Frankreich niedergelassen hatten, nach diesem Lande übertragen war. 1725 ward von ihnen die erste Loge in Paris gegründet und an ihre Agitation für die Stuart'sche Sache knüpfte sich bald darauf die Fortbildung der Gesellschaft und ihre Verbindung mit den Formalitäten des Ritterwesens. Bedeutend ist in dieser Beziehung der Schotte Michael Andreas Ramsay, der, geächtet wegen seiner Anhänglichkeit an die Stuarts, durch Fenelon zur römischen Kirche bekehrt, 1724 Hofmeister bei dem Prinzen Karl Eduard, Sohn des Prätendenten Jacob III., die französische Bruderschaft 1740 durch einen Vortrag zu Paris inflammirte, in welchem er die maurerische Verbindung zu einem Orden erhob, ihren Ursprung von dem Johanniterorden nachwies und die Errichtung eines engeren Bundes mit Hochgraden auf's Tapet brachte.

Ramsay bezweckte mit dieser ritterlichen Erhöhung des Ordens die Bildung einer Geheimgesellschaft, die für die Geldsammlungen zur Unterstützung des Prätendenten und der Verschwörer gegen das hannoversche Königshaus von England nützliche Dienste leisten konnte; mit seiner Idee hatte er aber auch zur Befriedigung eines Bedürfnisses, welches man damals schon in der Gesellschaft empfand, den Anstoß gegeben. Der Bruderverein genügte nämlich sich selber nicht mehr; seine sogenannten Arbeiten langweilten ihn, wurden lässig betrieben und als bloßes Formelwerk ganz aufgegeben. Die Geschichte der englischen Logen verlief in der Wahl abliger Großmeister, Einsetzung von Provinzialgroßmeistern für andere Länder, Sammlung von Liebesbeiträgen zur Unterstützung armer Brüder und in langweiligen Verhandungen über eine gleich langweilige und nichtssagende Geschäftsordnung. Die Ergötzungen der Tafel, der Comment des Trinkens und des gesellschaftlichen Verkehrs und Landpartieen bildeten endlich das einzige Interesse des Vereins und hielten ihn nur noch nothdürftig zusammen. Neben dem Stillleben des englischen Verbandes arbeitete dagegen in der französischen Verzweigung die Unzufriedenheit mit der bisherigen langweiligen Arbeit des Vereins und war die Maschinerie des Ganzen in eine gewisse Unruhe versetzt. Aus den Klagen, zu denen das Treiben der französischen Logen Anlaß gab, aus den Klagen nämlich über ehrlosen Handel mit Constitutions-Patenten und über die einreißende Gewohnheit, falsche Urkunden zu verfertigen und durch antedatirte Statute sich einen erlogenen Ursprung bis zum Jahre 1500 beizulegen, ersieht man, daß das dürftige Treiben der Gesellschaft schon die **Geheimnißkrämerei** hervorgerufen hatte. Ramsay's Reform-Ideen und historische Behauptungen fanden daher einen wohlzubereiteten Boden vor und seine Aussaat ging in demselben sehr schnell zu einem wahren Wald von abenteuerlichen Gewächsen auf. Sein Satz, daß die Vorfahren der Freimaurer die Kreuzfahrer gewesen seien und daß dieselben, wie sie im heiligen Lande alle Länder des Christenthums repräsentirten, „sich zu einer einzigen, alle Nationen umfassenden Bruderschaft verbinden wollten, um im Laufe der Zeiten **eine geistige Nation zu bilden**," schmeichelte zugleich der Ahnensucht der Maurer und dem revolutionären Stolze, mit dem sie auf die Nationalitäten und deren politischen Ordnungen herabsahen. Dieselbe Combination der mythisch-archäologischen Liebhaberei und der revolutionären Tendenz enthält unter Anderem auch sein Satz, es komme jetzt darauf an, „**die alten Grundsätze wieder zu beleben und zu verbreiten, welche, der Natur des Menschen entnommen, die Maurergesellschaft gegründet haben.**" Nur Eine seiner Erfindungen konnte sich nicht behaupten. Man nahm von ihm die Erinnerung an die mittelalterlichen Ahnen und an das Ritterthum des Orients an und folgte seinem Winke nach den Mysterien der schottischen, vermeintlich uralten Vereinigung, aber seine Behauptung, daß die Maurer des Mittelalters sich mit den Rittern des heiligen Johannes in Jerusalem verbunden hätten, konnte man nicht brauchen, da von diesem noch bestehenden Orden ein zu gefährlicher Widerspruch zu befürchten war. Man setzte daher an die Stelle des Johanniter-Ordens den 1312 aufgehobenen Tempelherrn-Orden, von dem man alsbald die Mythe erfand, daß die Reste desselben, nachdem sie den Verfolgungen Philipp des Schönen entronnen waren, in Schottland unter der Hülle der Maurerei ihren Orden und ihre Geheimnisse gerettet und bis zur Gegenwart erhalten hätten, und konnte nun unter dem Titel des Ritterthums und der höheren schottischen Maurerei das Gebäude der Hochgrade errichten und in den letzteren den phantastischen Gegensatz gegen das Bestehende ausbilden und zugleich verstecken. Schon 1743 erfanden die Brüder zu Lyon den Grad Kadosch, der die Rache der Templer darstellt und auf die Genugthuung verweist, welche der verfolgte Orden sich gegen seine Widersacher, Staat und Kirche, verschaffen wird. Der Chevalier de Bonneville gründete 1754 ein Capitel der templerischen Hochgrade, welches sich unter dem Namen des Capitels von Clermont Ansehen erwarb; 1756 legte sich ein meist aus Bürgerlichen bestehender Verein den Namen der **Ritter vom Orient** bei; zwei Jahre darauf constituirten sich die abligen „**Kaiser vom Occident und Orient**", die in nicht weniger als 25 Graden arbeiteten, von denen der eine das maurerisch ausstaffirte protestantische Abendmahl, ein anderer die in Grab gesetzte katholische Religion war. Die englische Großloge, die 1743 unter dem Großmeister Herzog Louis Bourbon, Graf von Clermont, zu Paris zusammengetreten war, indessen unter der Leitung dieses Protectors ein schläfriges Dasein führte, ward durch den Kampf jener Parteien, der Kaiser und Ritter, der Adligen und Bürgerlichen, die durch die Multiplication der Drei die Zahl ihrer Grade bis auf 99 brachten, so gut wie zersprengt und die Verwirrung war für sie selbst um so unlösbarer geworden, da sie selbst nach den drei englischen Graden arbeitete. Auch der Herzog von Chartres, der nachherige Bürger Egalité, der nach dem Tode des Grafen von Clermont 1771 zum Großmeister gewählt wurde, konnte den Zwiespalt nicht lösen; nachdem er die Großloge unter dem Namen der Grande loge nationale, sodann als Grand Orient de France reconstruirt hatte, stellte sich diesem 1773 der seul et unique grand Orient entgegen und daneben erhob sich 1775 eine Mutterloge des philosophischen Ritus. Gleichzeitig sammelten sich die theosophischen Richtungen um die Loge des amis réunis und um die Theorie St. Martin's; endlich brachte Cagliostro, als das Ritterspiel und die Spielerei mit dem Salomonischen Tempel erschöpft war, den ägyptischen Ritus, die Magie, die Goldmacherei und die Geisterbeschwörung. Nachdem dieser, den 8. Juni 1743 zu Palermo geborene Abenteurer, der eigentlich Giuseppe Balsamo hieß, unter verschiedenen adligen Namen Spanien, Frankreich, England, Holland und Deutschland durchzogen, die Sucht der Großen nach Geheimnissen und nach Reichthum ausgebeutet und endlich in der Freimaurerei das mächtigste Mittel des Durch- und Emporkommens entdeckt hatte, war er 1779 zu Mitau in den adligen Kreisen dieser Stadt mit der Kühnheit und Sicherheit einer geschichtlichen Größe aufgetreten. Ihn charakterisirte dieselbe Unwissenheit und Ungebildetheit wie jene Abenteurer, die in der zweiten Hälfte des vorigen Jahrhunderts die deutschen Logen bezauberten, — er hatte wie diese nur ein paar Kenntnisse aus der Chemie, Medicin und aus den Ueberlieferungen von der alten Gnosis aufgerafft — aber er verstand sein Jahrhundert und namentlich die Logen. Als ein Typus jener Abenteurer verdient er es, daß wir der Schilderung seines Auftretens einige Zeilen widmen. Nach Allem, was wir in der Nachricht der Frau von der Recke über sein Auftreten in Mitau im Jahr 1779 (herausgegeben von Nicolai, Berlin und Stettin 1787) und anderwärts von ihm hören, hatte er in seinem Aeußerlichen durchaus nichts Empfehlendes. Klein von Statur, braun von Farbe, aus einem fetten Körper herausschielend, sprach er das Italienische in einem sicilianischen Patois, fast mit jüdischem Accent; sein Französisch war gebrochen; seine Vertrautheit mit dem Arabischen, die er auf seinen Reisen im Orient gewonnen haben wollte, konnte er in Gegenwart des Professor Norberg aus Upsula, der mit ihm in Straßburg zusammentraf, mit keinem Wort beweisen. Sein Betragen nennt Frau v. d. Recke ungeschliffen, da er sich oft soweit vergaß, die Leute der vornehmen Gesellschaft in Mitau ohne die geringste Ursache mit Ungestüm anzufahren. Seine tiefen Kenntnisse in der Medicin, die er in Medina gewonnen haben wollte, lösten sich, wenn er mit einem Arzt zusammentraf, in Nichts auf. Die adligen Dilettanten, denen er die Goldfabrikation und das schleunige Wachsthum der Edelsteine lehren wollte, entdeckten in der ersten Unterhaltung seine Unbekanntschaft mit den Grundbegriffen der Chemie. Sein „rothes Pulver", welches die Metalle sämmtlich zur Reife des Goldes bringen konnte — seine „Barba Jovis", eine Arznei, die, nach seiner Aussage, alle Kräfte der Natur im Gleichgewicht erhalte und das Ziel des Menschen auf Jahrhunderte hinaussetze, konnte er nur durch die Drohung in Credit erhalten, daß sie allein durch den Glauben an ihn ihre Kraft bewahren und beweisen können. Die Bilder, die er seinen Verehrern auf einzelnen Bogen zeichnete und in deren

Hieroglyphen sich der Geist der Magie ausdrücken sollte, enthielten Nichts als ein Paar dürftige Combinationen des Kreises und des Dreiecks nebst ein Paar Zahlen und Buchstaben. Seine Citationen von Geistern, zu denen er ein Kind hinter dem Schirm benutzte, — Citationen, die er mit Fußstampfen, schrecklichen Drohungen, mit dem brüllenden Vorstoßen unbekannter (nämlich sinnloser) Worte und dem blitzenden Schwingen eines Degens unterstützte, waren affreuse Komödien — die prophetische Androhung eines baldigen Todes, mit der er die Zweifler belegte, widerlich. Sein Vortrag in den theosophischen Vorlesungen, die er den Medem's, Howen's, Korf's hielt, war, in seinem schlechten Französisch, heftig und von so platten Ingredienzien angefüllt, daß seine Verehrer alle Augenblicke an ihm irre wurden. Gleichwohl glaubten sie an ihn, hofften sie, Millionen durch sein rothes Pulver zu gewinnen, harrten die Frauenzimmer auf ewige Jugend mit Hülfe des Jupiterbartes, zitterten die Adepten bei seinem Kampf mit den Geistern und lauschten sie seinen Enthüllungen über die Ordnung der jenseitigen Geisterwelt. Was hat also diese Gewalt eines Menschen, der mit den Schrepfer's, Gugumos', Leucht's und Rosa's, denen wir in Deutschland begegnen werden, durchaus auf Einer Linie stand, auf gebildete und hochstehende Männer und auf edle Frauen begründet? Worin lag die Macht, die ein Mann wie er z. B. in Mitau sofort gewann, sobald er sich dem adligen Kreise als spanischer Graf und Oberst und als Freimaurer vorstellte, der von seinen Obern nach dem Norden geschickt, an den Reichsgrafen von Medem, Meister vom Stuhl in der Mitauer Loge, gewiesen und bevollmächtigt sei, als Großmeister eine Adoptionsloge, d. h. eine Loge zu gründen, zu der auch Frauenzimmer zugelassen werden? Die Goldsucht, welche die Herren in Mitau bewog, mit ihm die Kraft des rothen Pulvers zu versuchen und auf ihren Gütern Schätze, die der Abenteurer entdeckt haben wollte, den bösen Geistern abzukämpfen — dieselbe Goldsucht, der er schmeichelte, wenn er den jungen Leuten des Medem'schen Hauses das Geheimniß mittheilte, aus schlechtem Flachs den feinsten Castor zuzubereiten — die Lust an leichtem und schnellem Gewinn, der auch Frau v. d. Recke folgte, als sie den Zauberer beschwor, ihre kleinen Perlen eben so groß zu machen, wie die am Armbande der Herzogin von Kurland, von denen er behauptete, daß sie ursprünglich von ihm herrührten, und daß er sie aus den kleinen, schiefen Perlen seiner Frau zusammengeschmolzen habe, um einem bankerotten Freunde in Holland aufzuhelfen, — das erklärt nicht Alles, eben so wenig wie die Geheimnißsucht der Adepten und der Glanz des Auges, die hinreißende Suada und das commandirende Wesen, mit denen der Abenteurer trotz aller Mängel seiner Leibesbeschaffenheit, trotz der Hohlheit seiner Vorträge, so wie trotz des läppischen Charakters seiner Geisterbeschwörungen seinen Verehrern imponirte. Die Erscheinung, daß das Jahrhundert der Aufklärung kurz vor seinem Abschluß so groben und geistlosen Betrügern sich zu Füßen warf, daß fein- und hochgebildete Männer und Frauen sich von dem gebietenden Augenblitzen eines Komödianten, von seinem Fußstampfen und Kampf mit überirdischen Geistern überwältigen ließen, kann nur aus der vollständigen Auflösung alles bisherigen Glaubens und aller bisherigen Disciplin erklärt werden. Auch der sonst religiös gesinnte Mitauer Kreis gehörte zu diesen Aufgelösten. Nur ganz und gar zerfahrene Geister, wie die Mitglieder der oberen Gesellschaft in der Zeit vor 1789 waren, konnten den Vorträgen Cagliostro's über seine magische Philosophie ernsthaft zuhören, wonach Moses, Elias und Christus die drei Hauptvorsteher unsers Erdballs und die vornehmsten Freimaurer sind, die noch bis jetzt gelebt haben. Nur die völlige Gleichgültigkeit gegen das kirchliche Bekenntniß konnte den Satz des Zauberers, daß sowohl die Götterlehre der Griechen als der Zendavesta, die Edda und die Bibel der Magie geheiligte Bücher seien, bewundern. Endlich nur der völlige Zerfall mit der bisherigen politischen Ordnung und der Taumel der eignen Souveränität konnte sich an der Offenbarung erfreuen, daß „die Gewalt der Könige und Fürsten ihnen nur anscheinend gegeben ist und daß sie eigentlich unter Magikern, guten und schwarzen, stehen". Nachdem Cagliostro nach seinem Mitauer Erlebniß in Petersburg und Warschau sein Glück versucht, darauf in Straßburg (1780) als Wunderdoctor Aufsehen gemacht und in England mit dem verrückten Lord Gordon, der zum großen Londoner Pöbelaufruhr und Brand Anlaß gab, sich liirt hatte, spielte er in der politischen Auflösung zu Paris seine Rolle. Welche Anziehungskraft er hier für verwandte Elemente hatte, beweist die Theilnahme, die er in den obern Kreisen fand, als er wegen seiner Verwickelung in die Halsbandgeschichte den Befehl erhielt, Paris in 24 Stunden und das Reich in drei Wochen zu räumen. In seinem Hause strömte ein bedeutender Menschenhaufe zusammen, der sich bereit erklärte, die Waffen zu ergreifen, um ihn trotz des königlichen Befehls in Paris zurück zu halten. Nur mit Mühe beruhigte er die Leute, indem er ihnen betheuerte, er werde anderwärts seine Stimme gegen die Minister und den Hof von Frankreich erschallen lassen. Nach Passy, wohin er sich zunächst zurückzog, folgten ihm angesehene Leute vom Hof und viele seiner Anhänger, die bis zu seiner Abreise nach London je zwei und zwei die Wache vor seinen Zimmern unterhielten. In England hielt er Wort, ließ er wirklich seine Stimme erschallen, wenn auch das „Sendschreiben an die französische Nation", welches er hier herausgab, nicht, wie er sich rühmte, von ihm herrührte, sondern ihm von seinen Verehrern aus Frankreich zugeschickt war. In diesem vom 20. Januar 1786 datirten Schreiben verkündigte er den Franzosen die nahe Zeit, wo „man die Bastille niederreißen, zu einem Spazierplatz machen und in Frankreich ein Fürst herrschen werde, der die Lettres de cachet abschafft, die Generalstaaten zusammenberuft und die wahre Religion wieder einsetzt." Bei seiner Gefangennehmung in Rom, den 27. December 1789 (er starb 1795 im Gefängniß), soll man, wie der Moniteur vom 24. Januar 1790 meldet, unter seinen Papieren eine Prophezie gefunden haben, welche ankündigt, daß Pius VI. der letzte Papst sein und daß nach ihm die Kirche ihre Staaten verlieren wird.

Wie jene von ihm in London herausgegebene Schrift beweist, war er von dem Kreise derjenigen Franzosen, für welche Bastille und Lettres de cachet hassenswerthe und der Vertilgung gewidmete Symbole des Despotismus waren, benutzt worden. Einer wirklichen Verschwörung der Freimaurerei gegen das Königthum glaubte man aber Ausgangs des vorigen Jahrhunderts in jenen geheimen Verhandlungen, die der deutsche Freimaurer Bode in Gemeinschaft mit dem Major von dem Busche 1787 zu Paris mit den dortigen Logenhäuptern führte, auf die Spur gekommen zu sein. So wenig die Wirksamkeit jenes Bode in Paris gering anzuschlagen ist, so ist es uns indessen doch wahrscheinlicher, daß er mit den französischen Brüdern die Einheit des maurerischen Verbandes suchte und im Umgange mit ihnen seine Forschungen über die vermeintliche Urgeschichte der Maurerei zu vervollständigen suchte, als daß es sich in diesen Geheimberathungen um eine Verschwörung gegen das Bourbonische Königthum gehandelt hätte. Die Hauptbedeutung der französischen Maurerei für die Herbeiführung und Unterstützung der Revolution scheint uns vielmehr darin zu liegen, daß sich im Spiel ihres Ordenswesens und ihrer Hochgrade und in ihrem Ergötzen am Ritterthum und an der Majestät der Kaiser vom Orient und vom Occident eine Entfremdung gegen das Landesinteresse und gegen die bestehende politische Ordnung aussprach, die jeden Angriff auf dieselben duldete, sogar gern sah und nicht abgeneigt war, ihn bei Gelegenheit zu unterstützen.

In Deutschland verbreitete sich die Maurerei im Anfang der dreißiger Jahre, Anfangs durch fliegende Logen, welche diejenigen Deutschen, die in England in den Bund aufgenommen waren, in ihrer Heimath, auf Reisen und in Bädern errichtet hatten, seit 1733 von Hamburg aus, wo mit Concession von Seiten der englischen Großloge eine stehende Loge errichtet war. Vier Jahre darauf ward Heinrich Wilhelm von Marschall von London aus zum Provinzial-Großmeister von Obersachsen ernannt und 1741 wurden die Arbeiten der Provinzial-Großloge von Hamburg und Niedersachsen eröffnet.

Schon 1736 erschien zu Leipzig eine Zeitschrift „der Freimaurer" und in demselben Jahre die Uebersetzung von Prichard's 1730 veröffentlichtem englischen Werk „Masonry dissected" unter dem Titel: „Die Zunft der freien Maurer oder allgemeine und aufrichtige Beschreibung aller derselben Gattungen." Wie groß das Interesse des Publicums für die neue Erscheinung war, ist auch daraus zu ersehen, daß 1741 unter dem Titel: „Verordnungen, Geschichte, Gesetze, Pflichten, Satzungen und Gebräuche der Hochlöblichen Brüderschaft derer Angenommenen Freimaurer" zu Frankfurt und Leipzig eine deutsche Uebersetzung der englischen Grundbestimmungen, der Regulations und der old charges ausgegeben wurde.

Mächtige Protectoren erhielt der Bund in Norddeutschland an König Friedrich II. und in Süddeutschland an Kaiser Franz I. Jener war auf einem Besuche, den er als Kronprinz in Begleitung seines Vaters 1738 zu Loo beim Prinzen von Oranien abstattete, mit der Freimaurerei bekannt geworden und für sie in dem Grade eingenommen, daß er sich auf der Rückreise zu Braunschweig durch eine Deputation der Hamburger Loge „Absalon" den 14. August aufnehmen ließ, darauf in Rheinsberg heimlich eine Loge errichtete und nach seiner Thronbesteigung im Schloß zu Charlottenburg am 20. Juni 1740 als Großmeister die erste Arbeit leitete. Auf seine Veranlassung wurde am 13. September desselben Jahres die Loge „zu den drei Weltkugeln" in Berlin errichtet, die sich 1744 zur „Großen Mutterloge" erhob und deren Großmeisteramt er auch dem Namen nach noch beibehielt, als ihn die Kriege den maurerischen Arbeiten entfremdeten und der Herzog von Holstein-Beck als Vicegroßmeister die Leitung der Geschäfte übernommen hatte. Franz dagegen war 1731, damals noch Herzog von Lothringen, im Haag unter dem Vorsitz des Grafen Chesterfield zum Lehrling und Gesellen angenommen, darauf in London zum Meister befördert worden und hatte nach seiner Versetzung in das Großherzogthum Toscana gegen den Bann, mit welchem Papst Clemens XII. am 28. April 1738 den Orden belegte (und den Benedict XIV. im Jahre 1751 erneuerte), seine maurerischen Brüder in Schutz genommen.

Nicht nur die päpstliche Curie, sondern auch protestantische Consistorien und Stadträthe erhoben sich gegen den Orden und verboten den Beitritt zu den Logen oder die Bildung neuer Vereine. Das Verbot, welches 1735 den Orden in Holland traf, wurde erst 1740 wieder zurückgenommen, als die Geistlichkeit die Maurer vom Abendmahl ausschloß. In Paris trat die erste polizeiliche Verfolgung 1737 ein, im folgenden Jahre wurden die Logen in Hamburg und in Genf von obrigkeitlichen Verboten getroffen. Noch im Jahre 1763 sprach der Rath der Stadt Danzig unterm 3. October sein „größtes Mißfallen" darüber aus, daß ein Theil seiner Bürger und selbst Bedienstete sich als Freimaurer zusammenthun, „bei Anpreisung gewisser Tugenden den Grund des Christenthums untergraben und zuerst eine Gleichgültigkeit gegen die Glaubenslehren, hernach die natürliche Religion einzuführen und auszubreiten bemüht seien."

Neben dem Indifferentismus fand man aber auch bereits in jener früheren Zeit, so daß der spätere Rothschrei der Berliner Aufklärer, der Biester und Gedicke, nichts Neues war, an der Freimaurerei die Verwandtschaft mit dem Jesuitismus heraus, wie z. B. der Braunschweigische, durch seinen Kampf mit dem Aufklärer Edelmann namhafte Probst Harenberg schon 1764 darauf aufmerksam machte, daß eine so wie die Freimaurer organisirte Gesellschaft gleich dem Jesuitenorden einen Staat innerhalb der verschiedenen Staaten und über denselben bilde.

Der Schutz, welchen der Bund bei Friedrich II. und Franz I. fand, war zwar ein bedeutendes Gegengewicht gegen die bürgerliche und geistliche Reaction und begünstigte die Consolidirung des Ordens in den angesehensten Haupt- und Provinzialstädten Deutschlands, konnte ihm aber keineswegs den schnellen Verfall ersparen, dem die Maurerei in Frankreich anheimgefallen war. Die dürftige Unterhaltung, welche Anfangs das Vorlesen des Anderson'schen Constitutionenbuchs und der danach verfertigten Katechismen gewährte, konnte auf die Dauer nicht genügen. Man suchte daher in der Entwerfung von Verfassungen für die neuen Verbindungen und in der Erfindung von Formalitäten einen Ersatz für den unbefriedigenden inneren Gehalt, den man Anfangs als eine neue Offenbarung angestaunt hatte, verlor denselben aber immer mehr aus den Augen, als ihn das Formenspiel, welches bei der Unabhängigkeit der einzelnen Logen in diesen verschiedene Gestalt annahm, überwucherte. Indessen auch das Ergötzen an den barocken Förmlichkeiten, mit denen die Aufnahme und Beförderung der Brüder vorgenommen wurde, und die Tafelfreuden nach diesen wichtigen Arbeiten konnten das unangenehme Bewußtsein, daß man ein großes Geheimniß gesucht und Nichts gefunden habe, nicht unterdrücken. Man hoffte, in England und Schottland die gesuchte höhere Erleuchtung zu finden, fragte daselbst auf das Dringendste um das eigentliche Geheimniß an und erhielt von den dortigen Großlogen immer nur die Antwort, daß sie von dem Bestehen höherer Geheimgrade Nichts wüßten. Man legte sich daher auf die Lectüre, suchte in Büchern und Bildern, vertiefte sich in die Alchymie und Kabbala, in den Höllenbann und in die Geistertheorieen, in die alten Mysterien und den christlichen Gnosticismus, endlich in die Geschichte der Ritterorden. In die Gährung der Geister, welche durch diese flüchtig aufgerafften Materialien erzeugt wurde, fällt dann die Einwirkung der ambulanten Logen, welche sich im Gefolge der französischen Armeen während des österreichischen Erbfolgekrieges und später des siebenjährigen Krieges befanden, und der Reichsfreiherr Karl Gotthelf von Hundt und Altengrottkau war es dann, der die Combination der französischen Maurerei und Tempelherrnidee mit der deutschen Maurer-Ordnung systematisch ausbildete.

Derselbe, geboren den 11. September 1722 in der Lausitz, wurde 1742 zu Frankfurt a. M., wohin er zur Kaiserkrönung gegangen war, in die dortige Loge aufgenommen und trat noch in demselben Jahre eine größere Reise über Holland und England nach Paris an, auf welcher er für die Freimaurerei so thätig war, daß er an letzterem Orte am 20. Februar 1743 eine neue Loge als Meister vom Stuhl einweihen konnte und den 28. August desselben Jahres der Einweihung einer Loge zu Versailles als erster Vorsteher beiwohnte. In Paris trat er sowohl aus Liebe zu einer Frau, mit der er sich verheirathete, als auch aus schwärmerischer Neigung zum Mysteriösen zum Katholicismus über und kam dann, nachdem er sich auf der Rückreise von mehreren Oberen der französischen Armee in Brabant in die Gebräuche und Geheimnisse ihrer maurerischen Partei hatte einweihen lassen, mit der gläubigen Annahme zurück, daß die Maurerei der Orden der Tempelherren sei. Anfangs arbeitete er in seiner Heimath im Stillen mit mehreren Gleichgesinnten, bis er am 24. Juni 1751 zu Kittlitz, einem ihm gehörigen Rittergute bei Löbau, eine Loge errichtete, die nach dem von ihm geformten Templer-Ritus arbeitete; jedoch erst nach dem siebenjährigen Kriege, in welchem er für die Interessen seines Landesherrn und der Maria Theresia sehr thätig war, begann er die Propaganda für sein System und brachte es dahin, daß dasselbe in Teutschland die Oberhand erhielt. Er nannte es die stricte Observanz im Gegensatz zur laxen Observanz, welchen Namen er den Logen des englischen Systems wegen ihrer laxen und zweifelhaften moralischen Haltung, namentlich wegen ihrer Nachsichtigkeit gegen die Ausschweifungen und Zerstreuungen der Gesellschaft beilegte, doch klang durch den Namen des neuen Systems auch die Erinnerung an den unbedingten Gehorsam hindurch, welchen dasselbe von den Brüdern gegen ihre Oberen forderte.

Nach diesem erweiterten System erhoben sich über den hergebrachten maurerischen Johannisgraden die templerischen Hochgrade mit der mittelalterlichen Hierarchie der Heermeister, Comthure, Haus - Comthure, Capitular - Comthure, Präfecten, Sub-Prioren u. s. w. und mit den Klassen der Waffenknechte, Socii und Ritter, in welche die Eintretenden je nach ihrem Stand vertheilt wurden; bei feierlichen Gelegenheiten trugen die Brüder die alte Ordenstracht und für die Aufnahme der Novizen war ein lateinisches Formular entworfen, nach welchem der Aufzunehmende dem „allmächtigen Gott, der heiligen Jungfrau, dem heiligen Bernhard und dem Ordensmeister gelobte, die von Bernhard von Clairvaux gegebene und vom Papst Honorius II. bestätigte Regel der Tempelritter in allen noch anwendbaren Artikeln zu befolgen."

Aller Pomp der Einweihung, der Gebräuche und der sogenannten Arbeiten brachte aber den neuen Brüdern weiter nichts ein als die Offenbarung, daß die Maurerei die Fortsetzung des Tempelherrn-Ordens sei. Hundt hatte sich indessen schon frühzeitig mit finanziellen Speculationen getragen, zu denen er seinen Logenverband benutzen wollte. Anfangs hatte er, um seine durch den siebenjährigen Krieg in Unordnung gekommenen häuslichen Umstände zu bessern, seine Güter, die noch einen Tarwerth von 250,000 Thalern hatten, dem Orden gegen ein Capital von 60,000 Thalern übergeben wollen. Da dieses Anerbieten Mißdeutung erfuhr, versuchte er es in anderer Weise, dem Orden eine ökonomische Grundlage zu geben, und bestimmte, daß die bedeutenden Gelder, welche die neuen Brüder bei ihrer Aufnahme zu zahlen hatten, in liegenden Gründen angelegt und daß aus diesen Commenden und Präbenden gebildet werden sollten. Das Ordensvermögen berechnete er danach für den Schluß des 18. Jahrhunderts auf 2 Millionen Thaler; zugleich bestimmte er, um sogleich für den Anfang recht viele Brüder heranzulocken, daß nach dem Jahre 1787 Niemand mehr aufgenommen und das Ordensgut zuletzt unter die 500 Ritter, die im Anfang des 19. Jahrhunderts nach der Wahrscheinlichkeit noch vorhanden sein würden, vertheilt werden sollte.

Kurz, das ganze Ritterinstitut lief auf weiter Nichts als eine Tontine hinaus. Dabei hatte es aber Hundt trotz der Genauigkeit der Tabellen und Berechnungen, mit denen er seinen Plan detaillirte, völlig vergessen, anzugeben, ob diese 500 Ritter auch bei ihrem allmählichen Aussterben sich beerben oder wie sie den Abgang ihres Personalbestandes ergänzen sollten. Erst spät, nachdem Hundt selbst zu Meiningen auf einem Besuch bei dem ordensangehörigen Herzog Karl (am 8. November 1776) längst gestorben war, gab Schubart, Edler von Kleefelde, der thätigste Mitarbeiter Hundt's, nachdem er indessen bereits aus dem Orden ausgetreten war, in einem Schreiben vom 26. Juli 1787 an einen Ordensbruder auf eigene Hand die apokryphe Auslegung, daß von 1787 an nur die Söhne und Enkel der Ordensbrüder aufgenommen werden sollten und demnach in jenem Jahre, so zu sagen, die Secularisation des Ordens eintreten würde.

Diese Umwandlung des Ordensguts in erblichen Familienbesitz trat aber nicht ein und zwar aus dem einfachen Grunde, weil überhaupt kein Ordensgut zusammenkam. Der Plan blieb eine Chimäre, dennoch ist er historisch wichtig, weil er eine jener Berührungen, in welchen die geheimen Gesellschaften des 18. Jahrhunderts mit dem Jesuitenorden zusammentrafen, in classischer Form zur Anschauung bringt. In demselben Augenblicke, wo dieser Orden durch seine colossalen Finanzoperationen und die aus denselben hervorgehenden Scandale die Abneigung der Völker gegen sich steigerte und endlich seinen definitiven Sturz herbeiführte, suchte der Humanitätsbund der Toleranz, Aufklärung und Menschenliebe die finanzielle Speculation zu seiner Basis zu machen und sich durch dieselbe die Stellung eines Staats im Staate zu verschaffen.

Hundt selbst hatte noch den Plan gehabt, die vortheilhaften Anerbietungen, welche die Kaiserin Katharina II. deutschen Colonisten machte, zum Vortheil des Ordens zu benutzen und eine großartige Niederlassung im russischen Gouvernement Saratow zu gründen. Er und einige schwärmerische Freunde der Ritteridee malten sich bereits die schöne Idee aus, wie der russische Gütercomplex zu einem templerischen Musterstaat erhoben werden könnte, in welchem die Chevaliers in ihrer ordensmäßigen Tracht öffentlich auftreten und ihr Regierungstalent zeigen könnten. Man hatte sich sogar mit dem Grafen Mussin-Puschkin, kaiserlich russischem Gesandten beim niedersächsischen Kreise, in Einvernehmen gesetzt und von ihm die Zusage besonderer Unterstützung erhalten. Allein auch dieses Project blieb eine bloße Idee; dennoch wollten die Ritter noch nach Hundt's Tode und als das System der stricten Observanz sich in einer unauflöslichen Verwirrung verlor, dem Verfall desselben durch industrielle Unternehmungen, z. B. Tabaksfabriken, Seiden- und Lederfabriken, oder durch einen vortheilhaften Handel nach der Levante steuern, — es kam aber nicht einmal zum Versuch; Alles blieb Idee, Gerede, leerer Wunsch.

Hundt mußte es noch erleben, wie die Sucht nach Reichthum und die Leichtgläubigkeit der Phantasten, denen kein Hirngespinnst unwahrscheinlich war, eine große Anzahl seiner Anhänger einem Abenteurer nach dem andern zuführte und sein Logensystem zerrüttete. Außer dem Hunger nach leicht und schnell fabricirtem Golde war es das Verlangen der Leute, den unbekannten Oberen des maurerischen Templerordens auf die Spur zu kommen, was ihm die Leichtgläubigen entführte. Er selbst, der nur Heermeister von Deutschland sein wollte, behauptete, von Oberen bestallt zu sein, die zu nennen ihm sein Eid verbiete, und begnügte sich damit, seine Legitimation auf Ehre und Schwert zu bekräftigen. Erst spät, auf dem Convent zu Braunschweig im Jahr 1775, hatte er dem dringenden Verlangen sämmtlicher Logenpräfecturen so weit nachgegeben, daß er auf den Prätendenten, dem er 1743 in Paris vorgestellt sein wollte, als den Großmeister des Ganzen hindeutete.

Die Confusion, welche die Goldsucht und die Neugierde nach den großen Obern in den Köpfen und in den Logenverbänden erzeugte, ging zunächst von Berlin aus. Hier hatte einer der bei Roßbach gefangenen französischen Offiziere, Marquis Gabriel Tilly de Lerney in Gemeinschaft mit dem Baron von Prinzen (1760) ein Großcapitel nach dem Clermont'schen System errichtet und dasselbe mit der Nationalloge zu den drei Weltkugeln verbunden. Die vier Hochgrade, welche diese beiden Brüder in's Leben gerufen hatten, wurden durch Phil. Samuel Rosa, früheren Anhalt-Köthenschen Consistorialrath und Superintendenten, mit der mystischen Alchymie, die im damaligen Berlin, wie auch zu Potsdam, in mehreren Laboratorien betrieben wurde, in Verbindung gesetzt. Dieser Rosa, der 1743 wegen anstößigen Umgangs mit einer Wittwe seines Amts entsetzt war und sich mit alchymistischen Schwindeleien in Jena, Halle, Wien und Potsdam durchgebracht hatte, verstand sich auch in sofern auf den Geist seiner Zeit, als er sich der Verbindung mit den schwedischen Logen rühmte und deren mit Alchymie versetzten Swedenborgianismus für das wahre Mysterium der Maurerei ausgab. Sein mystischer, alchymistischer Bombast und die Protection des Herrn v. Printzen erwarben ihm darauf in Berlin das Amt eines Generaldeputirtenmeisters, welches er, während er als solcher in Deutschland fünfzehn Capitel nach seinem System einrichtete, zur Plünderung der Logenkassen benutzte.

In einem jener Capitel (dem zu Jena) trat ihm aber im Septbr. 1763 ein geschickterer und kühnerer Mitbewerber entgegen, der sich als Oberst Johnson a Fühnen als Großprior des wahren Templerordens, Abgesandter der maurerischen Obern in Schottland und als Besitzer der obersten Geheimnisse einführte und alsbald Glauben fand. Rosa mußte sogar auf die Citation desselben vor einem Convent der Capitelsdeputirten erscheinen und die von ihm gegebenen Constitutionen für unächt erklären, worauf er nach einem zweijährigen Aufenthalt zu Halle verscholl. Selbst Hundt wurde durch das Auftreten des siegreichen Johnson's an seinem Heermeisterthum irre. Auf dem Convent zu Altenberge (bei Jena) im December 1763 erprobte Letzterer den unbedingten Gehorsam, den ihm die versammelten Ritter leisteten, um von ihm das Geheimniß der wahren Obern herauszubekommen, an den Strapazen, denen sie sich auf den von ihm angeordneten Ritter- und Uebungsfahrten und als wachthabende dienende Brüder vor seiner Wohnung willig unterzogen. Doch gelang es diesmal Hundt, durch ein angedrohtes Ordensverhör ihn außer Fassung zu bringen und auf die Flucht zu treiben, auf welcher er im Februar 1765 zu Alsleben verhaftet wurde, worauf die Weimarischen Ordensbrüder es bewirkten, daß er ohne alle Untersuchung und in höchst willkürlicher Weise bis zu seinem Tode (im Jahre 1775) auf der Wartburg in Haft gehalten wurde. Er war ein gewisser Becker, der sich später Leuchte genannt hatte, aus Bernburg, der, nachdem er den dortigen Fürsten durch alchymistische Versuche um einiges Geld gebracht hatte, geflohen und als Kriegsgefangener, nachdem er in einem württembergischen Regiment Dienste genommen, nach Berlin gekommen war.

Zwei Jahre darauf kam an Hundt von Johann August Starck aus Wismar, wo derselbe damals Conrector war, die Botschaft, daß der ritterliche Templerorden ein geistliches Complement in einem Klerikat besitze — wenigstens besitzen könne, wenn er sich mit diesem Priesterbunde, der die höchsten Grade der Maurerei einnehme und in's innerste Geheimniß eingedrungen sei, verbinden wolle. Starck hatte in der That die Templeridee durch eine priesterliche Hierarchie ergänzt, aus alchymistischen Floskeln und römischkatholischen Formeln und Riten vier Hochgrade zusammengestoppelt und gab vor, daß sein Machwerk von hohen Oberen herrühre. Hundt griff auf das Anerbieten zu, schickte Unterhändler zu dem Erfinder, natürlich, ohne über diese Oberen eine befriedigende Auskunft zu erhalten. Auf dem Ordensconvent zu Kohlo, einem Brühl'schen Gute in der Lausitz, (1772) ward zwar ein Vergleich zwischen den Klerikern und den Tempelrittern abgeschlossen, wonach es nur den Ersteren zustehen solle, geistliche Acte oder die officia bei Einführung eines Heermeisters, Priors u. s. w. zu verrichten. Allein zur Ausführung kam es nicht, und nach dem Tode Hundt's löste sich das Verhältniß zwischen beiden Fractionen des Templerbundes auf. Starck selbst ließ sein Klerikat fallen, als er 1781 dem Rufe als Consistorialrath und Ober-Hofprediger nach Darmstadt folgte. Interessant ist seine Erfindung nur als die hierarchische Fortbildung der Freimaurerei und wegen ihres prononcirten jesuitischen Charakters, der den protestantischen Aufklärern den Gedanken eingab, daß das ganze Hochgradswesen der Logen von den Jesuiten zur Vernichtung des Protestantismus benutzt werde.

Um dem Verbande der stricten Observanz, gegen den zwar die Logen der laten Observanz in den Hintergrund getreten waren, dessen in den Hochgraden spielende Geschichte aber eben keine sehr rühmliche war, einigen Halt zu geben, ernannte man auf jenem Convent zu Kohlo den Herzog Ferdinand von Braunschweig zum Ordensgroßmeister und bestätigte Hundt nur in seiner Würde als Heermeister der Logen in Ober- und Niedersachsen, Dänemark und Kurland. Durch die Anerkennung eines selbstgewählten Obern wollte man den Gedanken an geheime Obere zurückdrängen, aber selbst der neue Meister konnte der Neugierde nach dem Geheimniß der unbekannten Ober-Direction nicht widerstehen und organisirte das Forschen nach derselben sogar auf eine amtliche Weise.

Zunächst erlebte die stricte Observanz unter ihrem fürstlichen Vorstande, daß ein Abenteurer zu Leipzig, Johann Georg Schrepfer, sie, wie die ganze Maurerei seiner Zeit, für „Kinderpossen, Geldprellerei und Handel mit kindischen Geheimnissen" erklärte. Dieser Mann ist um das Jahr 1735 zu Nürnberg geboren, wo sein Vater, nachdem er seine Stelle als Rathhausvoigt und Rathhauskellerwirth verloren, sich von dem Handel mit seiner Erfindung, dem Schrepfer'schen Lebensbalsam, nährte. Sein Bruder war aus religiöser Schwärmerei Mörder geworden, indem er einen ihm unbekannten Menschen auf Eingebung des heiligen Geistes mit dem Degen durchrannt hatte. Er selbst trat in Leipzig, wo er Anfangs als Weinküfer diente, als Kaffeewirth auf und nachdem er seinen Hang zur Phantasterei in der Lectüre magischer und alchymistischer Bücher befriedigt hatte, kündigte er sich der Leipziger Loge Minerva als der Reformator der stricten Observanz an. Als diese ihn nicht anerkennen wollte, errichtete er in seinem Kaffeehause eine eigene Loge als schottischer Meister und unterhielt seine Anhänger, zu denen auch Bischofswerder, der spätere preußische Minister, gehörte, mit dem Thema aller dieser Reformer, daß er allein im Besitz des wahren Geheimnisses stehe und von den wahren geheimen Obern herkomme, außerdem mit Geisterbannerei, wobei er die Anwesenden nicht nur durch Gebete, Rauchwerk und katholische Ceremonien, sondern auch durch starke Getränke zu betäuben suchte. Sein gewaltthätiger Charakter geht daraus hervor, daß er einmal in die Loge Minerva, mit der er in einem beständigen Kriege lebte, die Pistole in der Hand eindrang, die ihm mißgünstigen Brüder auseinandersprengte und den Meister seiner Würde entsetzte. Er trieb es aber nicht lange. Anmaßung des abligen Namens von Steinbach und des Charakters eines französischen Obersten, endlich Mißbrauch der Geduld der sächsischen hohen ihm wohlwollenden Maurer — unter Andern des Herzogs von Kurland, der ihm endlich wegen seiner Neckereien gegen die Loge Minerva durch einen sächsischen Major 100 Stockprügel aufzählen und ihn dann über den Empfang quittiren ließ — Alles das machte in Verbindung mit dem Derangement seiner finanziellen Verhältnisse seine Stellung in Leipzig unhaltbar. Sein Verständniß der Zeit völlig verläugnend, führte er am 8. October 1774 seine gläubigsten Anhänger in's Rosenthal, um ihnen das wahre Geheimniß zu enthüllen, und erschoß sich, nachdem er einige Schritte in's Gebüsch abseits gegangen war. Als Erbschaft erhielt von ihm Bischofswerder die Apparate für Geistercitationen, die stimulirende Tinctur und seine tüchtigsten Bauchredner, Namens Steinert und Frölich, die später in Berlin eine große Rolle spielten.

Schrepfer's Stelle wurde bald darauf durch einen Baron v. Gugumos, Cavalier des Fürsten von Fürstenberg, eingenommen. Sein Lied war dasselbe, wie das seines Vorgängers, Johnson's, Starck's und aller Anderen; dennoch gewann er so viel Ansehen, daß er 1776 einen Convent nach Wiesbaden zusammencommandiren konnte, auf welchem er außer den Brüdern Wöllner und Bischofswerder auch vier deutsche Fürsten zu seinen Füßen sah, indessen, neben der alten Litanei von ihm allein bekannten Obern oder Vätern oder vom heiligen Stuhl, wie er dies Geheimniß nannte, ferner von seiner Ernennung zum Hohenpriester, Ritter und Herzog, endlich von seiner Gewalt über die jenseitigen Geister und über die Natur, sich auch seiner Kenntniß der Fabrikation der aqua Tofana rühmte und sich so weit vergaß, die langsame und unbemerkliche Tödtung für Ordenszwecke — ein Lieblingsthema der damaligen geheimen Gesellschaften — zu empfehlen und dadurch einige der anwesenden Brüder doch etwas irre zu machen. Die Argwöhnischen verlangten daher, er solle ihnen sofort seine Legitimation vorzeigen, worauf er von Wiesbaden verschwand.

Gugumos hatte angedeutet, daß ihn der Prätendent in Italien zum Ritter der stricten Observanz geschlagen habe. Der Herzog von Braunschweig schickte daher, um diese Spur zu verfolgen und endlich zu den unbekannten Obern zu gelangen, den Rechtsgelehrten und Ordensbruder v. Wächter nach Italien und besonders zu dem Stuart Karl Eduard in Florenz, von diesem brachte aber der Abgesandte nur die Antwort zurück, daß ihm der Tempelherrnorden der Gegenwart ein unbekanntes Ding und er selbst kein Freimaurer sei.

Sodann hoffte man in Schweden, auf welches schon Rosa hingewiesen hatte, das heiß gesuchte Geheimniß zu entdecken und der Herzog Ferdinand, der selbst nach jenem Lande reiste, arbeitete mehrere Jahre, bis 1779, darauf hin, daß der Herzog Karl von Südermannland, der den schwedischen Hochgraden als Vicarius Salomonis vorstand, zum Heermeister der stricten Observanz ernannt wurde. Doch erhielt sich auch diese Verbindung nicht lange, da sie bei der Unbedeutendheit der Modificationen, durch welche sich alle diese Systeme von einander unterschieden, nichts Neues bot, hatte doch selbst Herzog Ferdinand, als er in Schweden persönlich nach den tieferen Geheimnissen forschte, statt derselben nur dieselben leeren Geheimnisse und Riten wie in Deutschland gefunden.

Endlich, nach allen diesen Enttäuschungen entschloß man sich zur Entsagung. Auf dem nach Wilhelmsbad (bei Hanau) von Herzog Ferdinand von Braunschweig berufenen und am 16. Juli 1782 eröffneten Convent gestand man ein, daß die Abstammung der Maurerei vom Tempelherren-Orden sich nicht beweisen lasse, und nachdem man sich lange und vergeblich über Zweck und Ursprung des Ordens herumgestritten, schlug man endlich den Ausweg ein, über den drei Johannisgraden nach dem System der französischen „Ritter der Wohlthätigkeit" noch eine besondere letzte Ordensklasse zuzulassen, in welcher der Zusammenhang mit dem Templerorden erläutert werden könne, diejenigen aber, die von dieser Klasse der Regenten und Wohlthätigkeits-Ritter keinen Gebrauch machen wollten, als Brüder anerkannt bleiben sollen.

Diese Entsagung, diese Selbstauflösung war aber der stricten Observanz von einem Verein aufgezwungen worden, der von vorn herein auf ihren Sturz ausgegangen war, auf ihren Trümmern sein Freiheits- und Aufklärungsgebäude errichten wollte und alle ferneren Reformen der deutschen Freimaurerei bestimmt hat, — vom Verein der Illuminaten. Die Brüder, die auf dem Wilhelmsbader Congreß die Auflösung der stricten Observanz entschieden, gehörten diesem Vereine an oder wurden von dem Sendboten desselben, Freiherrn von Knigge, für ihn in diesem Augenblicke gewonnen.

Das Neue, was der Illuminatenorden den Logenbrüdern brachte, war von der Art, daß es ihrem Verlangen nach Aufschlüssen über ihre maurerische Aufgabe Befriedigung bot; es kam ihnen zugleich in der Form entgegen, daß es auch den Geschmack am Geheimnißvollen nicht unbefriedigt ließ.

„Wer sind wir? was wollen wir? was ist der Zweck unseres Ordens?" — das waren die Fragen, die man auf dem Wilhelmsbader Congreß aufwarf und — unbeantwortet ließ, wenigstens nur damit beantwortete, daß man die Phantasieen über die Vergangenheit und Zukunft des Ordens strich und sich für die Gegenwart mit der Pflicht der Wohlthätigkeit und brüderlichen gegenseitigen Förderung begnügte. So hatte die stricte Observanz in dem Wunderland, in welchem sie sich rathlos verirrt hatte, tabula rasa gemacht, und **Adam Weishaupt**, der Stifter des Illuminatenordens, füllte die Leere mit der Antwort auf jene Frage aus: Wir sind Streiter des Lichts, der Freiheit und brüderlichen Gleichheit und haben die Welt nach unserm Ideal umzuformen und als ein Verein königlicher Freier zu beherrschen.

Dabei machte er mit der Formulirung seiner Lösung an die Logenbrüder, die er gewinnen wollte, keine Ansprüche, die ihr Fassungsvermögen überstiegen oder ihrer Art, die vorhandenen Bildungselemente zu eignen Zwecken zu benutzen, widersprachen. Er gab ihnen die Resultate der französischen und deutschen Aufklärung, stellte dieselben, wie sie sich ihm darboten oder aus seiner Erudition aufstiegen, zusammen, excerpirte zu seinen Ordenszwecken dies oder jenes ihm bis dahin noch unbekannt gebliebene Buch, je nachdem es ihm zufällig in den Wurf kam — änderte, schob und rückte an der Reihenfolge und am innern Gefüge seiner Illuminatengrade je nach dem Wechsel seiner Einfälle, Stimmungen und literarischen Reminiscenzen — kurz, arbeitete, wie die Gründer und Fortbildner des Logenwesens bisher gearbeitet hatten, und ward ihnen auch darin gleich, daß sein Werk im Ganzen unfertig blieb und zur Fortbildung reizte.

Den mysteriösen Formalismus der Logen füllte er mit Aufklärung, Erkenntniß und theoretischen Aufschlüssen über die letzten Ziele der Geschichte aus. An die Stelle der bisherigen phantastischen Behandlung der Frage nach dem Woher und Wohin des Ordens setzte er die grabweise Einweihung in die Historie der natürlichen Menschenseele von ihrer ersten Ablösung aus den Schaalen der politischen und kirchlichen Cultur an bis zu ihrer Erhebung zu königlicher Souveränetät. Das neugierige Spiel mit den Problemen des Logenwesens schloß er ab, indem er es als die Beschäftigung des Kindheits- und Jugendalters des Ordens für antiquirt erklärte, und gab den Seinigen die männliche Orientirung über den Gang, den der Menschengeist im Verlaufe der Geschichte zu seiner jetzt herangekommenen Vollendung zurückgelegt habe.

Seine Zeit war im Logenwesen der alten Reichs- und Kirchen-Ordnung so weit entfremdet worden, daß sie ihm ohne große Bedenken zu dieser Vollendung folgen konnte. Jene Angst nach den unbekannten Obern, welche die Deutschen in der Zeit bis zum Wilhelmsbader Congreß in die Irre und schwachsinnigen Abenteurern in die Arme trieb, bewies, daß ihre heimische Obrigkeit ihnen gleichgültig war. Deutsche Fürsten, die sich an dieser Irrfahrt nach der geheimen Obrigkeit des Ordens betheiligten, gestanden damit ein, daß sie an ihre eigne Fürstlichkeit nicht mehr glaubten, in ihrem Volke kein Gefolge besaßen und auch nicht mehr dazu taugten, ihrem alten Reichsoberhaupte als Gefolge zu dienen.

Als Zeugniß für die maurerische Stimmung der damaligen hohen Welt brauchen wir nur das seit 1785 bis 1789 (zu Leipzig) in drei Bänden erschienene Buch „Notuma, nicht Erjesuit, über das Ganze der Maurerei", anzuführen, welches diese Stimmung der gebildeten und fürstlichen Gesellschaft um die Zeit des Wilhelmsbader Congresses schildert. Danach war es an den kleinen Höfen, die der Verfasser besuchte und an denen er als „Bruder" eine ausgezeichnete Theilnahme fand, de rigueur, dem Geheimbunde anzugehören. Die Höfe waren auf den Logenton gestimmt und die Maurerei hofmäßig. Ueberhaupt, schreibt er z. B. aus Braunschweig, wo er an der herzoglichen Tafel von der Erbprinzessin für seinen maurerischen Eifer Elogen erhielt, „steht hier die Maurerei in der größten Achtung und es ist hier fast nothwendig, Maurer zu sein." In Darmstadt schließt ihn der Erbprinz enthusiastisch in seine Arme, als er sich ihm als Bruder vorstellte. Wohlhabende Edelleute hatten nicht selten ihren Landsitz freimaurerisch eingerichtet und der höchste Wunsch eines armen Schluckers von Edelmann war, reich genug zu sein, um sich ein Landgut zu kaufen und daraus einen Freimaurersitz zu machen. „Wie herrlich, malt sich Notuma (Band. I. S. 99) seinen chimärischen Garten aus, dessen Skizze er schon in Händen hat; man geht durch Alleen, der Betrachtung, die sie erwecken sollen, gemäß angelegt — von Tempel zu Tempel. Jeder derselben stellt einen Grad der Maurerei vor und jeder hat eine maurerische Devise zum Schilde, z. B.: in silentio et spe fortitudo mea."

War die Stimmung der obern und gebildeten Gesellschaft der Revolution, die Weishaupt unter der Hülle der Freimaurerei ausführen wollte, höchst günstig, so standen seinem Unternehmen die religiösen, selbst kirchlichen und oft katholischen Formeln, mit denen die Logen ihr Spiel ausschmückten, keineswegs entgegen. Er selbst gab in seinen vorbereitenden Illuminatengraden so viel religiöse Anklänge, als die Schwärmerei seiner Zeitgenossen brauchte. Sodann war diese Schwärmerei nur eine trockne Verstandessache, die auf durchaus weltliche Zwecke, Herrschaft, Despotismus und Ausübung einer starren Disciplin ausging, oder der profanen Habsucht und Genußsucht diente. Das rosenkreuzerische System, welches Wöllner und Bischofswerder unter Friedrich Wilhelm II. zu Berlin in der Loge zu den drei Weltkugeln zur Geltung brachten und welches nur dem Mysterium der Goldmacherei und der Lebensverlängerung nachlief — der Cultus, den gleichzeitig die Kreuzbrüder des Herrn v. Haugwitz dem Stein der Weisen als dem Weltheiland widmeten — das Alles war nur ein Weltdienst oder eine Weltsucht, deren devotes Exterieur und dogmatische Ausschmückung die völlige Entfremdung des Gemüths gegen die kirchlichen Formeln bezeugte.

Die Absicht Weishaupt's, den ritterlichen und klerikalen Ueberbau über den Johannislogen abzutragen und durch die rein humanitäre Aufklärung zu ersetzen, erhielt, nachdem der von ihm im Verborgenen geleitete Wilhelmsbader Convent sich von der Ritter- und Priesteridee losgesagt hatte, ihre erste Ausführung durch den Reichskammergerichts-Assessor v. Diethfurth zu Wetzlar. Derselbe war auf dem genannten Convent durch Knigge für Weishaupt's Pläne gewonnen worden und legte schon das Jahr darauf (1783) den Grund zu dem eklektischen Verein, der sich um die große Mutterloge zu Frankfurt a. M. sammelte. Das Rundschreiben, welches die Provinzialogen von Wetzlar und Frankfurt noch in dem genannten Jahr an die deutschen Logen erließen, machte in sofern Epoche, als es auf der Grundlage der Freiheit, Gleichheit und Toleranz jeder Loge das Recht einräumte, in einem oder mehreren Graden über den drei Allen gemeinsamen Johannisgraden das Beste und Ueberzeugendste, was sie in den Brudersystemen vorzufinden glaubt, zu vereinigen, aber auch diese Auswahl des ihr Zusagenden allein zu verantworten.

Es beginnt damit eine neue Periode der deutschen Maurerei. Die höheren Grade wurden jetzt Reservoirs, in welchen die humanitären Elemente der Zeitbildung gesammelt und verarbeitet wurden — sogenannte Erkenntnißgrade und Uebungsschulen für die historische Forschung.

Zwar wurde das Werk Weishaupt's durch die Verfolgung, die 1785 über ihn und seine Anhänger in Bayern verhängt wurde, äußerlich zertrümmert, seine Ideen aber, mit denen er die bedeutendsten und thätigsten Mitglieder des Maurerbundes ergriffen und befruchtet hatte, wirkten fort und behielten bei der neuen Organisation des Bundes die Leitung. In Diethfurth's eklektischem Bunde hatten sie sogar, wenn auch in abgeschwächter und bürgerlich gemilderter Form und ihrer äußersten antistaatlichen Pointen beraubt, eine gesicherte Existenz.

Zu der Anregung, die Weishaupt zur Vereinfachung des Logenwesens und zur theoretischen Beschäftigung der Brüder gegeben hatte, kamen noch die Lehren der Geschichte. Die letzten rosenkreuzerischen Ausschweifungen, in welchen unter der Führung Wöllner's, Bischofswerder's und Haugwitzens zu Berlin ein mystischer Naturcultus und die Sucht nach Lebensgenuß gegen die straffe Disciplin des Regiments Friedrich's II. reagirt hatten, waren eine Warnung vor den schwärmerischen Tendenzen des bisherigen Logenwesens. Der Schrecken und Ernst der französischen Revolution, so wie die Kriege des Convents und des Directoriums trugen ferner zur Ernüchterung der ganzen europäischen Gesellschaft bei und verleideten ihr das Spiel mit kleinen oder sinnlosen Geheimnissen. Einiges thaten auch die Verbote, mit denen mehrere Regierungen, wie diejenigen Oesterreichs und Rußlands, die maurerischen Arbeiten belegten.

In Berlin machte sich diese Reaction der veränderten Verhältnisse 1797 in dem Beschluß der großen Nationalloge zu den drei Weltkugeln geltend, durch welchen sie das Wesen der Maurerei in den drei Johannisgraden für abgeschlossen erklärte und die vier Hochgrade, die sie über diesen noch bestehen ließ, als Erkenntnißstufen bezeichnete, die sich darauf beschränken sollten, die Kenntniß der verschiedenen Systeme und ihrer Symbole zu vermitteln. Wenn auch diese Ueberweisung der Doctrin an die Hochgrade noch von der Voraussetzung ausgeht, daß jene Systeme eine ausgebreitete und zugleich tiefe Weisheit wirklich besitzen' — wenn auch somit die Hochgrade der Sitz der Geheimnißkrämerei und des leeren Formelspiels bleiben, so ist doch die Nothwendigkeit der historischen Kritik wenigstens ausgesprochen und durch die Anerkennung der Doctrin der Uebergang der herrschenden populären Bildung mit ihren Phrasen und Stichworten in den Logenverband vermittelt.

Feßler z. B., der seit 1796 bis zum Jahre 1802 an der Loge „Royal York zur Freundschaft" in Berlin — (während des Jahres 1800 ein paar Monate hindurch gemeinschaftlich mit Fichte) — arbeitete, brachte für diese fünf höhere Erkenntnißstufen zu Stande, in denen er Kant's praktische Postulate und Fichte's moralische Weltordnung in Grade setzte. Allerdings ist in diesen Graben, die sich auf den Stichworten der Arbeit, des Gewissens, der Ruhe, Hoffnung und Vollendung im Jenseits aufbauen, der philosophische Sinn, in welchem jene Meister ihre Postulate und Theorieen aufstellten, völlig verloren gegangen; allein das Spiel der maurerischen Arbeit kann auch nur bei einer Popularisirung bestehen, welche die wissenschaftliche Arbeit in den Tand einer feierlichen Redensart verwandelt.

Weiter, als Feßler mit seinen Stufenbildern die maurerische Unterhaltung gebracht hat, ist diese überhaupt bis zur Gegenwart nicht gekommen. Der berühmte Schauspieler Schröder, der Reformer des Hamburger Logenwesens, (sein „Constitutionsbuch der Großen Provinzialloge von Hamburg und Niedersachsen" kam 1801 zum Abschluß) firirte nur noch die Betrachtung des Menschen als des bloßen Menschen — eine Betrachtung, welcher der Philosoph Karl Christ. Krause in seinem „Urbild der Menschheit" (Dresden 1810) und in seiner Idee des Menschheitsbundes eine Art von philosophischer Weihe gab.

Derselbe Schröder, auch Krause hatten sich bereits eingehenden Studien über den altenglischen Ursprung der Freimaurerei gewidmet; doch hat die historische Kritik, deren Richtung sie bestimmten, erst in den Werken des, indessen verstorbenen Frankfurter Medicinalrathes und Logengroßmeisters Dr. Georg Kloß, besonders in seiner Schrift „die Freimaurerei in ihrer wahren Bedeutung aus den alten Urkunden der Steinmetzen, Masonen und Freimaurer nachgewiesen" (1846, 2. Aufl. 1855), die Vollendung erreicht, die sie innerhalb des Maurerbundes überhaupt erreichen kann, sofern sie neben der Anerkennung des neuen Ursprungs der bestehenden und allein historischen Freimaurerei das Dogma vom mittelalterlichen Ursprung des Bundes zugleich behaupten und fixiren mußte.

Wir beabsichtigten mit dieser historischen Skizze weiter nichts als den Weg nachzuweisen, den der Gedanke des ehrbaren und brüderlichen Verkehrs von 1716 und 1717 zurückgelegt hat, bis er zur reinen Humanitätsphrase wurde, und dabei den Illuminatismus gegen den Undank, mit dem ihm die Freimaurer mit ihrer Verläugnung seine großen Verdienste um ihre Fortbildung vergolten haben, als den wahren Reformer des Logenwesens wieder zur Anerkennung zu bringen. Wenn man ganz nüchterne und im Ganzen so prosaische und verständige Männer, wie Findel in der neulich erschienenen „Geschichte der Freimaurerei" (Leipzig 1861, 1862. 2 Bände), die sehr langweilige, einförmige und uninteressante Geschichte ihres Bruderbundes, die ärgerlichen Zwiste der Maurer wegen nichtsbesagender Formen und Formeln und daneben auch die chronique scandaleuse des Ordens in der zweiten Hälfte des vorigen Jahrhunderts vortragen hört, so kann man manchmal nicht umhin, sich über die ernste und wichtige Miene zu verwundern, mit welcher sie diese Lappalien oder extravagante Abenteuerlichkeiten registriren. Diese auffallende Erscheinung erklärt sich uns aber, sobald wir bedenken, daß der Freimaurer hinter der Fortbildung des Comments, der die Hauptsache der Maurerei bildet, und hinter dem Gezänk über diesen Comment immer seine Lieblingsidee, die des rein Humanen und des Menschheitsbundes, gegenwärtig steht.

Nun, eben diese Idee wollten wir im Vorliegenden in ihrem allmählichen Wachsthum hinter der Hülle des Comments darstellen — die Linie des geschichtlichen Ganges bloßlegen und in ihr den Incidenzpunkt (des Illuminatismus), welcher auf die Entwickelung der Bundesidee kritisch einwirkte, — weiter nichts!

Die Reife der maurerischen Idee bewährt sich in der neueren Zeit an der Stellung, welche die Logen sich zu den Juden geben. In England ist die Zulassung derselben längst entschieden, desgleichen in Frankreich; nur die Großlogen von Schweden und Dänemark halten die Ausschließung derselben noch aufrecht. Nachdem der eklektische Bund des südwestlichen Deutschlands sich wegen dieser Frage entzweit und erst nach der Ausscheidung eines neuen, christlich-nuancirten Logenbundes, mit der Großloge zu Darmstadt (seit 1846), seine Maßregeln zu Gunsten der Juden durchgesetzt hatte, ist auch die antijüdische Haltung der Großlogen zu Berlin erschüttert worden und die Großloge Royal York zur Freundschaft hat sich für die Zulassung jüdischer Maurer als permanent Besuchender entschieden.

Als Probe der Sprache, mit welcher die Brüder die Aufnahme der Juden vertheidigen, theilen wir noch einige Sätze aus einer Rede mit, in welcher der am 12. Mai 1843 zum eklektischen Großmeister erwählte Dr. Kloß in einer Meisterloge, zu welcher die Stuhlmeister der drei eklektischen Logen Frankfurts geladen waren, die Sache der wahren Freimaurerei zu vertreten suchte. „Es hat sich," begann er seinen Vortrag, „seit wenigen Jahren eine befremdende Richtung in die eklektische Maurerei eindrängen wollen, dergleichen sämmtlichen alten Maurern vor dem Jahre 1840 völlig und durchaus fremd gewesen ist. Diese Richtung will versuchen, aus den Freimaurer-Logen Versammlungsorte zu bilden, in welchen christliche Tendenzen, ja, selbst Dogmen, mehr oder minder offen oder versteckt zur Sprache kommen, oder auch nur berührt werden" u. s. w.

Nun noch ein paar Schlußworte über das Schicksal, welches sich die Freimaurerei durch ihre unauflösliche Verbindung mit den humanitären Ideen des 18. Jahrhunderts bereitet hat. Dieses Schicksal kann kein sehr heilvolles sein, da über diese Ideen längst eine tiefgreifende Krisis hereingebrochen ist. Der Maurer lebt in einer Welt, die unter den Schlägen der neueren Geschichte so gut wie zertrümmert ist.

Die Schwärmerei des vorigen Jahrhunderts für den Naturzustand hat zu der Herrschaft des künstlichsten Mechanismus und zum Staats-Absolutismus geführt. Statt der Menschheitsgemeinde, in welcher der Egoismus der Nationalitäten verschwinden sollte, kam die Anmaßung der großen Nation, welche die anderen mit den Waffen in der Hand civilisiren und aufklären und sich mit den Schätzen und mit der Freiheit derselben bezahlt machen wollte — kam gegen diese Anmaßung die Reaction der Völker, die sich ihrer Eigenheit wieder erinnerten und dieselbe gegen die Verachtung und Gewaltsamkeit, mit welcher die große Nation darauf herabsah, mit Erfolg vertheidigten — kam endlich das Selbstbewußtsein der drei großen Racen Europa's und der Kriegszustand, in welchem sie einander gegenüberstehen und des Entscheidungskampfes, in welchem über ihre Zukunft das Loos geworfen wird, harren — kam dann noch die Steigerung dieser Racen-Erhebung im Nationalitäts-Princip, wonach wieder im Heerlager der Racen die einzelnen Fractionen derselben sich mit einander um das Recht der Führung streiten.

Von Allem, was das 18. Jahrhundert wollte, ist das Gegentheil eingetreten: Krieg statt des ewigen Friedens, Sonderung der historischen Gruppen statt der rein menschlichen Gemeinde, statt der Rückkehr zu einer vorhistorischen und chimärischen Natur Vertiefung der Völker in ihre eigenthümliche, ihrer Geschichte und ihren Institutionen zu Grunde liegende wirkliche Naturgabe.

Mit dieser Pflege, welche die Völker ihrer Eigenthümlichkeit widmen, hängt auch die neuerwachte Liebe zusammen, mit der sie ihre besonderen Kirchenwesen umfassen, und der Stolz, mit dem sie nach dem kirchlichen Indifferentismus der Aufklärung auf ihre nationale Ausprägung der kirchlichen Idee blicken. Sie sind alle auf kirchlichem Gebiet mit Erhaltung und Erneuerung beschäftigt; sie wissen, daß der große Racenkampf, welcher der Welt bevorsteht, zugleich ein kirchlicher sein wird; sie rangiren sich mit einer dem vorigen Jahrhundert nicht in den Sinn gekommenen Freimüthigkeit des Bekenntnisses innerhalb ihrer kirchlichen Einfriedigungen, weil sie in denselben die Verschanzungen ihrer Racennatur erkennen.

Der gleiche Umschwung ist in der Würdigung des Christenthums überhaupt eingetreten. Die lebendiger gewordene historische Anschauung, die erweiterte Kenntniß der Culturperioden, die unmittelbare Berührung mit dem Seelenleben der großen Völker Ostasiens, die tiefere Einsicht in den Zusammenhang der politischen Institutionen, der Kunst und der Wissenschaft und deren historischer Entwicklung mit den Religionssystemen — kurz, die gereiftere historische Erfahrung der Völker hat an die Stelle der Leichtigkeit, mit der man im 18. Jahrhundert das Christenthum bei Seite legte, Bedenklichkeit, die Erinnerung an den tiefen Zusammenhang desselben mit der Originalität der germanischen Völker und endlich den Vorsatz und Entschluß gesetzt, die Weltlichkeit vollends zu seinem Leib zu machen und es selbst weltlich zu verarbeiten. Zu diesem Umschwung, zum Stolz des Bekenntnisses und zur Sicherheit der Erkenntniß, daß unsere Cultur, unsere geschichtliche Bedeutung und Zukunft auf dieser gründlichen Verarbeitung des Christenthums beruht, hat auch der Kriegszustand der heutigen Gesellschaft gegen das vordringende Judenthum und gegen dessen Kriegslist, auf dem Humanismus seine Oberherrschaft zu gründen, nicht wenig beigetragen.

Endlich hat auch die Ansicht des 18. Jahrhunderts, daß es eine **reine Moral** gebe, in welcher die Völker übereinstimmen und der reine Mensch mit dem Menschen sich einige, durch die Macht der Thatsachen und durch die kritische Wissenschaft ihre Widerlegung gefunden. Die comparative Geschichtsforschung, namentlich die historische Vergleichung der verschiedenen Religionssysteme haben den Gedanken einer reinen Moral völlig aufgehoben und im Gegentheil den moralischen Zustand der Völker und deren moralische Satzungen zur Würde von Werthmessern erhoben, nach denen der Werth der Gottesvorstellungen, aus denen jener Zustand und diese Satzungen fließen, zu beurtheilen ist. Die Historie hat mit dieser Methode an die große kritische Erneuerung der Geschichtsanschauung angeknüpft, die das Christenthum in's Leben rief, als es (vergleiche besonders die Auseinandersetzungen des Römerbriefes) nach der Moralität des Menschen die Bedeutung des Heidenthums und Judenthums beurtheilte und als das gemeinschaftliche Maß für die früheren Gottesvorstellungen und der ihnen entsprechenden Formen der Moralität die Freiheit der Kinder Gottes aufstellte. Seit der Reformation giebt es nicht nur eine heidnische, jüdische und christliche Moral, sondern auch eine **lutherische, reformirte und katholische,** — Formen der Moral, die sich in den politischen Systemen der letzten Jahrhunderte ausgeprägt haben und die Staaten der Gegenwart noch jetzt von einander unterscheiden. Dazu ist, nach dem Eintreten Rußlands in das europäische Staatensystem, als Mitbewerber um den Preis, noch die **griechische** Moral gekommen und statt der reinen Moral haben wir gegenwärtig die von einander principiell verschiedenen Moralformen der germanischen, der romanischen und der slawischen Race. Jede dieser Racen versucht es (oder ist nur im Stande), das Verhältniß von Geist und Natur in eigenthümlicher Weise zu gestalten, — jede von ihnen läßt Freiheit und Persönlichkeit aus einem durchaus verschiedenen Kampf mit der Natur und Welt hervorgehen. Kurz, die reine Moral und die humanitäre Bruderschaftsidee — dieser einzige Kern der maurerischen Verbindung — sind durch die Entwickelung der Wissenschaft, der Politik und des Kirchenwesen ecrasirt.

Freilich wirken die feindlichen Heerlager, in denen sich die Interessen der jetzigen Welt gruppiren, auch auf einander ein; sie theilen einander von dem

Ihrigen mit; sie arbeiten auf eine Ausgleichung der Gegensätze hin. In Schlachten und Friedensschlüssen, im Kampf der Wissenschaft, in den Leistungen der Kunst, in der Ordnung des Hauswesens, in der Ausarbeitung der Persönlichkeit geschieht diese gegenseitige Mittheilung und Ausgleichung. Aber was ist gegen diese großartige Arbeit die Selbstgenügsamkeit und Seligkeit, mit der ein Logenbruder dem andern die Hand drückt und mit der sie sich Alle an ein paar Kindheitsphrasen erbauen, über die die europäische Gesellschaft längst hinweggeschritten ist!

Und selbst jene Ausgleichung der Gegensätze ist doch nur immer in der Form, ist wenigstens nur unter der Bedingung eine gediegene, daß die Racen, Völker und Persönlichkeiten die Anregungen und Mittheilungen, die sie von einander empfangen, nur als Material benutzen, um den Kern ihrer Eigenthümlichkeit zu stärken und um ihre eigene Urform reicher und gewaltiger auszuarbeiten. Der Germane, Romane, Slawe erobern von einander ihre Vorzüge und Tugenden, aber nur um sich vorzüglicher und edler, um sich zu mächtigeren Darstellungen ihres eigenen Typus zu machen. Das ist etwas ganz Anderes als die stille Freude, die sich die Logenbrüder mit einander machen, wenn sie unterm Siegel der Verschwiegenheit in ihre menschheitliche Einigkeit aufgehen.

Zugleich aber ist dieses Stillleben, welches neben der productiven Geschichte hergeht, neben den originalen Schöpfungen derselben sich an der eigenen gemüthlichen Auflösung ergötzt und die Zeiten der thätigen Auflösung für seine Ausbreitung und Machterweiterung benutzt, etwas Anderes als die Revolution, welche die von fürstlichen und aristokratischen Neuerern aufgegebenen oder umgewühlten Grundlagen der Gesellschaft vollends aufreißt, um endlich zu den vermeintlich natürlichen Basen der Geschichte zu gelangen. Hätte Eduard Emil Eckert in seiner Schrift: „Der Freimaurerorden in seiner wahren Bedeutung" (Dresden 1852) und in seinem „Magazin der Beweisführung für Verurtheilung des Freimaurerordens" (Schaffhausen, 1853—1856. 6 Hefte) diesen Unterschied der Maurerei von der activen Revolution erfaßt und festgehalten, so würden seine scharfsinnigen und gelehrten Arbeiten zu den bedeutendsten Leistungen der Gegenwart gehören.

II.
Die Jesuiten.

Wir werden in diesem Abschnitt nachweisen, daß der Jesuitenorden das kirchliche Gewand war, in dem sich der romanische Humanismus erhielt und zur Aufklärung und Revolution fortbildete.

Die Einseitigkeit der Vertheidiger des Ordens, welche die weltlich-rationalistische Grundrichtung desselben, obwohl sie in der Bibliothek seiner Schriften und in seiner Behandlung der Menschen und Völker offen vorliegt, übersehen oder läugnen, ist uns eben so fremd wie die seiner Gegner, die, vom Rationalismus und von der Revolution ausgehend, nicht anerkennen konnten, daß ihre eigenen Principien uub ihre Auffassung und Behandlung der Welt nur die entfesselte und von den kirchlichen Rücksichten entbundene Vollendung der Grundsätze der Jesuiten sind. Wir werden in den folgenden Zeilen, fern von beiden Einseitigkeiten, die Thatsachen sprechen lassen, und beginnen, indem wir den Leser zu seiner Orientirung sogleich medias in res und vor den Höhepunkt der kirchlich-dogmatischen Wirksamkeit der Jesuiten führen, mit einer Parallelisirung des Jesuiten-Ordens und des Protestantismus.

1) **Stellung des Ordens zum Protestantismus.** Ein paar Jahre nach seiner Anerkennung durch den Papst finden wir die Vertreter des Ordens schon auf dem Concil zu Trient. Es galt, in der Grundlehre von der Rechtfertigung die paulinisch-augustinische Ueberlieferung so viel wie möglich zu bewahren und doch zugleich gegenüber der lutherischen Lehre von der Rechtfertigung durch den Glauben allein eine neue dogmatische Position zu gewinnen. Hohe Geistliche sprachen sich über die Verderbniß der menschlichen Natur, über die Ohnmacht und Unfreiheit des menschlichen Willens und über das Verdienst Christi als den einzigen Grund aller Gerechtigkeit in einer Weise aus, die eigentlich dem Kaiser die Waffen, welche er damals gegen die Protestanten Deutschlands ergriffen hatte, aus den Händen hätte winden müssen. In dieser Verlegenheit wandte man sich zu der scholastischen Unterscheidung der inwohnenden Gerechtigkeit, die, obwohl auch Gnade und unverdient, sich in Werken und Tugenden äußere, wenn sie auch nicht die Vollendung zu geben vermöge, und der imputirten Gerechtigkeit, die in der Zurechnung des Verdienstes Christi bestehe und die Mängel der ersteren ersetze. Allein auch dieser Ausweg hatte noch seine Gefahren, da die Vertreter der älteren Orden, besonders die Domi-

nikaner, ihre augustinischen Erinnerungen geltend machten und die menschliche Gerechtigkeit gegen Christi Verdienst so tief herabsetzten, daß die scholastische Unterscheidung beider fast wieder im lutherischen Gegensatz verschwand. Hier traten die Abgesandten der Jesuiten, Lainez und Salmeron, auf die Bresche. Ignatius Loyola hatte sie angewiesen, sich auf das Strengste jeder Annäherung an die lutherische Neuerung zu widersetzen, und beide, in Besitz einer gründlichen Gelehrsamkeit, in voller Manneskraft und glühend von Eifer, den Orden, dem sie angehörten, als den Retter in der Noth zur Anerkennung zu bringen und die Anfänge desselben durch eine bedeutende That zu bezeichnen, setzten den Beschluß durch, wonach der Unterschied jener beiden Gerechtigkeiten zu einem fließenden herabgesetzt wurde und die dem Gläubigen imputirte Gerechtigkeit Christi an die inhärirende und dem Menschen eigene Gerechtigkeit anknüpfe und in dieser ihre fortgehende Realisation erhalte.

An die Stelle der zugerechneten Gerechtigkeit Christi trat somit die von der Gnade erregte eigne Gerechtigkeit des Menschen — an die Stelle des Verdienstes Christi das eigene Werk des Menschen. Die lutherische Neuerung war damit allerdings zurückgewiesen — aber selbst mit Hülfe einer Neuerung. Der freie Wille des Menschen, seine Unabhängigkeit, Souveränetät und Productivität war damit zum ersten Mal in der Heilsfrage durch ein kirchliches Symbol anerkannt — allerdings der Wille im Bunde und Zusammenhange mit der Gnade und in der Abhängigkeit von derselben — aber da diese Abhängigkeit sich nach der damals noch allgemein geltenden und unerschütterten Voraussetzung von selbst verstand und sich auf den natürlichen göttlichen Concursus reducirte, im Grunde doch nur der natürliche, erdgeborene Wille, der nur durch die äußersten Fäden der Schöpfung mit der Gnade zusammenhing.

Der Kühnheit, Schroffheit und verwegenen Zuversicht, mit welcher die Jesuiten diese Neuerung der Reformation entgegensetzten und zur symbolischen Anerkennung brachten, sah das Papstthum mit ängstlicher Spannung zu, aber es ließ sie gewähren, nahm die Rettung vor dem lutherischen Dogma an, wenn es auch den ganzen Umfang dieser kühnen Neuerung und ihre Consequenzen noch nicht übersehen konnte, und es wies auch die Verdächtigungen der Widersacher des neuen Ordens und selbst die Warnungen und Drohungen der Inquisition zurück.

Für dieses Vertrauen wurde das Papstthum noch auf dem tridentinischen Concil belohnt. Lainez, der indessen nach dem Tode Loyola's zum General des Ordens ernannt war, kämpfte später, als ein Theil der Beisitzer des Concils das göttliche Recht der Bischöfe zur Geltung bringen wollte, mit gleicher Entschiedenheit wie für den freien Willen des Menschen, so auch für den monarchischen Absolutismus des Papstes und setzte es wiederum durch, daß der Gedanke, es könne in der Kirche eine Gewalt oder Jurisdiction geben, die nicht vom Papste komme, keine symbolische Kraft und Anerkennung fand. In derselben Rede vom 20. October 1562, in welcher Lainez den Absolutismus des Papstes in einer bis dahin unerhörten Schroffheit über alle geistliche Landes- und Provinzialgewalt erweiterte und die Kirche, nach dem ausführlichen Bericht Sarpi's, auf Grund der biblischen Vergleiche mit einem Acker, Fischernetz und Gebäude, ein in der Dienstbarkeit gebornes, machtloses und unfreies und völlig unterthäniges Wesen nannte, — in dieser Rede war es auch, daß er im Unterschied vom göttlichen Recht und monarchischen Absolutismus des Papstes die Macht der weltlichen Obrigkeit eine nur übertragene nannte und im Gegensatze zur göttlichen Schöpfung und Regierung der Kirche behauptete, daß die bürgerlichen Gesellschaften vor der Einsetzung ihrer Obrigkeiten bestehen, in sich selbst den Quell ihrer Jurisdiction besitzen und letztere in einem freien Vertrage auf die Obrigkeiten übertragen, ohne sich jedoch der Substanz ihrer Rechte und Freiheit zu berauben.

Also Freiheit des menschlichen Willens in der Hervorbringung der Gerechtigkeit, die Gott gefällt; Absorption aller nationalen und provinzialen Particular-Autonomie in dem päpstlichen Absolutismus und in dem Staatsrecht die Aufstellung der Vertragstheorie und die Behauptung der Volkssouveränetät gegen die nur übertragene Gewalt der Obrigkeit — das waren die Dogmen und theoretischen Leistungen, mit denen die Jesuiten sogleich ihr erstes Auftreten bezeichneten.

Man faßt die Reaction der Jesuiten gegen die Reformation und die protestantischen Kirchen des europäischen Nordens zu eng, wenn man sie nur als eine religiöse und kirchliche und als die Vertheidigung des traditionellen Regiments des Christenthums gegen die Gefahren auffaßt, mit welchen jenes Element von der kritischen Umkehr der Reformatoren zu der paulinischen Richtung der Urkirche bedroht zu sein schien. Jene Reaction war vielmehr zugleich eine Aeußerung der Racenverschiedenheit, welche die Romanen von den Germanen trennt, und in ihrem eigentlichen Grunde das Eindringen des natürlichen Menschen in die Kirche und der Versuch, den Menschen als solchen zur Würde des Christen zu erheben und in die Rechte eines Christenmenschen einzusetzen. Ein Vergleich dieses ersten Ordens, welchen die römisch-katholische Kirche sogleich bei ihrer Constituirung gegen die Reformation, und des einzigen bedeutenden, den sie überhaupt seit dieser Zeit hervorgebracht hat, mit dem geistlichen Orden des Mittelalters, wird diesen Satz erläutern.

Das Werk und die Bedeutung der Orden, die im Laufe des Mittelalters nach einander entstanden und der Kirche ihre Dienste leisteten, bestand darin, daß sie die ketzerischen Regungen der Innerlichkeit, welche die Gemeinden in Gegensatz zur Kirche zu bringen drohten, gleichsam regularisirten, für das Bestehende nutzbar machten und der Innerlichkeit, indem sie dieselbe in die Bande der Ueberlieferung schlugen, ihren für das Institut der Kirche gefährlichen Charakter nahmen. Allen diesen Orden bis auf die Franziskaner und Dominikaner war ferner von den Päpsten, die in ihnen ihre auserlesene und speciell ergebene Miliz erkannten, eine exceptionelle und bevorzugte Stellung zur regulären Geistlichkeit eingeräumt worden, — eine Stellung, deren Vorrechte sie sämmtlich mit einer Steigerung der päpstlichen Gewalt und mit der Unterwerfung der geistlichen Aristokratie unter den Absolutismus des Papstes vergalten. Jetzt aber hatte sich in der Reformation jene Verinnerlichung des Christenthums von den schwärmerischen Ausartungen des Mittelalters befreit. Die von den

Päpsten und den Orden geschwächte und bekämpfte geistliche Aristokratie hatte eine unerwartete Consolidirung erhalten, indem die Völker des Nordens sich als kirchliche Gemeinschaften constituirten und ihrem Staatsverbande zugleich den Charakter und die Weihe einer Landeskirche gaben. Das Christenthum hatte einen **persönlichen** und **nationalen** Bestand erhalten, von dem man bis dahin keine Ahnung gehabt hatte. Es schien weltlich und völlig profan geworden zu sein; in der That aber hatte die Gnade die Welt bezwungen und zum Leib des Himmlischen gemacht. Wie sich nun dieser innerlichen Aufnahme der Gnade in die Welt, in die Persönlichkeit der Gläubigen, in Haus, Gemeinde und Volkswesen und dieser Annahme der Welt zu Gnaden widersetzen? Und widersetzen **mußte** sich das Papstthum, nachdem es durch seinen Gegner zu Wittenberg selbst erst wieder zur Erinnerung an seinen christlichen Charakter gebracht war, weil es in jener Einwohnung der Gnade in Haus und Gemeinde das Institut der Kirche als solches bedroht glaubte — widersetzen mußte es sich als das geistliche Haupt des romanischen Europa einer Einwohnung in die Gnade, wie sie die germanischen Völker als ihre Bestimmung verkündeten, weil dieselbe der Oberflächlichkeit, mit welcher die romanischen Völker bisher das Christenthum auf sich hatten einwirken lassen, widersprach und als ein Gräuel und als eine Anmaßung erschien — widersetzen, weil die Rechtfertigung durch den Glauben als ein Raub am Himmlischen und als ein Attentat gegen die religiöse und kirchliche Vermittelung erschien, in deren Besitz sich das Papstthum ausschließlich gesetzt hatte.

Die Jesuiten fanden und formulirten die Antwort auf jene Frage, zeigten dem Papstthum die Methode des Widerstandes und des Kampfes und wurden dadurch die wahre Miliz der römischen Kirche, des romanischen Südens und der **romanisch-antiken Bildung gegen den Norden Europa's**. Sie handelten, indem sie dem Papstthum ihre Waffen schmiedeten, wie die Orden des Mittelalters und **entlehnten dem feindlichen Lager ihre Taktik und ihre Parolen**.

Von dem Gegensatz, den ihre Hochstellung und Verherrlichung des menschlichen Willens zu dem protestantischen Bekenntniß der allein mächtigen Gnade bildet, dürfen wir uns nicht täuschen lassen. Auch sie waren von dem Ringen der neueren Zeit nach Gewißheit der Versöhnung und nach völliger **Christianisirung der Welt**, welchem die Reformation den ersten Ausdruck gegeben hatte, ergriffen. Nur waren sie in ihrem Verhältniß zu dem Protestantismus ungünstiger gestellt, als die Franziskaner und Dominikaner des Mittelalters in ihrem Kampf mit den unklaren und schwärmerischen Antipathieen ihrer Zeit gegen den geistlichen Stand. Sie hatten es mit einem Gegner zu thun, der den Gnadenstand der Welt mit dogmatischer und wissenschaftlicher Klarheit, mit gelehrter Beweisführung aus der Schrift und mit der Sicherheit der persönlichen Ueberzeugung vertheidigte. Hier gab es Nichts abzuklären, von Auswüchsen zu reinigen und erst zu deuten. Die Aufgabe der neueren Zeit war so sicher und klar gestellt, daß sie im Ganzen und Großen nicht mehr in Frage gezogen werden konnte. Nur Ein Ausweg blieb übrig, um dem Papstthum seine Macht zu sichern, um der romanischen Weltlichkeit und Humanität eine Genugthuung zu verschaffen und den vermeintlichen Frevel der Germanen, die nur in der Gnade stark sein wollten, zu tilgen. Dieser Ausweg bestand darin, daß man die Aufgabe der Gegenwart von dem **entgegengesetzten Ausgangspunkt aus in Angriff nahm**.

Die Protestanten gaben **der Gnade die Initiative und die Ehre**, — die Jesuiten dem **Menschen**. „**Nicht Ich, sondern Christus in mir**", ist der Ruf des Protestanten. Ich, dagegen der Ruf des Jesuiten, ich **soll und muß** gebildet, bearbeitet, **geheiligt** werden.

Die Jesuiten haben den Irrthum, der bereits den mittelalterlichen scholastischen Katholicismus durchzog, daß **der Mensch als solcher schon Christ sein könne**, bis zum Extrem fortgeführt und sich abgeäschert, mit ihrer Disciplin den natürlichen Menschen zu einem Kunstmenschen auszuarbeiten, der die Attribute des Christen an sich trüge, während der Protestant von vorn herein auf diese Aufgabe, als eine unausführbare, Verzicht leistet, weil er weiß, daß die Werke des Fleisches das Heil nicht erzeugen und nur Gott im **Menschen mächtig sein kann**. In der großen Bildungsanstalt der Jesuiten, in welcher der natürliche Mensch für die Kirche zugerichtet werden sollte, hatte daher eigentlich nur der **Humanismus** des funfzehnten Jahrhunderts ein leichtes geistliches Gewand angelegt, um seinen Naturkindern die kirchlichen Ehren und Privilegien und Ansehn im Himmel zu verschaffen, — eine Thatsache, die es erklärt, weshalb derselbe Humanismus, als er im 18. Jahrhundert in seiner natürlichen Wildheit wieder auftrat, der geistlichen Metamorphose, der er sich in den Jesuiten unterworfen hatte, so leicht Herr wurde.

Von Anfang an **auf den freien Willen** gestellt, wurde das Institut der Jesuiten in die Luft gesprengt, als der Wille in der **Revolution seine Kraft entfesselte** und sich gegen die Schule erhob, in die ihn die Jesuiten hatten einzwängen wollen. Den natürlichen Menschen, aus dem der Christ nimmermehr hervorgehen kann (denn das ist der neue, der wiedergeborne Mensch), zu zähmen, zu bändigen, zu veredeln (durch „Ideen" und Parolen) und zu discipliniren, das verstehen die Aufklärung und Revolution besser als die Jesuiten, daher gelang es ihnen auch, dies Geschäft der Erziehung auf den Trümmern des Jesuiten-Instituts in großartigerem Umfange fortzusetzen.

Jene Grundansicht der Jesuiten vom Willen muß man fest im Auge behalten, um ihren Gegensatz zum Protestantismus, ihre Verwandtschaft mit der Revolution und ihre Niederlage unter derselben zu verstehen.

Man faßt den Jesuitismus gewöhnlich sehr falsch auf, wenn man ihm den Vorwurf macht, daß er die Individualitäten unterdrücke und alle Eigenthümlichkeit unter seinen Anhängern aplanire. Nichts falscher! Fern davon, den Willen und die Individualität zu brechen und als ungenügend für die göttliche Gerechtigkeit zu erkennen, begründet der Jesuitismus mit seiner Appretur des Willens und mit seiner auf die eigene Gesinnung trotzenden Werkthätigkeit und Werkheiligkeit die **Vergötterung des Menschen** und seines Willens, die im Rationalismus und in der Revolution des vorigen Jahrhunderts ihren weltlichen Ausdruck erhielten. **Der Wille ist und bleibt der Boden**, auf welchem die geistlichen Uebungen vor sich gehen, durch welche der

Jesuitismus die Einheit mit dem göttlichen Willen, die Gotterfülltheit des Menschen und seine Vollendung erreichen will. Nicht brechen, durch die Gnade und die göttliche That und Wirkung ersetzen will Loyola in seinen Exercitien den menschlichen Willen, sondern begeistern, entflammen und eigentlich nur emancipiren. Der Mensch, auf seinen Willen gegründet (und allerdings auch dem göttlichen Willen sich öffnend und mit himmlischen Waffen sich rüstend) soll ein geschickter Fechter werden, der in seinen mannichfaltigen weltlichen Verhältnissen, als Herr oder Knecht, als Bürger oder Privilegirter, als Unterthan oder Fürst seinen Stand oder sein Geschäft völlig ausfüllt, die Schwierigkeiten derselben beherrscht und im offenen Kampf mit denselben oder auch mit List seine Heiligkeit und Wohlgefälligkeit vor Gott erwirbt.

Bei allen religiösen Intentionen und Gedanken an den Himmel bleibt der Jesuit festgewurzelt in der Welt stehen und setzt er seine Ehre und Größe darein, in sie geschickt aufzugehen und mit ihren Anstößigkeiten fertig zu werden, während der Protestant allerdings auch in der Welt lebt, ihre Gaben als Gottes Geschenke dankbar hinnimmt und im Verkehr mit der Welt, wie Luther sich ausdrückt, „eine feine äußerliche Zucht" wohl zu schätzen weiß, aber in alle diese Dinge, die Welt und ihre Gaben und ihren ehrbaren Verkehr nicht aufgeht, sondern mit seinem Gemüth über der Welt steht und lebt und es allein mit den Gütern und Werken der himmlischen Ordnung erfüllt.

Nicht die natürliche Individualität des Erdenmenschen ist das Erste und Einzige, an welches sich der Protestantismus wendet, um Kinder für das Reich Gottes zu zeugen, sondern er hebt sie durch Buße und Erkenntniß der natürlichen Ohnmacht in das Reich der Gnade, er erweckt den Geist, bringt in ihnen den Einen heiligen Geist zur Offenbarung und stellt es ihnen und dem Herrn anheim, in welchen Thaten ihr neu erworbener Himmelsadel zur Erscheinung kommen wird. Der Jesuit dagegen bleibt bei der natürlichen Individualität seiner Zöglinge stehen, ihm ist und bleibt der Mensch nur ein psychologisches Object, dessen Schwächen und Stärken er studirt, um erstere zu benutzen und zum Guten anzuwenden und die letzteren für die Zwecke der Gesellschaft zu steigern. Er bildet die natürliche Eigenthümlichkeit und Besonderheit aus, entflammt den Willen und begeistert ihn für eine Wirksamkeit, zu der ihn seine natürlichen Gaben befähigen.

Hier, in der Richtung auf den Willen und in der methodischen Bearbeitung desselben, in diesem Cardinalpunkte, um den sich die ganze Streitfrage zwischen Jesuitismus und Protestantismus dreht, beginnt wieder und immer wieder der Weg, der zur Revolution und zu deren Sieg über ihre jesuitischen Vorläufer führt. Die Jesuiten haben, indem sie sich auf die Bearbeitung und Bildung des natürlichen Willens beschränkten, die Emancipation desselben vorbereitet und wurden dann folgerechter Weise von der vollendeten Revolution überfluthet, die es noch besser als sie verstand, den Willen zu entflammen und mit sich fortzureißen und die natürlichen Menschengaben zu ihren Zwecken anzuwenden und zu verbrauchen.

Wie schon oben bemerkt ist, schlug den Autoritäten und Behörden der römischen Kirche das Herz, als sie diese verwegene Einwurzelung der ersten Jesuiten in der Welt des Naturmenschen sahen; ihr Gewissen ward doch unruhig und die Anklagen gegen die ersten Stifter des Ordens traten zu wiederholten Malen auf. Schon damals, als Loyola in Spanien seine Wirksamkeit begann und die ersten Entwürfe seiner geistlichen Uebungen Anderen mittheilte, kam er in den Geruch der Ketzerei und hatte man ihn in Verdacht, daß er der Secte der Alumbrados angehöre. Diese Secte, die somit denselben Namen (Erleuchtete) führte, wie diejenige revolutionäre Gesellschaft, die unter dem Namen Illuminaten nach dem Sturz der Jesuiten das Reich der Aufklärung gründen wollte und die Souveränetät des persönlichen Willens verkündigte, rühmte sich einer besonderen Erleuchtung ihrer Mitglieder, in welcher diesen die Anschauung der Geheimnisse des Christenthums, besonders der Dreieinigkeit aufging. Ueberhaupt hatte diese Secte dem bloßen Vertrauen auf die Gnadenmittel der Kirche die persönliche Begeisterung und die Kraft der inneren Ueberzeugung entgegengesetzt, sie machte die Generalbeichte zur Bedingung der Absolution und drang auf das innere Gebet, und es ist demnach durchaus nicht unwahrscheinlich, daß Loyola von ihr mannichfache Anregungen erhalten hatte und ihre Forderung der persönlichen Virtuosität in allen heiligen Dingen nur systematisch und zum Besten der herrschenden Kirche verarbeitete, als er sein Ideal des christlichen Fechters und Streiters aufstellte. Der Vorwurf und Verdacht der Ketzerei erhielt sich auch später noch gegen seine Nachfolger und Schüler Lainez und Borgia, und der Dominikaner Melchior Cano nannte sie geradezu Illuminaten und die Gnostiker des Jahrhunderts. Auf den historischen Zusammenhang Loyola's und seiner Schöpfung mit dieser Secte — einen Zusammenhang, der zugleich den Ausgang des Jesuitismus in das Illuminatenwesen der spätern Revolution vorbildet und erklärt, — würden wir gleichwohl kein großes Gewicht legen, wenn er sich nicht durch die Uebereinstimmung, mit welcher der Ordensstifter und jene Secte die Energie des persönlichen Willens und der eigenen Anstrengung des Glaubens, Schauens und Wirkens pflegten, sich als ein sehr realer und tiefgreifender auswiese.

Aus dieser Richtung Loyola's auf den Willen, die auf seinem Ausgangspunkt von einer ketzerischen und oppositionellen Secte eine überraschende Beleuchtung empfängt, erklärt sich auch die antiklerikalische Tendenz seines Werks und die Abneigung, ja nicht selten offene Feindschaft, welche die katholische Geistlichkeit dem Orden bis zu dessen Sturz entgegengesetzt hat. Ein Mann, der den natürlichen Willen bilden und zu geistlicher Vollkommenheit erheben wollte, konnte mit der bestehenden Geistlichkeit keinen Frieden halten. Er mußte das Vorrecht des Klerus bestreiten und traf somit auch in dieser Beziehung mit dem Protestantismus zusammen; aber während dieser allerdings auch das klerikalische Privilegium läugnete, die Gnade der Gemeinde gab, jedoch dabei bekannte, daß aus dem natürlichen Willen nichts zu machen und keine geistliche Frucht zu ziehen sei, wollte Loyola die Laien eben kraft der eigenen Zubereitung und Entflammung ihres Willens vom Klerus emancipiren.

Diese oppositionelle Stellung gegen das Vorrecht der Geistlichkeit schien ihm während der ersten Ausarbeitung seines Plans ein so wesentlicher Bestandtheil desselben zu sein, daß er sogar, um durch eine große Thatsache den Sturz jenes Vorrechts auszudrücken, **Laie bleiben und als solcher die** Kirche erneuern wollte. Später aber, da er die Bedenken des Papstthums gegen diesen Plan zu bedeutend fand und dem gegen ihn schon vorhandenen Verdacht der Häresie durch diese enorme Kriegserklärung gegen die locale Hierarchie nicht noch neue Nahrung geben wollte, lenkte er ein und nahm die Weihe. Er veränderte somit seinen Plan, gab ihn scheinbar auf, indem er sich auf den eigenen Boden des priesterlichen Vorrechts begab, in der That aber verlegte er damit den Krieg **nur auf das Terrain der Geistlichkeit selbst**. Jetzt wollte er das Werk, welches die Bettelorden des Mittelalters begonnen, aber nur unvollständig ausgeführt hatten, zu Ende bringen und seinem Orden, indessen derselbe die Gnadengaben des Protestantismus durch die Disciplinirung und Zucht des Naturwillens ersetzte, die Macht und den Einfluß des katholischen Klerus ausschließlich in die Hand geben. Der Protestantismus sollte durch die neue, weltliche und aus dem Innern des Naturmenschen herauszubildende Sittlichkeit und Legalität vollständig gestürzt, die katholische Geistlichkeit wenigstens überflüssig gemacht werden.

Der Traum der universalen Weltherrschaft, der später die nüchterne Phantasie der Aufklärer ergötzte und dann die revolutionäre Propaganda auf ihrer kriegerischen Laufbahn begeisterte, hat seit dem Anbruch der neueren Zeit zuerst den Jesuiten das Bild seiner lockenden Ziele vorgegaukelt. Es gab keine räumliche Grenze auf dem Erdkreis, die ihrem universalen Drange unüberwindlich schien; der Unterschied der Nationalitäten und Racen verschwand vor ihrer Grundvoraussetzung, daß Natur und Kraft des menschlichen Willens überall gleich sei und unter Anwendung der rechten Mittel zu gleichen Leistungen herangebildet werden könne; daß vor ihrer nüchternen und prosaischen Anschauung auch die historischen Unterschiede der Staatsverfassungen und die natürlichen und geistigen Bande, welche die Obrigkeiten und die Unterthanen vereinigten, allen Werth verloren hatten, hatte bereits Lainez auf dem tridentinischen Concil mit seiner Theorie vom gesellschaftlichen Vertrag bewiesen. Kurz, alle realen Verhältnisse und Mächte, alle geistigen, im Glauben, in Sitte und im Gemüth wurzelnden Gewalten waren von ihnen profanirt und in Gegenstände der verständigen Berechnung verwandelt.

Nur noch Eine Macht gab es über ihnen, — **das Papstthum**. Diesem versprachen sie die Länder und Völker des Erdkreises zu Füßen zu legen, die Abtrünnigen wieder zu gewinnen und in den neu entdeckten Welttheilen auch Schaaren neuer Gläubigen zuzuführen, die weltlichen Obrigkeiten zu bändigen und die klerikalische Aristokratie in ein fügsames Werkzeug zu verwandeln. Zu ihrem antiklerikalischen Plan gehörte es, diese Aristokratie durch die Steigerung des päpstlichen Absolutismus zu schwächen und für ihren eignen Ordenszweck unschädlich zu machen.

Allein, war dann der Machtzuwachs, den sie dem Papstthum erobern halfen, nicht nur ein für dieses selbst gefährlicher Schein? Mußte es sich nicht auch hier, auf dem kirchlichen Gebiet, wie auf dem politischen, zeigen, daß ein Monarchismus, der die Gesellschaft machtlos gemacht hat, aus ihr auch seine eigne Macht nicht mehr erfrischen und nähren kann und, wenn er sich nicht mehr auf die Localgewalten und auf deren Einwurzelung bis in die Gemeinden stützt, in der Luft schwebt und den Angriffen des demokratischen Naturwillens erliegen muß? Gegner des klerikalischen Vorrechts, konnten die Jesuiten auch keine getreuen und aufrichtigen Diener des Papstes sein. Indem sie diesen von seiner klerikalischen Aristokratie ablösten, bekamen sie ihn in ihre Hand, und er, dem sie die Welt versprachen, ward nur Mittel zur Begründung ihrer eigenen Weltherrschaft.

Dieses durch und durch verständige und rationalistische System, welches sich auf die Bearbeitung, Zurichtung und Benutzung des natürlichen Willens der Massen stützt und mit der Gefangennehmung des Papstes gipfelt, würde sich aber gerade wegen der unzuverlässigen Natur seiner naturalistischen und demokratischen Basis nicht einen Augenblick haben behaupten können, wenn es nicht ein ideales Element in sich aufgenommen und dasselbe zu seinem Kitt gemacht hätte. Den Glauben, Gnadenstand und die Hingebung des Lutherthums und des Protestantismus überhaupt hatte es verworfen, das Vertrauen und die Treue des bürgerlichen Verbandes durch die Vertragstheorie und durch die Proclamirung der Volkssouveränetät untergraben, die kirchliche Ordnung durch die Bestreitung und Abschwächung der Localgewalten aufgelöst. Das einzige ideale Element, welches den Jesuiten blieb, war demnach dasselbe, welches der cäsarischen Revolution überhaupt nur zu Gebote steht — der Gehorsam, der unbedingte, aufopfernde, das eigne Selbst vernichtende Gehorsam. Entfesselt durch den geistlichen Cäsarismus des Instituts mußte der natürliche Wille, nachdem er seiner Heimath und seinen früheren Erziehungsanstalten, der Familie, der bürgerlichen Gemeinde, der Staatsobrigkeit, dem Klerus und der eigenen Sorge und Bekümmerniß für sein Heil entrissen war, in um so härtere Fesseln geschlagen und gegen die Wildheit und Natürlichkeit, die eben nicht gebrochen, sondern nur civilisirt werden sollten, selbst geschützt werden. Dieser unbedingte und das eigne Selbst tödtende Gehorsam ist daher, wie in allen demokratischen oder ochlokratischen Instituten des Cäsarismus, der consequente Ausdruck dafür, daß die Freiheit, auf der sie beruhen, nur ein Schein ist, und der Wille, mit dessen Anerkennung sie beginnen, ihnen unbedingt und ohne Widerrede, blind und ausschließlich zur Verfügung stehen muß. — Nachdem wir in dieser Weise unsre Grundansicht über den Orden dargelegt haben, werden wir die Hauptmomente seiner Geschichte in Kurzem schildern.

2) **Ignatius von Loyola**, der Stifter des Ordens, eigentlich Don Inigo Lopez de Recalbe, wurde als der jüngste Sohn des Ritters Beltram von Loyola 1491 auf dem gleichnamigen Schlosse in der spanischen Provinz Guipuzcoa geboren. Die militärische Laufbahn, die er nach seinem Pagendienst am Hofe Ferdinand's betreten hatte, schloß sich für ihn, als ihm in der Vertheidigung von Pampelona gegen die Franzosen im Jahre 1521 sein rechter Fuß zerschmettert wurde. Während er auf dem Schlosse seines Vaters sich einer schweren Operation unterwarf und seine Heilung abwartete, verlangte er nach seiner

bisherigen Lieblingslecture, dem Ritterromanen; da man diese nicht sogleich vorfand, brachte man ihm das Leben Christi und der Heiligen. Ergriffen von den Bildern der Entsagung und der aufopfernden Thätigkeit, welche diese Lecture in ihm erweckte, fühlte er in sich den Kampf seiner ritterlichen Neigungen und der Ideale der Strengigkeit, die ihm in den Gestalten eines Franziskus und Dominikus entgegentraten. Der Gedanke an die Dame seines Herzens, der er sich als Weltkind geweiht hatte, rang mit dem Ruf der himmlischen Jungfrau, die ihm zur Laufbahn der Heiligen zu winken schien. Geistliche und weltliche Visionen folgten einander wie Versuchungen, jene beruhigend, diese Anfangs zündend und erwärmend, auf die Dauer ermattend und niederschlagend wirkend, jene ihm als Eingebungen des Teufels, diese als göttliche Erweckungen erscheinend. Er befestigt sich in seiner zunehmenden Vorliebe für die geistlichen Thaten, zumal er an seiner Wiederherstellung für den Kriegsdienst verzweifeln mußte, indem er zu den Schilderungen seines Heiligenbuchs Zeichnungen entwirft und Gegenden und Figuren für seine Phantasie firirt. Als er sich im Kampf dieser Visionen für die geistliche Soldatenschaft entschieden hatte, bricht er, einem Rufe der Jungfrau folgend, vom Schloß seiner Väter auf, um sich nach dem heiligen Lande zu begeben, den Boden desselben zu berühren und die Ungläubigen zu bekehren.

Wenige Jahre vorher hatte Luther seinen Kampf zu Ende geführt — wir können nicht sagen: einen ähnlichen; denn alle diese Angelegenheiten und Entscheidungen, wenn ihnen auch die Romanen und Germanen ähnlich scheinende Namen beilegen, gehen auf einem so verschiedenen Boden vor sich und haben so verschiedene Ziele, daß sie kaum noch als Vorfälle ähnlicher Art betrachtet werden können, — aber der Kampf des Deutschen und der des Spaniers hatten doch darin etwas Entsprechendes, daß jener die Reformation einleitete, dieser zu dem Institut führte, welches den nordischen Gegner mit allen Waffen der Bildung, der Andacht und der Politik bestreiten sollte.

Luther endigte den Seelenharm über seine Sündhaftigkeit und den Kummer seiner Frage, ob er in der Gnade sei oder wie er in dieselbe kommen könne, indem er sich zur Gewißheit seines wahren Ich und der einzig sicheren, zuverlässigen Persönlichkeit erhob. („Nicht Ich, sondern Christus lebet in mir"). In seinem neuen Leben und in der Gewißheit des Heil und Leben wirkenden Ich konnte Luther seinen Kampf deshalb abschließen, weil er nun erkannte, daß das natürliche Ich die Werke Gottes überhaupt nicht treiben und verrichten kann und erst durch die „feine äußerliche Zucht", die den „Madensack" (Leib und natürliche Seele) der Majestät des wahren Ich assimilirt, die Huld des neuen Herrn erfährt.

Loyola hingegen, der darin sein romanisches Wesen bewies, blieb naiv im Gegensatz der göttlichen und irdischen Welt stehen, faßte diesen Gegensatz als einen eisern-mechanischen auf, konnte sich deshalb weder über die Unwürdigkeit des natürlichen Ich schwere Gedanken machen, noch über seine Sündhaftigkeit abhärmen und seine Phantasie nur mit den Bildern großer Thaten und Anstrengungen erhitzen, die sein Selbst in die Richtung auf das Göttliche bannten. Durch Andacht, Bußübungen, geistlich-soldatische Werke sollte das natürliche Ich für die himmlische Welt würdig gemacht werden und das Höchste der Annäherung, wozu es innerhalb dieses eisernen Gegensatzes kommen konnte, war die Vision — die Erscheinung des Geheimnisses vor dem Auge, welches sich krampfhaft anstrengte, um in das Himmlische einzudringen. — Auf dem Wege nach dem Hafen von Barcellona sprach er im Kloster von Montserrat ein, hing seine ritterliche Rüstung vor einem Marienbilde auf und hielt vor demselben in Pilgertracht und nach dem Muster, wie es der Roman vom Amadis lehrte, die Waffenwacht. Auch jetzt begab er sich noch nicht nach dem Hafen, vielmehr finden wir ihn unmittelbar darauf im Kloster Manresa, wo er sich von Neuem den angreifendsten Bußübungen widmet. Seine Auffassung der Sünde erhellt am deutlichsten aus der scrupulösen und minutiösen Art, wie er daselbst die Beichte, die er in Montserrat über sein ganzes Leben abgelegt hatte, vervollständigte, Sünden, die er in jener Beichte vergessen hatte, aufsuchte, in den Kleinigkeiten seines früheren Lebens umherspürte und sich mit dem Zweifel quälte, ob die Liste seiner Vergehen auch vollständig vor ihm liege. Der Zweifel, der ihn beunruhigte, bezog sich nicht auf irgend etwas Allgemeines, nicht auf die Sündhaftigkeit und Verderbniß des Willens überhaupt, nicht auf die Natürlichkeit des erdgeborenen Menschen, nicht auf den Grund, aus dem die einzelnen Sünden hervorgehen; der Wille und die erdgeborene Natur blieben in dieser Angst des Details unberührt und außer dem Spiel; sie galten als rein, lauter und genügend im Verhältniß zum göttlichen Gesetzgeber; es kam dem Büßer und ascetischen Kämpfer, der mit stundenlangem Gebet, mit Fasten und Geißelungen sein Gedächtniß schärfte, nur darauf an, diese ursprüngliche Reinheit durch das Bekenntniß und das Ablösen der einzelnen Sünden von dem Willen wieder herzustellen. Die Verzweiflung, die ihn in diesem vergeblichen Nachspüren nach dem sündlichen Detail ergriff, wurde so drückend, daß er auf Selbstmordsgedanken gerieth und sich einmal aus dem Fenster seiner Zelle stürzen wollte. Endlich kam er zum Abschluß. Er faßte den Gedanken, das Detail zu lassen, Vergangenes nicht mehr zu berühren; kurz, den Entschluß, zu sein, zu wirken, Gott zu leben und seinen Willen dem Verkehr mit der himmlischen Welt zu öffnen. Die einzige Motivirung dieses Entschlusses bestand in der Annahme, daß die Qual seiner Beschäftigung mit den Sünden seines vergangenen Lebens ein Werk des Teufels und seine Angst nur eine satanische Anfechtung sei. Der Sündhaftigkeit und Unreinheit des natürlichen Willens überhaupt hatte er nicht gegenüber gestanden; nur mit einzelnen Verirrungen hatte er gekämpft; als die Zahl derselben immer und immer fortwuchs und in's Unabsehbare zunahm, brach er gleichsam das Gefecht ab, zog den Willen aus der Affaire, verband dessen Wunden und richtete ihn nun, nach diesem Rechnungsabschluß mit der Vergangenheit, auf Gott.

Die Richtigkeit seines Entschlusses wurde ihm darauf durch Visionen, in denen sich ihm das Geheimniß des Himmels aufschloß, bestätigt. Er erfährt im Dreiklang eines Claviers das Mysterium der Trinität. Ein Gesicht, in welchem ihm eine helle, weiße und Strahlen ausschießende Masse erscheint, verdeutlicht ihm das Räthsel der Weltschöpfung. Während der Messe, als der Priester die Hostie emporhebt, schaut er in der Glorie des himmlischen Lichts den Gottmenschen. Eine große goldene Scheibe stellt ihm zu wiederholten Malen, er selbst versicherte wohl vierzig Male, die Menschheit Christi dar. Häufig sah er auch in einer Glanzmasse die Jungfrau vor Augen. Er ist persönlich fertig und vollendet und es fragt sich nur noch, wie die Virtuosität des Willens und Schauens, die er aus seinen Kämpfen als Preis davongetragen hat, für die Kirche nutzbar gemacht werden soll.

In Jerusalem, wohin er sich nach seinen Manreser Uebungen durchgeschlagen hatte und wo er im September 1523 anlangte, entdeckt er, daß er seinen Hunger nach Seelen doch noch nicht befriedigen kann und daß ihm zur Bekehrung der Ungläubigen alle positiven Mittel fehlen. Nach Spanien zurückgekehrt, lernt er in Barcellona die alten Sprachen und widmet sich in Alcala dem Studium der Philosophie. Hier aber, so wie in Salamanca, wohin er sich später begab, fingen auch schon die Verfolgungen an, als er junge Leute in seine geistlichen Uebungen einweihte, selbst Frauen geistlichen Rath spendete und auch als Krankenpfleger in die Oeffentlichkeit trat. Damals war es, daß er der Inquisition der Ketzerei und des Zusammenhangs mit der Illuminatensecte verdächtig wurde; er ward in Untersuchung gezogen, reinigte sich zwar von dem Makel des Irrglaubens, mußte sich aber verpflichten, vier Jahre lang sich aller Unterredungen über geistliche Gegenstände zu enthalten und erst Theologie zu studiren, ehe er es wieder versuche, über die kirchliche Lehre zu Andern zu sprechen. So bezog er 1528 die Universität von Paris.

Hier gewann er, während er vom grammatischen Studium zu dem der Philosophie und Theologie aufstieg, die ersten Jünger, mit denen er später seinen Orden stiftete. Sich der Mittheilung und Propaganda für seine auf Sündenerforschung und Schauen beruhenden Uebungen zu enthalten, war ihm unmöglich. Die weltliche Klugheit und Diplomatie, mit welcher er diese ersten Jünger, Peter Faber aus Savoyen und Franz Xaver aus Navarra, bald darauf die Spanier Salmeron, Lainez und Bobadilla und den Portugiesen Rodriguez an sich zog, Jeden durch geschicktes Eingehen auf ihre Neigungen gewann und sie dann Alle an sich fesselte und in seinen geistlichen Uebungen gleichmäßig formte, ist maßgebend für die ganze Praxis seines Ordens geworden. Auch Luther hatte Freunde und Gehülfen, aber welcher Unterschied zwischen seinem Verhältniß zu den Mitarbeitern und der Stellung Loyola's inmitten seiner Verbündeten!

Die Gehülfen des Deutschen waren und blieben freie Genossen, die er nicht gesucht, gelockt, herangezogen, nach Einem Muster geformt und dann gesiegelt hatte; er nahm sie vielmehr als eine Gabe des Himmels mit Dank und Freudigkeit an, ließ Jeden in seiner Weise wirken und freute sich des Reichthums ihrer Eigenthümlichkeit und des Zusammenklangs in ihren verschiedenen Berufskreisen wiederum als eines Gnadengeschenks.

Der Romane dagegen hatte, als er die Diener seines Werkes suchte, sogleich die Organisation im Auge, in die er sie zusammenfassen wollte, und ihre Eigenthümlichkeit hatte für ihn nur in sofern Interesse, als sie ihm einen Anknüpfungspunkt bot, um die künftigen Werkzeuge an sich heranzuziehen, höchstens noch, sofern er sie studirte, um danach zu bestimmen, an welchem

Punkte seiner Organisation er sie verwenden könne. Einmal aber gewonnen und zur Verwendung gebracht, waren und blieben sie Diener eines Zwecks, dem sie nur als Mittel gelten konnten.

Indessen hatte der Verein, den Loyola um sich sammelte, so viel Consistenz erhalten, daß die Verbündeten am 15. August 1534 in der Kirche von Montmartre, nachdem Faber, damals schon Priester, die Messe gelesen, das Gelübde der Keuschheit und Armuth ablegten und sich verpflichteten, nach Vollendung ihrer Studien entweder die Ungläubigen des heiligen Landes zu bekehren oder, falls dieser Plan nicht ausführbar sei, sich dem Papst unbedingt zur Verfügung zu stellen. Im Januar 1537 treffen die Verbündeten in Venedig zusammen; der Reise nach Palästina tritt der Krieg der Republik mit der hohen Pforte hindernd entgegen; da lernt Loyola Caraffa, den späteren Papst Paul IV., und dessen Stiftung, das Institut der **Theatiner**, kennen, welches auf der Vereinigung der klerikalen und klösterlichen Pflichten beruhte, und überzeugt sich, daß seine Mission, wenn sie nach der Aufgabe des palästinensischen Projects sich zunächst auf die Vertheidigung des Papstthums und der Kirche gegen ihre abendländischen Gegner beschränkte, ohne geistliche Ordnung nicht ausführbar sei. Noch in Venedig nimmt Loyola mit seinen Gefährten die kirchlichen Weihen. Sie treten darauf, indem sie in den Städten als Reiseprediger wirken, die Wanderung nach Rom an. Vor der heiligen Stadt hat Loyola wieder eine Vision, in welcher er zu sehen glaubt, wie Gott Vater dem Sohne die Gesellschaft zum Schutz übergab, worauf dieser dem Visionär mit sanfter Miene zurief, er werde ihm in Rom hülfreich zur Seite stehen. Nach einer zweijährigen Wirksamkeit als Prediger und Lehrer konnten endlich die Verbündeten daran denken, an die Constitution ihrer Gesellschaft die letzte Hand zu legen und um die Bestätigung des Papstes anzuhalten. Am 15. April 1539 fügten sie zu den Gelübden der Armuth und Keuschheit das des Gehorsams gegen das Ordenshaupt, am 4. Mai das des unbedingten Gehorsams gegen den päpstlichen Stuhl hinzu. Am 27. September 1540 erhielt der Verein, dem Loyola in Bezug auf jene Vision vor den Thoren Roms den Namen der Gesellschaft Jesu, d. h. der Streitercohorte des Herrn, gegeben hatte, durch die Bulle Paul's III. Regimini militantis die päpstliche Bestätigung. Die Klausel, welche diese Bulle noch enthielt, wonach die Zahl der Mitglieder auf 60 beschränkt sein sollte, wurde 1543 durch eine Bulle vom 14. März aufgehoben.

Indessen hatte man das Jahr nach der ersten Bestätigung die Wahl eines Ordensgenerals vorgenommen, der, wie der dem Papste eingereichte Statuten-Entwurf bestimmte, „Grade und Aemter nach seinem Gutdünken vertheilen, die Constitution mit Beirath der Mitglieder entwerfen, in allen anderen Dingen aber allein zu befehlen haben und in welchem Christus als gegenwärtig verehrt werden sollte." Die Wahl war sechs von den ältesten Verbündeten überlassen, und sie fiel einstimmig auf Loyola. Eine erweiterte Bestätigung des Ordens durch den Papst erfolgte unterm 3. Juni 1545; der Orden, der sich mit Hintansetzung der gewöhnlichen klösterlichen Andachtsübungen und kleineren Verpflichtungen der Predigt und der Beichte, d. h. der Eroberung und der Leitung der Seelen widmete, erhielt durch jenen päpstlichen Erlaß das Vorrecht, in allen Kirchen und an allen Orten nach Gutdünken zu predigen, Beichte zu hören, auch von allen Sünden, auch in den dem päpstlichen Stuhl vorbehaltenen Fällen, nur die in der Nachtmahlsbulle enthaltenen ausgenommen, zu absolviren, ferner Gelübde in andere gute Werke zu verwandeln und das Abendmahl und andere Sacramente auch ohne Erlaubniß der Diöcesanbischöfe und Pfarrer auszutheilen. — Das große Feld ihrer Wirksamkeit war damit den Jesuiten eröffnet; sehen wir nun, mit welchen Mitteln sie dasselbe einnahmen und beherrschten.

3) **Die geistlichen Uebungen**, eine Anleitung zur christlichen Bildung des Willens, waren eines der bedeutendsten Mittel, um Seelen für die Ordenssache zu gewinnen und heranzubilden. Loyola hatte die Grundlinien dieser Anleitung schon aufgesetzt, als er seine ersten Jünger an sich fesselte, und die Paragraphen dieses Buchs begleiteten ihn wie ein Talisman auf seinen Reisen, bis sie nach der endlichen Constituirung des Ordens der Leitfaden für dessen Seelsorge wurden. Es ist viel darüber gestritten worden, ob das Buch eine Originalarbeit Loyola's sei; indessen ist es nicht zu bezweifeln, daß ihm bei der Ausarbeitung desselben eine ähnliche Schrift des 1510 verstorbenen spanischen Benedictiners und Abts von Montserrat, Garcia de Cisneros, nämlich dessen Excitatorium vitae spiritualis, vor Augen gelegen habe. Ignatius, dessen Abhängigkeit, was das Grundprincip seiner Neuerung betrifft, von der schwärmerischen Illuminatensecte kaum bestritten werden kann, hatte somit auch für seine Methode der Seelenbearbeitung einen Vorgänger und das Eigenthümliche seiner Leistung besteht nur in dem analytischen und exacten Charakter, zu welchem er die naive Anleitung jenes Benedictiners erhob.

So wenig wir denjenigen, die selbst auf protestantischer Seite in der ganzen Schöpfung Loyola's ein Werk der kühnen Schwärmerei und **phantastischer Ascetik** erblicken, beistimmen können, so wenig vermögen wir auch in diesen Uebungen ein phantastisches Element zu erkennen. Die **verständige Anlage** des Ganzen finden wir vielmehr auch in dieser Seelenzucht wieder, statt der **Meditation Berechnung**, statt der **Phantasie geometrische Anschauung**, statt der **Hingebung absichtliches Erzwingen der Vollkommenheit**.

Die Exercitia spiritualia sind ein methodischer Cursus zur christlichen Façonnirung der Seele; das Ganze ist in vier Wochen abgetheilt, in denen wieder jeder Tag sein eigenes Pensum hat. Die erste Woche gehört dem Nachdenken über die Sünde, die zweite der Meditation über die Geburt und das Leben Christi, in der dritten ist das Leiden und Sterben Christi der Gegenstand der Betrachtung, die vierte der Anschauung der Verherrlichung des Erlösers gewidmet. Jedes Tagwerk ist in fünf Abschnitte getheilt, denen immer eine Stunde gewidmet ist. Vorangeht ein Vorbereitungsgebet mit der Bitte um den göttlichen Gnadenbeistand, sodann folgen zwei Präludien, in dem ersten wird der Gegenstand der Betrachtung, z. B. ein biblisches Ereigniß, bis in die sinnlichste Aeußerlichkeit vergegenwärtigt, in dem zweiten folgt ein Gebet, in welchem der Zögling um die dem Object entsprechende Stimmung, Schmerz, Zerknirschung oder Freude fleht. Die Meditation, die darauf folgt, macht zwar den Ansatz dazu, die gewonnene Anschauung auf die eigenen Zustände anzuwenden, doch ist sie eigentlich nur Steigerung der sinnlichen Anschauung, eine Steigerung, die endlich in jedem Tageswerke in einem Gespräch mit dem herbeibeschworenen Heiland gipfelt. Die sinnliche Aeußerlichkeit dieser Betrachtungen zeigt sich z. B. in der Vorschrift, wonach der Zögling in der ersten Woche auf einem Papier Linien verschiedener Größe zeichnen muß, die der Größe seiner Sünden entsprechen, besonders aber in der Anstrengung, die er allen seinen fünf Sinnen auflegen muß, damit er die Schrecken der Hölle in ihrer Feuersgluth sieht, im Schrei der Verdammten hört, im Schwefeldampf und Geruch der Fäulniß riecht, in der Bitterkeit der im Abgrund fließenden Thränen schmeckt und an seinen Gliedern die Gluth des Höllenbrandes fühlt. Die Anschaulichkeit, zu welcher die Thatsachen des Evangeliums herabgezogen werden, bildet den Uebergang zu jener theologischen, auch protestantischerseits in der Zeit der Aufklärung gepflegten Auslegung, die an die Stelle des Zeugnisses des Geistes die Berufung auf den Eindruck der sinnlichen Wahrheit und Wahrscheinlichkeit gesetzt hat. Handelt es sich z. B. um die Geburt des Heilandes, so hat der Zögling sich einfach eine Grotte oder Höhle vorzustellen, — um den Kampf in Gethsemane, so muß er sich einen Garten von gewisser Größe und Breite mit Allem, was dazu gehört, vergegenwärtigen, — um die Verklärung, so muß man sich einen Berg mit seiner Wurzel, Höhe und Bekleidung vorstellen u. s. w. Man muß den Dienst der Sinne in Anspruch nehmen, sagt Loyola in den Uebungen selbst. Auf die Gewalt des Sinnenausdrucks ist auch gerechnet, wenn in der ersten Woche, die der Betrachtung der Sünde bestimmt ist, die Fenster der Zelle, die der Zögling während der Uebungen bewohnt, verhängt werden und in der vierten Woche der volle Sonnenstrahl wieder zugelassen und daneben dem Zögling jede Bequemlichkeit, die das Wohlbefinden seines äußeren Menschen mit der Freude des innern in Einklang setzt, gewährt wird. In dieser Aeußerlichkeit gehen die Exercitien so weit, daß sie sogar für die Gebete die Hebung und den Fall der Stimme, die Mensur des Vortrags, die Pausen und das Schluchzen der Rührung vorschreiben. Von Woche zu Woche wird in dieser Weise der Entschluß des Zöglings zum Dienst für die Ehre Gottes vorbereitet; hat er noch keinen äußern Stand im Leben, so ist Alles darauf berechnet, daß ihm die definitive Wahl als seine freie That unter der Einwirkung der Gnade erscheint, und nachdem er sich allmählich für alle kirchlichen Werke, Ablässe, Wallfahrten, Heiligendienst, Reliquienverehrung, Fasten u. s. w. enthusiasmirt hat, schließt er mit der Erklärung, sein Urtheil unbedingt unter die Entscheidung der Kirche gefangen geben zu wollen. — Die Schrift, in welcher diese Erziehungsmethode gelehrt ist, hatte Loyola, nachdem er sie schon auf seinen Reisen mit sich herumgetragen hatte, mit seinen späteren Erfahrungen bis zum Jahre 1548 bereichert; in diesem Jahre wurde sie, da sie nun ihre Probe bestanden hatte, vom Papst gebilligt und zu Rom selbst, mit dem Billigungsschreiben Paul's III., in der lateinischen Uebersetzung des Andreas Frusius im Druck veröffentlicht.

4) **Die Verfassung des Ordens**, aufgestellt in den „Constitutionen", ist schon unter dem Generalat Loyola's entworfen, jedoch erst unter der Amts-

führung seines Nachfolgers Lainez schließlich redigirt, förmlich angenommen und proclamirt und nach und nach durch Declarationen ergänzt worden. Die psychologische Methode der Seeleneroberung und Seelenzucht wurde in dem „Directorium", einer Sammlung praktischer Erfahrungen, unter dem Generalat Aquaviva's näher erläutert und von demselben Ordensvorsteher in der Ratio studiorum der wissenschaftliche Studiengang festgesetzt. Nachdem diese letztere Anweisung auf der 5. General-Congregation beschlossen und 1599 in den Druck gegeben war, blieb sie bis zum Jahre 1832 in Gebrauch, wo sie auf des General Roothaan Anordnung in der Ratio atque institutio studiorum Soc. Jesu eine neue Redaction erhielt. Eine Gesammtausgabe der Ordensgesetze erschien zu Antwerpen 1702 in zwei Quartanten unter dem Titel Corpus institutorum Soc. Jesu, vollständiger zu Prag 1752 in zwei Folianten unter dem Titel Institutum S. J. Bemerkenswerth ist noch, daß die Monita privata S. Jesu, die zuerst im Jahre 1612 zu Krakau erschienen sind, und die spätere Ueberarbeitung derselben, die Monita secreta, deren Urheberschaft der Orden beständig von sich ablehnte, in der That das Werk von Gegnern desselben sind, wenn in ihnen auch die Taktik der Gesellschaft mit genauer Kenntniß des Verfalls, dem sie nach ihren Siegen unter den vier ersten Vorstehern entgegeneilte, dargestellt ist. Der apokryphe Charakter dieser beiden Schriften, die in der literarischen Polemik seit den Zeiten des dreißigjährigen Krieges bis in das erste Drittel des 18. Jahrhunderts eine große Rolle spielten, ist jetzt auch protestantischerseits anerkannt.

Verfassungsmäßig theilte der Orden seine Glieder auf eine doppelte Weise ein, nämlich einmal in die Glieder der großen und kleinen Observanz, sodann in Novizen, Scholastiker, Coadjutoren und Professen. Zur kleinen Observanz gehörten alle Mitglieder im weiteren Sinne, die dem Orden durch das Gelübde des Gehorsams verbunden waren; zur großen Observanz nur die Professen, die alle vier Gelübde abgelegt hatten.

Das Noviziat derjenigen, die sich ausschließlich dem Orden widmen wollen, dauert zwei Jahre und wird in dem Novizenhause zurückgelegt. Der Aufzunehmende wird streng nach seinen weltlichen Beziehungen, nach seinen Fähigkeiten und Neigungen geprüft. Mit allen seinen bisherigen Beziehungen zu Haus, Nation, Vaterland hat er zu brechen; auch in seiner neuen Verbindung darf er keine besonderen Verhältnisse, z. B. der Freundschaft, pflegen; nur das Ganze, der Orden überhaupt und der Zweck desselben darf ihn beschäftigen und seine Gedanken und Neigungen erfüllen. Ein Rückhalt, eigenes Urtheil, eine besondere persönliche Ansicht, ein selbstständiger Zweck und Plan darf in ihm nicht mehr stattfinden. Gedanken und Wille müssen dem Orden offen daliegen. Tägliche, von den Regeln vorgeschriebene, Gewissensprüfungen sollen dem Zögling zeigen, ob er noch Wünsche und Neigungen hat, die seinem neuen Lebensberuf widersprechen. Sein Umgang wird ihm von den Obern vorgeschrieben; das Haus darf er nur mit Erlaubniß der letztern und in der Begleitung, die sie ihm anweisen, verlassen. Er weiß, und es ist ihm gesagt worden, daß die gegenseitige Anzeige eine der ersten Ordensregeln ist, und er muß sich demnach daran gewöhnen, seine Eigenheiten zu mäßigen, endlich zu unterdrücken und jedem Verdacht eines persönlichen Vorbehalts zuvorzukommen. Er weiß ferner, daß über seinen Charakter, seine Studien und Beschäftigungen von dem Vorsteher des Hauses Register geführt werden, die durch den Provincial an den General gelangen. Auch in seiner Leibeshaltung muß sich die Affectlosigkeit und die Ertödtung jeder dem Ordenszweck widersprechenden Eigenthümlichkeit ausdrücken. Ruhe, strenger Anstand, Achtsamkeit auf jede unwillkürliche Aeußerung eines Affects sind für Gang, Haltung, Sprache und Gesticulation erstes Gesetz. Die Stimme muß gemäßigt sein, das Haupt sich nicht unruhig bewegen und immer nach vorn leise gebeugt sein, die Augen müssen in der Regel den Boden suchen, im Gespräch sich mit Ruhe erheben, aber nur den untern Theil des Gesichts des Andern anschauen; die äußerste Behutsamkeit muß endlich die Rede charakterisiren und jedes gewagte Urtheil, jede Aeußerung, die zu einer unberechenbaren Verpflichtung führen könnte, alles Absprechende gemieden werden.

Auf seinem Sterbelager soll Loyola den Seinigen als Vermächtniß jenes Wort über den unbedingten Gehorsam hinterlassen haben, wonach der Mensch wie ein Leichnam werden und dem Stab in der Hand eines Greises gleichen soll. Das Noviziat ist dazu bestimmt, diese Assimilation der Person mit dem Ordenszweck herbeizuführen, jedoch mit dem Vorbehalt für die Obern der Gesellschaft, die Kräfte, eigentlich nur den Umriß und die Form der Individualität, die vom Eigenwillen völlig gereinigt ist, für die Zwecke des Ganzen zu benutzen. Die Persönlichkeit soll nicht vernichtet, sondern nachdem die Obern sie studirt haben, als ein fügsames Werkzeug in Bewegung gesetzt werden. Diese Anerkennung des freien Willens und des persönlichen Entschlusses tritt am schroffsten in jener Anweisung des Directoriums hervor, wonach der Zögling, der die geistlichen Uebungen durchgemacht hat, im letzten Augenblick seiner eigenen Entscheidung überlassen werden soll. Bis zu diesem Augenblick der Vollendung von seinem Instructor geführt, angeregt und vorwärts getrieben, soll er, wenn sein Bruch mit Familie, Vaterland und Welt den Ernst eines Todeskampfes hat, sich selbst überlassen bleiben, ein wenig aufathmen und selbst die Wahl treffen.

Nach Beendigung der Prüfungszeit wird der Novize Scholastiker, studirt in einem Collegium der Gesellschaft zwei Jahre hindurch Rhetorik und Literatur, sodann drei Jahre lang Philosophie, Physik und Mathematik und, nachdem er darauf fünf bis sechs Jahre lang als Lehrer diese Fächer vorgetragen, widmet er sich etwa fünf Jahre hindurch dem Studium der Theologie. Die oben angeführte Studienanweisung Aquaviva's schreibt in dieser Beziehung auf das Strengste vor, daß Niemand, selbst in Materien, die für die Frömmigkeit gefahrlos sind, neue Fragen aufstelle.

Gewiß mußten es sich die Jesuiten selbst sagen, daß sowohl ihr ganzes Gesellschaftssystem mit seiner Erweiterung des päpstlichen Absolutismus, als auch ihre Grundlehre vom freien Willen und von der Rechtfertigung eine Neuerung sei. Abgesehen von der älteren Augustinischen Ueberlieferung, mußte ihnen die Bedenklichkeit, mit der ihnen die Päpste in ihrem verwegenen Vorgehen für den freien Willen folgten, nebst dem unheimlichen Eindruck, den ihre Lehre auf die

Anhänger der mittelalterlichen Scholastik machte, gleichfalls sagen, daß sie die Kirche mit einem zwar für die Nothwehr tauglichen, aber doch neuen Dogma überrascht hätten. In der Moral und Casuistik waren sie geradezu rationalistische Neuerer und selbst über die Inspiration der heiligen Schrift stellten sie, um die Bekenner derselben auf protestantischer Seite in Verwirrung zu setzen, skeptische Behauptungen auf, die bis dahin, wenigstens von officiellen Vertretern der Kirche, noch nicht gewagt waren. Auch die geistige Anspannung, die sich in ihrer vorschriftsmäßigen Leibeshaltung ausdrückte, bewies, daß sie das Bewußtsein hatten, einen neuen Schatz, eine Zukunft, nicht nur eine Vergangenheit zu bewachen, wie die Strengigkeit und Gebundenheit, welche die englischen Puritaner, freilich zugleich mit einem kühnen Hinstellen der Persönlichkeit, ihrer Haltung gaben, von der Empfindung ihrer separatistischen Stellung Zeugniß ablegt. Der Erinnerung ihres sectirerischen Ursprungs, dem Gefühl ihres separatistischen Wesens und der Stimme ihres Gewissens, daß sie die römisch-katholische Kirche durch die Aufdrängung ihrer Lehre vom freien Willen selbst in eine sectirerische Richtung zögen, haben sie sich nicht entschlagen können.

Und doch jenes Verbot neuer Fragen — jedweder Neuerung? Natürlich! Sie wollten die Spitze der kirchlichen Entwicklung sein und zugleich auf dem Fundament der Ueberlieferung ruhen. Ihre Entscheidung sollte nicht wieder in Frage gezogen werden. Dahin zielte auch das Gebot jener Studienanweisung, die Fragen über Gott nicht zu berühren; in dem dreijährigen philosophischen Cursus waren nur drei bis vier Tage den Erörterungen über den Begriff des Seins bestimmt; der Begriff der Substanz durfte gar nicht zur Behandlung kommen, auf Principien überhaupt sollte man sich nicht einlassen und sich hüten, über die erste Ursache, über die Freiheit und über die Ewigkeit Gottes zu sprechen. Der natürliche Wille, seine Freiheit und Gerechtigkeit und damit die Grundvoraussetzung der Jesuiten stand in Gefahr, wenn jene metaphysischen Fragen der Discussion und Forschung freigegeben würden.

Originelle Geister, um von schöpferischen Genies zu schweigen, haben die Jesuiten auf dem Gebiet der Wissenschaft nicht erzeugt, nicht einmal geschickte Fechter, da ihre philosophische Erziehung sich auf die äußerlichsten Formalitäten beschränkte und alle jene allgemeinen Fragen mied, mit denen die italienischen Philosophen des 16. Jahrhunderts auf ihrer Flucht vor der Inquisition den Norden Europa's erschütterten, bis Cartesius dem Denken seine geordneten Bahnen anwies. Daher kam es auch, daß die Jesuiten auf einmal wehrlos und verlassen dastanden, als in den jansenistischen Bewegungen die bürgerliche rigoristische Moral und die philosophische Dialektik sich gegen sie erhoben — daher die auffallende Erscheinung, daß eine Gesellschaft, die so eben noch bis in die ersten Zeiten des dreißigjährigen Krieges die Politik des Papstes und der katholischen Mächte geleitet hatte, auf einmal vor dem Aufstande des jansenistischen Bürgerthums sprachlos zurückwich — daß sie endlich den weltlichen Rationalismus des folgenden Jahrhunderts sich widerstandslos über den Kopf wachsen ließ.

Von den exacten Wissenschaften, deren Cultur gleichfalls im 16. Jahrhundert von Italien ausging und von den nordischen Völkerschaften mit Meisterhand fortgesetzt wurde, haben sie sich nur die **Resultate** oder die **äußerliche Berechnung** und die **Fertigkeit im Experimentiren** angeeignet, ohne jedoch auch auf diesem Gebiete einen Entdecker oder einem wissenschaftlichen Organisator wie Bacon zu erzeugen. Ein Studiengang und eine Erziehung, die nur darauf hinausging, die Wissenschaften für den Zweck und die Dogmen des Ordens **unschädlich** zu machen, konnte auch für die spätere Vertheidigung des Ordens in den Augenblicken der dringendsten Gefahr **keine Früchte** tragen.

Wenn nun der Scholastiker in der angegebenen Weise seine Studien vollendet hat, so macht er, obwohl Meditation und geistliche Exercitien schon immer einen großen Theil seiner Zeit in Anspruch nahmen, noch ein Prüfungsjahr durch, in welchem er die Uebungen des Noviziats wiederholt und sich mit den Ordensgesetzen vertraut macht. Nachdem er sodann die geistlichen Weihen empfangen hat, legt er als geistlicher Coadjutor oder als Professe sein Gelübde ab. Die Coadjutoren, welche wie die Scholastiker nur die drei ersten Gelübde ablegen, aber in die Hände des Generals oder eines stellvertretenden Superiors, verpflichten sich ausdrücklich zum Unterrichte der Jugend und sind auf die Collegien und deren gemeinschaftliche Einkünfte angewiesen. Die Professen legen noch das vierte Gelübde ab, nämlich sich jeder Mission des Papstes unbedingt zu unterziehen; sie sollen nur von Almosen leben, bewohnen die Profeßhäuser oder reisen in päpstlichem Auftrage, sind der eigentlich active Theil der Gesellschaft und die berechtigten Glieder der General-Congregation. Neben den geistlichen Coadjutoren giebt es noch weltliche, die sich ausschließlich der Verwaltung der Einkünfte der Collegien widmen.

An der Spitze des Ganzen steht der General als der Stellvertreter Gottes und als der lebenslängliche Leiter der Gesellschaft. Ihn vertritt in jeder Provinz der Provincial und unter diesem stehen wiederum die Vorsteher der einzelnen Provincial-Etablissements, nämlich der Praepositus des Profeßhauses und der Residenz, der Magister noviliorum, d. h. des Prüfungshauses, und der Rector des Collegiums. Jedem Superior sind Consultoren und ein Abmonitor beigegeben, welcher Letztere ihn an seine Pflicht mahnen muß. Außerdem giebt es Präfecten für besondere Institute und Geschäftskreise, z. B. Studien-, Bibliotheken-, Speisesaalpräfecten u. s. w. Für die weltlichen Geschäfte, Rechnungswesen u. s. w. sind Procuratoren eingesetzt; zu diesem Beamtenstaate gehören noch die Censoren in den Provinzen, welche die von den Ordensgliedern verfaßten Bücher prüfen und darüber an den General berichten. Der General selbst endlich, in dessen Händen die Verwaltung, Regierung und Jurisdiction des Ganzen ruht, der die Provinciale und die übrigen Beamten, meist auf drei Jahre, ernennt, an den die Berichte der Beamten zu bestimmten Fristen eingeschickt werden müssen und der sich durch bevollmächtigte Visitatoren vom Zustande der einzelnen Institute überzeugt, dieses mächtige Oberhaupt war selbst wieder durch Assistenten, die die Gesellschaft dazu verordnete, beständig beaufsichtigt, sogar die Ordnung des täglichen Lebens, Mahlzeit, Kleidung, Schlafengehen u. s. w. war ihm durch die Abgeordneten der Gesellschaft vorgeschrieben, und ein Admonitor, Mahner, stand ihm unaufhörlich zur Seite. Endlich kann er nur vorübergehende Einrichtungen verfügen; die Abänderung und Ergänzung der Constitutionen gehört zur Competenz der General-Congregation.

Diese Verfassung, aus den Erfahrungen des Loyola hervorgegangen, nach dessen Tode (31. Juli 1556) unter dem Generalat seines Nachfolgers Lainez definitiv festgesetzt, bestand unter dem fünften General, Aquaviva, eine Prüfung, in welcher die Centralisation des Ganzen und die Obermacht des Generals sich gegen nationale Rivalitäten und gegen die Selbstständigkeitsgelüste der Provincial-Repräsentation behauptete. Die drei ersten Generale waren Spanier. Nach dem am 1. October 1572 erfolgten Tode des dritten, des Franz Borgia, eines sanftmüthigen Asceten, der im Jahre 1565 auf Lainez gefolgt war, hatte wiederum ein Spanier, Namens Polanco, die meiste Aussicht zur Nachfolge. Allein er war ein getaufter Jude. Dieser Umstand machte ihn in Spanien mißliebig. Ueberhaupt zählte die Gesellschaft nicht wenig Neubekehrte vom jüdischen Stamm in ihren Reihen; in Spanien fühlte man gegen dies fremde Blut die lebhafteste Antipathie und man wünschte am allerwenigsten, daß seine Vertreter eine so gewaltige Regierungsmaschine, wie es die Gesellschaft Jesu war, in ihre Hände bekämen. Außerdem fand es Papst Gregor XIII. dem Interesse des päpstlichen Stuhls angemessen, daß in der Besetzung des Generalats ein Wechsel stattfände, damit die Spanier, die auch auf den bisherigen General-Congregationen die überwiegende Majorität gebildet hatten, nicht auf die Idee kämen, daß ihnen die Leitung des Instituts von Rechts wegen zukäme. So wurde der Belgier Eberhard Mercurian am 28. April 1573 gewählt, ein schwacher Mann, unter dessen Regierung die nationalen Rivalitäten innerhalb des Ordens freien Spielraum erhielten und selbst die Disciplin im Wechsel der herrschenden Fractionen Schaden litt.

Als nach dem am 1. August 1580 erfolgten Tode desselben der Neapolitaner Claudius Aquaviva, Herzog von Atri, im Alter von 38 Jahren, somit noch in der ersten Manneskraft, am 19. Februar 1581 zum Nachfolger ernannt war, hielten die Spanier ihre Ausschließung vom Generalat auf immer für entschieden (worin sie sofern das Richtige trafen, als später nur noch ein Mal einer ihrer Landsleute, Thirsus Gonzales, von 1687 bis 1705, an die Spitze der Gesellschaft berufen wurde) und organisirten in ihrer Verstimmung einen nationalen Widerstand gegen die römische Oberleitung. Aquaviva dagegen, entschlossen, die Centralisation des Ganzen zu bewahren, veränderte das Personal der obern Stellen, setzte jüngere, thatkräftige Männer ein, endlich Landsleute aus dem Neapolitanischen. Für den passiven Widerstand und für die Unfolgsamkeit, welche diese Obern in Spanien fanden, rächten sie sich durch die Versetzung ihrer Gegner in andere Provinzen und die Besetzung von den untergeordneten Stellen mit ihren Creaturen, führten aber damit nur die Intrigue, die Verstimmung und die stumme, aber im Geheimen thätige Widersetzlichkeit auch in die untersten Kreise ein. Die Maschine stand still, die Räder stemmten sich gegen einander, statt in einander zu greifen, und das Anzeigesystem, welches die Ordensstatuten eingeführt hatten, wurde vom Haß und gekränkten Ehrgeiz zu Denunciationen und Angebereien benutzt. Nach den Berichten, die im

Archiv zu Rom zusammenströmten, hätte man an der Existenz auch nur Eines rechtschaffenen Mannes in der Provinz zweifeln müssen; in der letzteren selbst war unter den Ordensangehörigen allgemeines Mißtrauen eingerissen. Aquaviva glaubte sich und seiner erhabenen Stellung im Ganzen etwas zu vergeben, wenn er gleich den ersten Generalen persönlich den Stand der Provinzen untersuchte. Er setzte seine Ehre darein, beständig und ohne Unterbrechung auf der Warte zu stehen und durch die schriftliche Mittheilung den Gang der Maschine zu erfahren und zu leiten. Er bemerkte aber nicht, daß er durch dieses hartnäckige Festhalten an der centralen Repräsentation und an dem bureaukratischen Gang der Geschäfte die Selbstständigkeit der Provinzen stärkte. Nur zu bald sollte er die Folgen seines Systems kennen lernen.

Die Zerrüttung des Ordens, die der Jesuit Mariana in seiner damals verfaßten, aber erst nach seinem Tode (1624) bekannt gewordenen Abhandlung „von den Gebrechen der Gesellschaft Jesu" geschildert hat, war in Spanien so groß geworden, daß die nationale Opposition das geistliche Gericht des Landes, die Inquisition und den König selbst um Schutz anging. Jene ließ auf die Denunciation hin, daß der Orden Verbrechen seiner Mitglieder, die vor ihr Forum gehörten, verheimliche und vertusche, den Provincial und mehrere Obere gefänglich einziehen, und schon verbreitete sich wieder das Gerücht, daß die Jesuiten sich der Ketzerei verdächtig gemacht hätten. König Philipp aber sollte nach dem Plan der Unzufriedenen auf eine Veränderung der Ordensstatuten, die über die Macht und Befugniß der Inquisition hinausging, hinarbeiten.

Dieser König war kein Freund der Gesellschaft; er beargwöhnte sie, wenn er sie auch gewähren ließ. Bekannt ist sein Wort: alle anderen Orden verstehe er, nur die Jesuiten nicht, — eine Aeußerung, die jener spätern des Kaisers Nikolaus entspricht: Alles verstehe er, Republik und Monarchismus, nur den Constitutionalismus nicht. Ein so doctrinärer Vertheidiger des monarchischen Absolutismus, wie jener König, unter dessen Regierung, ja in dessen Stammlande der Jesuitismus den Gipfel seiner wissenschaftlichen Entwicklung erreichte und alle Consequenzen seiner Theorie zog, konnte einem Orden, der den geistlichen Absolutismus des Papstthums proclamirte und gleichwohl in Moral und Dogmatik durchaus weltlich war — einem Orden, der in den unbedingten Gehorsam die christliche Vollendung setzte und gleichwohl auf die Freiheit des natürlichen Willens sich gründete und vor keiner Consequenz der Volkssouveränetät zurückschrak, nur perplex gegenüberstehen. Bestürmt durch Klageschriften, in denen über die Verfassung des Ordens und die durch dieselbe autorisirten Mißbräuche Beschwerde geführt wurde, beschloß er endlich einzugreifen. Am meisten mußte ihm die Klage über den Mißbrauch der absoluten Gewalt, die er keinem Institut neben ihm zugestehen wollte, und über das System der geheimen Anzeigen, die er allenfalls nur der Inquisition gewährte, zusagen; in diesen Punkten wollte er eine Visitation des Ordens ausgeführt wissen; ein Bischof seines Landes ward mit der Einleitung der Untersuchung beauftragt, auch Papst Sixtus V. ließ sich zu dem Zugeständniß einer solchen Visitation bereit finden; allein Aquaviva wußte diesen durch die Besorgniß vor Unabhängigkeitsgelüsten Spaniens zur Zurücknahme seiner Concession zu bestimmen und von dessen Nachfolger Gregor XIV. sogar eine neue Bestätigung der Ordensstatuten auszuwirken. Dem wiederholten Andringen der spanischen Jesuiten und des Königs gab indessen Papst Clemens VIII. nach und ordnete 1592 ohne Wissen Aquaviva's eine General-Congregation des Ordens an. Der General fügte sich, obwohl ihm in seiner Stellung eine solche Congregation so fatal war, wie den Päpsten ein allgemeines Concil, und war damit zufrieden, daß es ihm nur gelang, nachdem die von ihm selbst beantragte Commission der Versammlung ihn gegen die Vorwürfe von Regelwidrigkeiten gerechtfertigt und er selbst einige untergeordnetere Forderungen Philipp's in Bezug auf einige Privilegien des Ordens befürwortet und zur Annahme gebracht hatte, dagegen die Zurückweisung der Anträge desselben, wonach die Amtsführung der Obern auf eine bestimmte Zeit eingeschränkt werden und eine Wiederholung der Generalcongregationen in gewissen Terminen stattfinden solle, zu bewirken. Allein nachdem der König geschlagen war, nahm der Papst für sich die Angelegenheit auf und ordnete aus eigener Machtvollkommenheit an, daß die Obern in den Provinzen alle drei Jahre wechseln, die Generalcongregationen aber alle sechs Jahre zusammentreten sollten. Indirect hatte damit auch der König gesiegt, denn in Folge seiner Anregung war diese päpstliche Octroyirung eingetreten, die dem Einfluß des Generals die Mittel entzog, die Provinzen in stätiger Weise zu beeinflussen, und ihm andererseits in der wenigstens gesetzlich gebotenen Periodicität der Generalversammlungen eine bedeutende Schranke zur Seite stellte.

Dieser Sieg des spanischen Königthums kam demselben aber theuer zu stehen, da der Orden, um sich sowohl für diesen Eingriff in seine Gesetzgebung als auch für die Emancipationsversuche Spaniens zu rächen, sich seitdem **Frankreich** zuneigte und dasselbe in seiner **profanen und rationalistischen Politik gegen die specifisch katholische Macht Spaniens** unterstützte. Bezeichnet wird diese Wendung der Politik des Ordens durch seine Aussöhnung mit Heinrich IV. und durch seine Bemühungen, demselben die Absolution des Papstes zu erwirken, andererseits durch seine Parteinahme für die extreme rationalistische Erklärung, die der Spanier Luis Molina dem Dogma von der Rechtfertigung gegeben hatte. Diese Streitfrage, in welcher die Jesuiten der **altkatholischen Reaction** des spanischen Geistes den Fehdehandschuh hinwarfen und die sie mit Hülfe Frankreichs zu ihren Gunsten zum Austrag brachten, ohne deshalb jedoch die dogmatische Eroberung Spaniens wirklich durchzusetzen, werden wir sogleich in einem besonderen Abschnitt darstellen und bemerken zuvor noch, daß es Aquaviva mit dem Beistande Heinrich's IV. endlich auch noch gelang, jene oben erwähnte Octroyirung Clemens VIII. illusorisch zu machen und die Macht des Generals gegen die Aristokratie der Provinzen und Nationen gesetzlich sicher zu stellen. Die Empörung der Spanier war noch lange nicht gestillt, und man dachte noch immer daran, Aquaviva von seinem Posten zu entfernen. Auch andere Provinzen waren unruhig und endlich verlangten Alle die Berufung einer Generalcongregation. Im Jahre 1607 trat sie zusammen; man erwartete einen großen Schlag und tiefgreifende Veränderungen. Die spanische Dictatur war aber bereits gebrochen; von dem

Schlage, den sie durch den Compromiß zwischen Katholicismus, nationalem Königthum und Protestantismus in Frankreich erlitten, hatte sie sich noch nicht erholt, und als Heinrich IV. der Congregation den Wunsch zu erkennen gab, daß die Verfassung der Gesellschaft unverändert erhalten werde möge, war Aquaviva's Stellung fester denn je. Unter dem Eindruck einer so mächtigen Fürsprache gelang es diesem, die Versammlung zu einem Beschluß zu bestimmen, der einerseits die Selbstständigkeit der Provinzen vollends brach und den General andererseits gegen Aufstandsgelüste der allgemeinen Versammlung schützte. Jener Beschluß bestimmte nämlich, daß Entschließungen einer Provinzialversammlung nur durch die Zustimmung von zwei Drittheilen aller Stimmen Gültigkeit haben sollten und ein auf diese Weise autorisirter Vorschlag in der allgemeinen Versammlung nur dann zur Berathung kommen dürfte, wenn die Majorität derselben vorläufig ihre Genehmigung dazu gebe.

5) Die Molina'sche Streitigkeit, die seit 1588 bis 1607 die katholische Welt beschäftigte, war nicht nur eine dogmatische, sondern zugleich eine nationale; sie wurde nicht nur von den Jesuiten und ihren Gegnern, den Dominikanern, geführt, sondern hinter den letztern stand zugleich das katholische Nationalgefühl der Spanier, die, stolz auf ihre dominikanische, dem christlichen Gemüth zusagendere Ueberlieferung, dem rationalistischen Absolutismus der Jesuiten widerstanden und gegen denselben sogar die Inquisition als eine nationale Corporation vertheidigten. Die Jesuiten wagten den Kampf zunächst auf eigene Hand; die dogmatische Streitfrage erschien ihnen und ihrem General als eine passende Handhabe, um ihre Ueberlegenheit über nationale Eigenthümlichkeiten zu beweisen — es war für sie eine Frage der dogmatischen Consequenz und des praktischen Regierungsabsolutismus. Anfangs wußten sie noch nicht, ob der Papst ihnen beifallen würde; im Laufe des Streites schien ihre Verurtheilung zuweilen sogar gewiß zu sein.

Luis Molina, 1535 geboren zu Cuenza in Neu-Castilien, Professor der Theologie zu Evora in Portugal, gestorben zu Madrid den 12. October 1600, war nämlich, nachdem er schon vorher in mehreren Schriften seine Verstandesansicht über Gnade und Willensfreiheit vorgetragen hatte, in dem Buche Liberi arbitrii cum gratiae donis concordia (Lissabon 1588) mit einer Theorie aufgetreten, durch die er alle Schwierigkeiten des Mysteriums zu überwinden glaubte. Seine Lösung besteht in der consequent festgehalteuen Annahme eines Zusammenwirkens der göttlichen Gnade und des menschlichen Willens — eines Zusammenwirkens, in welchem zwar von Anfang an der göttliche Concurs auftritt und von der ersten in der Schöpfung begründeten, gleichsam natürlichen Assistenz bis zu den übernatürlichen Einwirkungen der Gnade sich steigert, aber eben so sehr auch der menschliche Wille seine Activität ausübt und sowohl die allgemeine göttliche Assistenz als auch die Gnade für sich erst persönlich wirksam macht. So ist der Mensch unterm Beistande jenes allgemeinen Concurses auch ohne Gnadenerweis fähig, moralisch Gutes zu verrichten, seinen natürlichen Endzweck zu erfüllen, Versuchungen zu widerstehen und sich zu einzelnen Acten des Glaubens, der Liebe und der Hoffnung zu erheben. Ist der Mensch so weit, so kann ihm Gott das Mysterium der Gnade eröffnen und den Beistand derselben zukommen lassen — nicht zwar um eines Verdienstes willen, welches sich der Mensch durch seine natürlichen Uebungen erworben habe, aber die Wirksamkeit und das Wachsthum der Gnade hängt doch vom Eingreifen und Mitwirken des freien Willens ab, welches Zusammenwirken Molina durch das Bild verdeutlichte, daß Wille und Gnade in der Rechtfertigung wie zwei Männer, die an Einem Schiffe ziehen, verbunden seien.

Allerdings war mit dieser Theorie der äußerste Gegensatz zum Lutherthum aufgestellt und durch die bequeme Auskunft, wonach Molina die Prädestination zu einem Vorauswissen von der Entscheidung und der Bethätigung des freien Willens machte, auch dem Calvinismus die Spitze abgebrochen, aber auch zugleich der letzte Zusammenhang mit der Augustinischen Ueberlieferung aufgegeben. Der sectirerische Charakter des Jesuitismus war vollständig an den Tag getreten.

Die Dominikaner erhoben sich in Predigten und Schriften gegen diesen Angriff auf ihren Heiligen, Thomas von Aquino; im März 1594 fand zwischen beiden Orden zu Valladolid eine Disputation statt; die Inquisition nahm gleichfalls die Sache auf, und der Großinquisitor gab deutlich zu verstehen, daß das Buch Molina's wohl zum Feuer verurtheilt werden würde. Indessen starb jener Inquisitor, derselbe, der früher von Philipp II. zum Visitator des Ordens bestimmt gewesen war, und Aquaviva benutzte diesen Umstand, um die Verhandlung des Processes nach Rom verlegen zu lassen. Der Papst ging auf den Plan ein, und im October 1596 wurden die Acten nach Rom geschickt. Indessen trat jene Annäherung der Jesuiten an König Heinrich IV. ein. Kurz vorher, nach dem Attentat Chatel's auf den König, durch den Richterspruch des Parlaments aus Frankreich vertrieben, konnten sie aus der begeisterten Aufnahme, die Heinrich IV. nach seinem Siege in Paris gefunden hatte, ersehen, daß die Zeit der Ligue und ihrer demokratisch-kirchlichen Agitation vorüber sei. Ihre Annäherung und ihre Ergebenheitsversicherungen belohnte der König mit freundlichem Entgegenkommen; er nahm selbst den Jesuiten Cotton zu seinem Beichtvater an und hob 1603 das gegen sie erlassene Verbannungsedict wieder auf. Ihr Zerwürfniß mit Spanien kam ihm sehr gelegen und versprach ihm in seiner Spannung mit dieser Macht wichtige Dienste. Ihren Zwist mit den Dominikanern, der so schon eine nationale Tendenz hatte, mit der Rivalität zwischen Frankreich und Spanien zu combiniren und das Interesse eines geistlichen Ordens, welcher in der Kunst des Angriffs und der Organisation alle anderen übertraf, für die Dictaturgelüste Frankreichs zu benutzen, schien ihm das Gebot und Meisterstück der Politik zu sein. So unterstützte er den Orden, dem er auch in der Behauptung seiner monarchischen Verfassung half, in dem Streit mit den Dominikanern selbst gegen die Augustinischen Neigungen und Bedenken des Papstes Clemens VIII. Der Papst wohnte den 65 Versammlungen und 37 Disputationen, die in der Molina'schen Sache gehalten wurden, selber bei. Innerlich der flachen und naturalistischen Erklärung, die der spanische Jesuit dem Mysterium der Gnade gegeben hatte, abgeneigt, wagte er sie doch nicht geradezu zu verdammen. Er stand der Verstandes-Kühnheit, mit der die Jesuiten das letzte Wort ihrer Dogmatik ausgesprochen hatten, mit derselben Verlegenheit und Angst gegenüber, mit welcher sich die Päpste zur Zeit des tridentinischen Concils von den jesuitischen Vertheidigern der Willensfreiheit ihre Zustimmung hatten abringen lassen. Wie damals, nahmen sie auch jetzt wieder die Miene von obersten Richtern an, die darüber zu entscheiden hätten, wie die Kirche gerettet werden solle. Sie drohten dem Papste, wenn er es wagen sollte, sich gegen sie zu erklären, von ihm an ein allgemeines Concil zu appelliren; sie zeigten auch schon auf den Ausweg, auf dem sie mit ihrer bisherigen Vertheidigung der Infallibilität des Papstes in Einklang bleiben könnten: nämlich es sei zwischen Würde und Person zu unterscheiden und für den Nothfall immer noch die Frage offen, ob Dieser oder Jener der wahre Papst sei. In der That wagte es der Papst nicht, die Sache in seinem Sinne zum Abschluß zu bringen. Die sichere Haltung der Jesuiten imponirte ihm; außerdem war die Theilnahme, die ihnen Heinrich IV. in der Streitfrage erwies, und waren die Vorstellungen des geistlichen Agenten desselben, des Cardinals du Perron, daß die dominikanische Lehrform kein genügender Gegensatz gegen das protestantische Dogma sei, nicht zu verachten. Beim Tode Clemens VIII. (1605) war die Sache noch unentschieden. Die von ihm zur Untersuchung derselben eingesetzte Congregation, die unter dem Namen der congregatio de auxiliis berühmt geworden ist, hat ihr Werk auch bis jetzt noch nicht vollendet. Der Nachfolger des Clemens, Paul V., ließ sie zwar noch arbeiten; bis zum Anfange des Jahres 1606 wurden seit seinem Regierungsantritt noch siebzehn Versammlungen in seiner Gegenwart gehalten; er selbst war für das Thomistische System; die Dominikaner galten schon als Sieger, als im October und November des genannten Jahres in den Versammlungen die Redaction des gegen die Jesuiten lautenden Beschlusses berathen wurde; die Anhänger der Gnade riefen bereits Triumph. Dennoch geschah der Schlag nicht. Indem er ihn führen wollte, zog der Papst die Hand zurück.

Schwerlich bestimmte ihn zu dieser plötzlichen Sinnesänderung allein die Ueberlegung, daß die Jesuiten für den Eifer, mit dem sie in demselben Jahre zu Venedig in dem Kampf zwischen der Republik und dem Papste sich für die Oberherrlichkeit des Letzteren über alle weltliche Gewalt erklärt hatten, und für ihre Ausschließung aus der Republik eine Genugthuung verdienten. Neben dieser politischen Rücksicht folgte er sicherlich auch dem Gefühl der dogmatischen Solidarität, welche die katholische Kirche seit den Bestimmungen des tridentinischen Concils mit den Jesuiten verbindet. Nach der Anerkennung, welche das Vermögen des freien Willens in diesen Beschlüssen erhalten hatte, durfte eine Lehre, die, wie die dominikanische, sich vorwiegend der Gnade zuneigte und somit eine gefährliche Mahnung an das Recht der Protestanten enthielt, nicht einseitig bevorzugt werden. Paul half sich damit, daß er die Sache in der Schwebe ließ. Die jesuitische Lehre sollte nicht verurtheilt, aber auch nicht bevorzugt werden; im August 1607 schickte er die Disputatoren und gelehrten Beistände in ihre Heimath, versprach er zugleich, die Entscheidung zu seiner Zeit bekannt zu machen, und gebot beiden Theilen ernstlich, sich jeder Censur gegen einander zu enthalten.

Im Anfange des 17. Jahrhunderts sehen wir demnach den Jesuiten-

Orden in seiner Vollendung vor uns. Er ist dogmatisch und kirchlich-politisch fertig und hat im Bunde mit Frankreich und Heinrich IV. seinen Höhepunkt erreicht.

Indessen geht es bald wieder mit ihm bergab. Es war schon eine üble Vorbedeutung, daß seine letzten Erfolge nur negative waren. Seine extremste Fassung der Lehre vom freien Willen siegte nicht, sie wurde nur nicht verdammt. Der monarchische Absolutismus seiner Verfassung erhielt sich (mit dem Beistande Heinrich's IV.) gegen die parlamentarischen Schranken, die ihm ein päpstliches Machtgebot durch die Periodicität der allgemeinen Versammlungen gesetzt hatte, aber nur durch einige constitutionelle Clauseln, mit denen Aquaviva die Initiative der Provinzial- und der General-Congregationen umgab. Noch einmal zwar (im ersten Drittel des dreißigjährigen Krieges) genoß er in der vollständigen Katholisirung Oesterreichs einen großen Triumph; zugleich glaubte er der Unterwerfung von ganz Deutschland gewiß zu sein; allein im westfälischen Frieden ist sein politischer Sturz schon eine vollendete Thatsache und seitdem sein kirchliches und gesellschaftliches Ende nur noch eine Frage der Zeit. Ehe wir diese seine Katastrophe in's Auge fassen, werden wir eine gedrängte Uebersicht seiner auswärtigen Ausbreitung geben. Auf das Detail dieses Europa und die neu entdeckten Welttheile umfassenden Kampfes, in welchem der Orden seinen Absolutismus und zugleich seine rationalistische Welt- und Religionsansicht über Nationalitäten, Staaten, Corporationen, Landeskirchen, über den Adel des germanischen Gemüths und draußen, in Asien, über ganze Religionssysteme wie ein nivellirendes Schema auszubreiten suchte, können wir natürlich im engen Raum dieser Zeilen nicht eingehen. Wie uns in diesem Aufsatze überhaupt nur die allgemeinen Gesichtspunkte beschäftigen, so werden wir uns in dieser Uebersicht mit den Hauptdaten begnügen müssen.

6) **Die Propaganda und die auswärtige Missionsthätigkeit** der Jesuiten, die Eroberung des christlichen Europa's und der heidnischen Welttheile gingen von Anfang an neben einander. Schon ehe der Orden die päpstliche Bestätigung erhalten hatte, forderte der König von Portugal, Johann III., Loyola auf, ihm sechs seiner Jünger zur Bekehrung der Heiden in Indien zu schicken; dieser sandte ihm darauf Simon Rodriguez und Franz Xaver; beide nahmen den König dermaßen für sich ein, daß er sie durchaus bei sich behalten wollte; allein nur der erstere blieb und begann die religiöse Reform des Hofes und Landes, während Xaver nach Ostindien aufbrach. In Italien verdrängte der Orden an den Höfen die letzten Nachklänge des Humanismus und gewann mit seinen geistlichen Uebungen auch unter dem Adel, dem z. B. Lainez in Venedig Vorlesungen über das Evangelium Johannis hielt, Proselyten. In Spanien verbreitete er sich noch in den vierziger Jahren trotz der Kälte, die ihm Karl V. zeigte, von Alcala und Salamanca aus und erlebte in diesem Lande noch im 16. Jahrhundert, obwohl ihm auch Philipp II. skeptisch gegenüberstand, seine theoretische Blüthe. Die Corporationen Frankreichs, die Sorbonne und das Parlament setzten den Jesuiten einen hartnäckigen Widerstand entgegen, bis Lainez ihnen auf dem Convente zu Poissy (1561), auf dem er persönlich erschien, die Zulassung unter dem Namen des Collegiums

von Clermont (wie ihr Ordenshaus zu Paris hieß) auswirkte. Die erste Niederlassung in Belgien, namentlich in Löwen, geschah 1542 durch einige junge Leute, die Loyola 1540 nach Paris zu ihrer Ausbildung an der dortigen Universität geschickt hatte, die aber beim Ausbruch des Krieges mit Spanien 1542 das Land verlassen mußten. So lange Karl V. regierte, blieben sie ohne Ansehen und Einfluß, auch unter Philipp II. längere Zeit hindurch auf Löwen beschränkt, die Dienste, welche sie dem König für die Unterwerfung und Katholisirung der südlichen Provinzen leisteten, verschafften ihnen jedoch dessen Unterstützung und ihre Collegien erhoben sich in Brügge, Gent, Antwerpen, Brüssel u. s. w.

Die Wichtigkeit Deutschlands erkannte Loyola damit an, daß er 1552 das Collegium germanicum zur Ausbildung deutscher Jünglinge für die Mission in Deutschland stiftete. In den Ländern, in denen die Jesuiten bis dahin aufgetreten waren, hatten sie es (selbst noch in den Niederlanden, wo sie sich auf die wallonische Bevölkerung stützten) mit verwandten Nationalitäten zu thun gehabt und an eine der ihrigen ähnliche Bildung, an das verwandte Bedürfniß der Ordnung und Autorität und, wo die Reformation, wie in Frankreich und in Belgien, die Gemüther aufgeregt und die Bande der Ordnung gesprengt hatte, an die romanische Antipathie gegen religiöse Forschung und Selbstthätigkeit anknüpfen können. In Deutschland waren sie fremd; dasselbe hatte weder zum Stamm der Gesellschaft ein Contingent, noch zu dem geistigen Fond des Instituts einen Beitrag geliefert. Als Fremde, mit einem romanischen Autoritätssystem und mit einer Grundvoraussetzung von dem Genügen des natürlichen Willens, die dem abligen Stolz der Germanen auf ihr Gemüth, als die Geburtsstätte eines höheren, mehr als natürlichen Willens, und ihrem Gemüthsleben überhaupt, in dem sie die Gnade als gegenwärtig und als neues eigenes Selbst erfahren wollten, widersprach — standen sie den Deutschen gegenüber. Hier galt es keiner Verständigung mit einem verwandten nationalen Grundtrieb, sondern einer Eroberung. Die romanische Autorität, die in der Reformation entthront war, mußte wiederhergestellt werden. Anknüpfungspunkte für die romanische Invasion gab es zwar genug, aber sie bestanden nur in Schwächen, Irrungen, Verfall des feindlichen Lagers — allerdings nicht der Stoff dazu, um daraus ein neues gehaltvolles Gebilde hervorzurufen, aber hinreichend und genügend für die Jesuiten, die überhaupt nicht als Entdecker und Schöpfer oder als Förderer und Pfleger der in den Nationalitäten vorhandenen Gottesgaben wirken, sondern den gemeinen Menschen oder, in der höchsten Tarirung, den Gemeinmenschen, den sie neben der Auswahl der geistlichen Obern und Rectoren als den einzigen Bestandtheil der Gesammtmasse ansahen, zur Ordnung zurückführen wollten. Jene Anknüpfungspunkte waren das Auseinandergehen der Reformation in feindliche Parteien und die daraus hervorgehende gegenseitige Erbitterung, innerhalb des Lutherthums selbst die Entwickelung seines mystischen Elements in sectirerische Beschaulichkeit und die Fortführung seines Bruchs mit der Tradition zu ungeordneten kritischen Ausschweifungen; dazu kam neben der inneren Aufregung der Städte die Erschlaffung des norddeutschen Adels, der sich an dem Gewinn, den er aus der Vertheilung der geistlichen Güter davon getragen hatte, genügen ließ, und die trotzige Haltung des süddeutschen Adels, in welchem die revolutionären Regungen der Reichsritterschaft aus der Sickingen'schen Zeit sich zum Theil noch erhalten hatten, endlich die Unsicherheit der politischen Verhältnisse in den großen geistlichen Fürstenthümern, für deren Verschlingung die weltliche Landeshoheit noch nicht mächtig genug war und in denen weder die reformatorischen Tendenzen der Stände und Unterthanen, noch die Widerstandsversuche der geistlichen Regenten entschieden genug waren, um allein das Feld zu behaupten.

Man hält es für protestantische Ehrenpflicht, die Jesuiten für den Abbruch, den sie uns an dem Protestantismus in Deutschland gethan haben, zu verurtheilen. „Wir Protestanten, heißt es z. B. in Herzog's „Realencyklopädie" (Band 6, S. 561), können über den Orden nur ein Urtheil, zu ihm nur eine Stellung haben; jede Anerkennung, jede Duldung, die wir seinen Principien und seinem Wirken zu Theil werden lassen, ist nicht ein Act der Gerechtigkeit gegen ihn, sondern eine Gleichgültigkeit gegen unsere eigene geschichtliche Vergangenheit und Zukunft, ein Verrath an unserer Kirche und rechtlichen Existenz." In diesem Satze sind so viele disparate Aufgaben des theoretischen Urtheils und des praktischen Verhaltens in einander gewirrt, daß keine von allen rein gefaßt ist. Gerade wir mit unserem Urtheil über den profanen Weltverstand, den die Jesuiten in die geistlichen Dinge gebracht haben, können uns, ohne an unserm Protestantismus einen Verrath zu begehen, nicht zu einem nachträglichen Bedauern der Thatsache verleiten lassen, daß Millionen der Reformation zugefallen waren, ohne sich in die Majestät der Gnade durch und durch einzuleben, und Weltkinder blieben, die von den Jesuiten wieder in eiserne Bande eingeschmiedet wurden. In das Amt Gottes mit eigener Geschäftigkeit oder mit nachträglichem Bedauern und gesinnungstüchtiger Verwerfung hineinpfuschen, halten wir für gleich jesuitisch. Wir erkennen die Siege, deren sich die Jesuiten über den deutschen Protestantismus rühmen, nicht an. Wir behaupten, sie haben uns keinen Abbruch gethan; wir leiden keinen Schaden, wenn man uns die Weltseelen und Adamiten abnimmt, die sich über den natürlichen Menschen nicht auf die Dauer erheben konnten. Alle geistlichen Uebungen, alle Systematik der Ordnung, alle Fechterkunst der Jesuiten waren an wirklichen Protestanten verloren. Befand sich unter der Beute, die die Jesuiten davontrugen, doch auch ein protestantischer Keim, so wird dieser schon, ist der Protestantismus selbst nur kräftig und anziehungsmächtig, diesem wieder zuwachsen. Außerdem glauben wir auch, ohne an unserm deutschen Urtheil über die romanische Ordnungs-Systematik der Jesuiten Etwas zu ändern und ohne am Protestantismus einen Verrath zu begehen, es anerkennen zu dürfen, daß die Jesuiten, als sie uns im 16. und 17. Jahrhundert die Weltseelen im Süden und Westen Deutschlands abnahmen, doch auch uns und ganz Deutschland wider Willen und Absicht einen Dienst leisteten. Die deutschen Katholiken sind nicht umsonst in der Welt dagewesen: für die Gefahr, daß das protestantische Gemüth sich selbst in humanistischer Grübelei verlor, haben sie die Wucht des Christlich-Positiven bewahrt, sodann haben sie den Katholicismus mehr, als es die Romanen vermochten, mit dem Gemüth durchdrungen und endlich ist auch der Kriegszustand, in dem wir mit ihnen gelebt haben, für uns nicht ohne Früchte geblieben. Der westfälische Frieden, der durch seine Anerkennung der Parität der drei Bekenntnisse Jesuiten und Papstthum zur unfruchtbaren Rolle von Protestirenden verurtheilte, löste auch auf unserer Seite das starre Landeskirchenthum; auf ihn folgte unter uns der Pietismus, der das Christenthum wieder zu einer Angelegenheit des Gemüths und des Hauses machte, und noch heute kommt uns von dem Kampf der deutschen Katholiken gegen die Staatseinmischung in ihre Interna manche Anregung, — um nicht noch die große Aufgabe zu erwähnen, die ihrer im Streit des Papstthums und des Cäsarismus wartet, — eine Aufgabe, der die Jesuiten längst nicht mehr gewachsen sind und für deren Lösung es noch mehr als im dreißigjährigen Kriege und in den Napoleonischen Revolutionskriegen des Zusammenwirkens von ganz Europa bedarf.

Kurz, um die Daten zusammenzufassen, die uns zu diesen Bemerkungen Anlaß gaben: im Jahre 1550, auf dem Reichstage zu Augsburg, lernten Ferdinand I. und sein Beichtvater den Jesuiten Le Jay kennen und hörten durch ihn von den Collegien, die der Orden an mehreren Universitäten gestiftet habe. Ferdinand, von seinem Beichtvater, dem Bischof Urban von Laibach, angeregt, wünschte, um dem Verfall der katholischen Theologie in Deutschland zu steuern, in Wien ein ähnliches Collegium eingerichtet zu sehen, setzte sich zu dem Zwecke mit Loyola in schriftlichen Verkehr und erhielt im folgenden Jahre 13 Jesuiten, unter ihnen Le Jay selbst, die bald darauf mit der Universität vereinigt und sogar mit der Visitation derselben beauftragt wurden. In Köln, wohin sich schon ein paar Jahre vorher mehrere Jesuiten gewagt hatten, erhielten diese 1556 eine feste Stellung an der Universität. Im demselben Jahre zogen am 7. Juli achtzehn Jesuiten feierlich in Ingolstadt ein, nachdem einige Vorläufer vorher noch nicht festen Fuß hatten fassen können, und eroberten sich, von der Gunst des Herzogs Heinrich unterstützt, einen bedeutenden Einfluß an der dortigen Universität. Von diesen drei Punkten aus betrieben sie ihre Propaganda. Schon 1556 gründete für sie Ferdinand I. ein adeliges Pädagogium in Prag. Nach Ungarn rief sie Nikolaus Olaus, Erzbischof von Gran, und stiftete für sie ein Collegium zu Tyrnau; in Mähren öffnete sich ihnen Olmütz und Brünn. Von Köln aus verbreiteten sie sich rheinaufwärts; 1561 bezogen sie ihr Collegium in Koblenz, bald darauf in Mainz. Den Main hinauf gewannen sie Würzburg und von hier aus Franken; 1559 gelangten sie nach München, 1563 nahmen sie von den Lehrstühlen in Dillingen Besitz, um dieselbe Zeit siedelten sie sich zu Innsbruck an. Mit der Restauration des Katholicismus an den Universitäten und auf den Schulen verband sich bald darauf die gewaltsame Bekehrung der Protestanten durch Regierungsgewalt. Herzog Albrecht V. von Bayern stellte den protestantischen Bewohnern von Niederbayern die Wahl, entweder zur römischen Kirche zurückzukehren oder das Land zu räumen; dasselbe that der Bischof Julius von Würzburg in den Jahren 1584 bis 1587, und 1588 zwang der Erzbischof von Salzburg seine protestantischen Unterthanen, die nicht in die römische Gemeinschaft zurückkehren wollten, zur Auswanderung; im nördlichen und mittleren Deutschland war indessen mit ähnlichen Gewaltmaßregeln von Köln und Mainz aus Münster und Hildesheim und das Eichsfeld purificirt; in Paderborn betrieb Theodor von Fürstenberg die Restauration.

In Polen gründete Hosius 1569 das erste Jesuiten-Colleg zu Braunsberg, dem bald darauf die Collegien in Pultusk, Posen, Wilna u. s. w. folgten, und bis zum Anfang des 17. Jahrhunderts war fast der ganze polnische Adel, der den Protestantismus mit gleicher Schnelligkeit bis in die Extreme des Socianismus und der antitrinitarischen Secten fortgeführt hatte, zu einem fanatischen Anhänger des Katholicismus wieder umgewandelt worden. Das Abenteuer des falschen Demetrius wurde von Sigismund und dessen jesuitischen Rathgebern benutzt, um Rußland der polnischen Vormundschaft und zugleich dem Katholicismus zu unterwerfen; doch scheiterte es, nachdem Demetrius 1605 mit seinen Polen und Jesuiten in Moskau eingezogen war, an der nationalen und kirchlichen Antipathie des russischen Volkes. Die beiden Wasa's, Johann III. und Sigismund, bemühten sich gleich vergeblich, von Polen aus ihre nordische Heimath mit Hülfe der Jesuiten zu katholisiren, und bewirkten mit ihren Unternehmungen nur die exclusive Constituirung des Lutherthums in Schweden. In England wurde der Propaganda der Jesuiten durch das Verbannungs-Decret, welches die Königin Elisabeth 1585 gegen sie erließ, ein Ende gemacht; später haben sie, besonders durch den Einfluß, den sie auf Jakob II. gewannen, zum Sturz des Hauses Stuart beigetragen.

Was die Erfolge in den neuen Welttheilen betrifft, so hatte schon Franz Xaver den Jesuiten Japan geöffnet; seine Nachfolger arbeiteten mit so vielem Erfolg, daß 1585 auf ihren Betrieb drei von ihnen bekehrte Unterkönige des Inselreichs nach Rom kamen; trotz der Verfolgungen, welche die von den Jesuiten zu ihren Zwecken benutzten Bürgerkriege über ihre Proselyten brachten, zählte man im Jahre 1640 noch über 400,000 Christen in Japan. In China drang zuerst Matthäus Ricci (1581) vor und wußte sich durch seine mathematischen Kenntnisse 1601 selbst zum Kaiser Zutritt zu verschaffen. 1655 ward der deutsche Jesuit Adam Schall sogar zur Würde eines Mandarins erster Klasse und zum Präsidenten des Tribunals der Mathematik erhoben. Im 18. Jahrhundert war es zwar mit ihren geistlichen Erfolgen vorbei, als ihnen jede Proselytenmacherei vom Kaiser verboten wurde, doch wußten sie sich noch als Kalendermacher und Mathematiker den ungestörten Aufenthalt und den Besitz ihrer großen Güter in China auszuwirken. In Ostindien bildete Goa den Mittelpunkt der Propaganda; im Jahre 1565 wollte man schon 300,000 neue Christen zählen.

In Amerika hatte der Orden bereits im 16. Jahrhundert Missionen in Brasilien, Peru und Maragnon gegründet und König Philipp III. erlaubte ihnen, in Paraguay einen fast unabhängigen geistlichen Musterstaat zu errichten. Was aber die dauernden Erfolge der katholischen Kirche in Südamerika und namentlich der jesuitischen Missionsthätigkeit betrifft, so legt darüber der Zustand der dortigen Staaten eben kein günstiges Zeugniß ab; gleich bedenklich ist die Antwort, welche das Uebergewicht der protestantischen Schöpfung im Norden Amerika's auf die Frage nach dem Resultat einer mehr als dreihundertjährigen

Arbeit giebt. Seit dem Anfang des vorigen Jahrhunderts hat sich der Protestantismus in Asien, Ostindien, China und Hinterindien die fast ausschließliche Oberherrschaft erkämpft, und als die protestantische Seemacht die romanischen Geschwader, auf denen die Jesuiten nach Asien kamen, aus den dortigen Gewässern verdrängte, fielen die geistlichen Institute, welche die Jesuiten in jenen Ländern in's Leben gerufen hatten, zusammen.

Ihr Leben war von vorn herein nur Schein, — nur ein trügerisches Bild gewesen. Seit der Mitte des 17. Jahrhunderts bis zu der des 18. erlassen die Päpste von Innocenz X. an bis auf Benedict XIV. Decrete auf Decrete gegen das Pseudochristenthum, welches die Jesuiten ihren asiatischen Zöglingen beibrachten, indem sie die Botschaft vom Leiden und Kreuz des Erlösers verschwiegen und, um den Kastengeist der oberen Klassen in Ostindien nicht zu verletzen, ihre geistlichen Dienstleistungen den Paria's versagten. Treu ihrer Grundvoraussetzung von dem heiligen Zustande des natürlichen Willens haben die Jesuiten den letzteren auch in seiner **heidnischen Nuance** schonend und mit einer Art von Respect behandelt. Wie ihre Rechtfertigungstheorie ein Compromiß zwischen dem natürlichen Willen und der Gnade ist, so haben sie in ihren asiatischen Missionen **einen Vergleich zwischen Heidenthum und Christenthum** geschlossen. Leicht, wie sie in Beichte und Unterricht das Christenthum in Europa machen wollten, haben sie es auch den Anhängern der alten Religionssysteme in China und Ostindien gemacht. Wie sie in Europa nicht den wiedergebornen und in den Gnadenstand erhobenen Menschen suchten, sondern sich an den Gemein-Menschen wandten und zu seiner sinnlichen Fassung das Geheimniß des Christenthums herabzogen, so unterhandelten sie als geistliche Politiker mit den Brahmanen und Buddhisten Indiens und mit den Anhängern des Confucius in China und opferten ihnen die Leidens-Male des Erlösers auf. Ihr Zerwürfniß mit den Dominikanern, welches in Europa auf dem dogmatischen Gebiet nach dem Machtspruch des Papstes in Stillschweigen begraben sein sollte, brach in Asien auf dem Gebiete der Mission wieder aus und allarmirte von Neuem die ganze katholische Welt. Als der Dominikaner Johann von Morales und der Kapuziner Anton von St. Maria nach China kamen, entdeckten sie sofort, daß die Jesuiten den Neubekehrten die Anbetung des Confucius erlaubten und mitunter selbst an heidnischen Gebräuchen Theil nahmen. Die beiden Mönche verklagten deßhalb die Jesuiten bei dem Papst Innocenz X., der auch eine harte Strafbulle gegen sie erließ. Als sich die Jesuiten auch durch die Verdammungsurtheile Clemens X. und Innocenz XII. nicht irre machen ließen und, auf den Beistand des spanischen und französischen Hofes gestützt, dem heiligen Stuhle Trotz boten, schickte Clemens XI., um der Stimme des Papstthums endlich Eingang zu verschaffen, den Cardinal von Tournon mit ausgedehnten Vollmachten nach China. Kaum war aber dieser an Ort und Stelle angekommen, als ihn die Jesuiten in Macao in's Gefängniß warfen, in welchem er gebrochenen Herzens starb. Auch ein späterer Gesandter des Papstes, Mezzabarba, konnte nicht durchdringen. Derselbe Streit herrschte in Ostindien. Hier gab es sogar verschiedene heidenchristliche Culten, indem die Jesuiten den Brahmanen und Paria's besondere

Kirchen errichteten, in welchen sie den Neubekehrten die Beibehaltung ihrer besonderen Sitten und Religionsgebräuche gestatteten. Trotz der wiederholten Interventionen des päpstlichen Stuhls blieb auch hier wie in China der Zwist der Orden unentschieden, bis endlich das Aufhebungsbreve Clemens XIV. unter den Vergehen der Jesuiten, an deren Hebung seine Vorgänger vergeblich gearbeitet hatten, die Beibehaltung der heidnischen Gebräuche in den auswärtigen Missionen und die Hintansetzung der christlichen noch einmal ausdrücklich hervorhob.

7) Der Verfall des Ordens nahm unaufhaltsam zu. In Europa hatte der Orden auf dogmatischem Gebiet einen verständigen Christianismus aufgestellt, dessen Anerkennung er nur halb von seiner Kirche erzwingen konnte und vor dessen letzten Consequenzen diese selbst erschrak. In Asien bildete er in eigenmächtigem Synkretismus eine neue Art von Naturreligion aus, die er zwar gegen die Angriffe der anderen Brüderschaften und gegen die strafenden Erlasse der Päpste behauptete, aber doch auch nicht mit einem sichern Gewissen und offen verkündigen konnte. Zu Hause und in der Fremde war er trotz der aufreibenden Geschäftigkeit seiner Angehörigen mit Halbheit geschlagen. Er erweckte überall einen tiefen Argwohn, gegen den er sich nicht rechtfertigen und den er durch keine positive Schöpfung zurückweisen konnte.

Dazu kam seine Verweltlichung, die besonders durch seine Handelsunternehmungen in Asien und Amerika befördert wurde. Schon im ersten Jahrhundert ihrer Missionsthätigkeit in Asien war das Streben der Ordensmitglieder darauf gerichtet, den Alleinhandel von China und demnächst von ganz Ostindien an sich zu bringen. Das Auftreten der Holländer im Osten zwang sie zwar, ihre hochfliegenden Pläne in dieser Beziehung zu beschränken, doch nahmen sie im ostindischen Handel vor allen europäischen Staaten, die Holländer ausgenommen, die erste Stelle ein. In Amerika machten sie Paraguay zum Mittelpunkt ihrer Handelsthätigkeit. Aber ihre herrschaftliche Stellung verloren sie in Europa von dem Augenblicke an, als die leitenden Fäden der Politik nicht mehr durch ihre Hände gingen. Das trat ein, nachdem sie in dem ersten Drittel des dreißigjährigen Krieges zu dem Sieg des Kaisers und zur schließlichen Katholisirung Oesterreichs mitgewirkt hatten und für diesen Antheil an dem Triumph des Katholicismus durch die Heiligsprechung Franz Xaver's (1619) und Loyola's (1622) belohnt worden waren. Aber jetzt, als der Kaiser die Dictatur in Deutschland zu besitzen schien und das Haus Habsburg das gebietende Wort in Europa sprechen konnte, trat eine Idee auf, an deren Ausarbeitung die Jesuiten unschuldig und auf die sie nicht einmal vorbereitet waren — eine Idee, deren Ausführung sie rath- und thatlos gegenüber standen.

Frankreich, auf dessen Seite sie sich dreißig Jahre früher gegen Spanien gestellt hatten, führte unabhängig von ihnen diesen Gedanken in's Leben, der Papst Urban VIII. gab ihm seine Zustimmung, und jetzt kam die Reihe an sie, die Welt nicht mehr zu verstehen und zu fassen, wie sie bisher durch die Kühnheit ihrer Entwürfe Päpste und Fürsten in Verlegenheit gesetzt hatten. Richelieu suchte im Bunde mit dem Protestantismus und namentlich mit dem

Vertreter desselben, der damals allein noch das Schwert ziehen konnte, mit dem König von Schweden, die Sicherheit und Freiheit Europa's gegen das Uebergewicht des Hauses Habsburg zu retten. Der Papst erwartete allein noch vom Protestantismus und Gustav Adolph von Schweden die Freiheit der katholischen Kirche, die ihm durch die exclusiv katholische Tendenz Oesterreichs, durch dessen Siege und durch den Ernst, mit dem es die Schirmvogtei über die Kirche in Anspruch nahm, bedroht erschien. Der Katholicismus legte mit dieser hohen Erwartung, mit der er dem Einschreiten des Schwedenkönigs nicht allein in die deutschen, sondern in die europäischen, in Deutschland concentrirten Verhältnisse entgegensah, und mit seiner auf Seiten Frankreichs offenen, auf Seiten des Papstes innerlichen Allianz mit dem protestantischen Schiedsrichter das Geständniß ab, daß er nicht allein existiren könne. Hatte ihm der Protestantismus im Beginn der Reformation wieder sein christliches Gewissen erweckt, so verlangte er jetzt von ihm Schutz gegen die Allmacht, die durch den unbestrittenen Sieg seinem eigenen Schirmherrn zufallen mußte. Frankreich sprach mit jenem Entschluß Richelieu's den Grundsatz des neuen Völkerrechts aus, daß Europa eine einseitige und ausschließliche Durchführung des Katholicismus nicht ertragen könne — der Papst den seitdem durch den Beistand, welchen ihm Wilhelm von England gegen Ludwig XIV. und die ketzerischen Alliirten gegen Napoleon leisteten, bestätigten Grundsatz der Curie, daß ihre kirchliche Unabhängigkeit von der Macht des Protestantismus bedingt sei.

In diesem wichtigen Augenblicke, in welchem die Parität der drei christlichen Bekenntnisse schon vor dem westfälischen Friedensschluß als europäisches Gesetz anerkannt wurde, zeigten die Jesuiten, daß sie von ihrem Instinct völlig verlassen waren. Sie, die kurz vorher durch ihre weltlich-verständige Auffassung der Moral in die Dogmen vom katholischen Spanien hinweg zu dem verwandteren Frankreich sich hatten hinführen lassen, — die gegen das Papstthum die Ueberlegenheit ihres Urtheils in dogmatischen Dingen und ihr vermeintlich besseres Verständniß der auswärtigen Missionsangelegenheiten geltend gemacht hatten, blieben gegen Frankreich und gegen den Papst auf dem Standpunkte des ersten Drittels des dreißigjährigen Krieges stehen. Auf den Siegen und Ansprüchen dieser Periode fußten sie immer noch, als jene ihnen längst entrissen, diese widerlegt waren. Sie hielten an dem vom Kaiser auf der Höhe seiner Triumphe dem Reiche aufgelegten Restitutions-Edict vom 6. März 1629 fest, als die Ausführung desselben zu einer europäischen Unmöglichkeit geworden war. Zwar kehrte auch der Papst, der beim siegreichen Auftreten der Schweden der Bitte des Kaisers, er möge die Verbindung Frankreichs mit den Ketzern wenigstens verdammen und den schwebenden Krieg für einen Religionskrieg erklären, eine unerschütterliche Gleichgültigkeit entgegengesetzt und den Krieg für einen bloß politischen erklärt hatte, wieder zu Oesterreich zurück, als ihm die Rettung durch die Schweden zu weit ging. Aber der Kaiser hatte indessen im Prager Frieden das Restitutions-Edict fallen lassen müssen. Diese Verurtheilung der Protestanten, wonach alle seit dem Passauer Vertrag eingezogenen Erzbisthümer, Bisthümer, Prälaturen, Klöster und andere geistliche Güter ihren unbefugten Inhabern abgenommen werden sollten, war nicht mehr auszuführen. Der Beistand, den die Jesuiten der Curie leisteten, half dieser nichts mehr. Der Pater Lamormain war, was diesen Punkt betraf, im geistlichen Rath des Kaisers ohnmächtig und unterlag dem Einfluß der andern Orden und Kirchenfürsten, die die Anerkennung der Religionsfreiheit im Reich für nothwendig hielten und des Prager Friedens sich als ihres Werkes rühmten. Als die Curie und die Jesuiten auch noch auf dem westfälischen Friedenscongreß des Restitutions-Edicts gedachten, wurden sie nicht einmal mehr gehört. Gegen den Friedensschluß und dessen geistliche Bestimmungen blieb ihnen nur der ohnmächtige Protest übrig.

Die diplomatische Führung der europäischen Angelegenheiten war ihnen entrissen. Die Jesuiten insbesondere konnten seitdem noch eine locale und territoriale Wichtigkeit behaupten, aber keinen europäischen Einfluß mehr üben. So konnten sie in Frankreich, so weit dieses unter Ludwig XIV. in seinem Innern ausschließlich katholische Tendenzen verfolgte, zur Unterdrückung des Protestantismus mitwirken; aber bald darauf wurden sie durch den Aufschwung Englands, durch ihre definitive Niederlage in diesem Reich, durch den Sieg der protestantischen Waffen seit Wilhelm's III. Regierungsantritt und durch die Allianz Oesterreichs mit Großbritannien überrascht. Diese Allianz, in welcher die Unabhängigkeit der politischen Combinationen vom kirchlichen Bekenntniß eine neue Bestätigung erhielt und Oesterreich mit dem deutschen Reich vereint und neben England für die politische und Gewissensfreiheit Europa's auftrat, beschleunigte den Sturz des jesuitischen Instituts.

Das Regiment des letzteren war indessen auch in den eigenen Angelegenheiten erschlafft und ging sichtlich seiner Auflösung entgegen. Unter dem Nachfolger Aquaviva's, dem Römer Mutius Vitelleschi (1615—1645), der noch die prunkvolle Säcularfeier des Ordens (1640) erlebte, einer milden und sanften Natur, traten die Professen aus ihrer freien geistlichen Stellung, in der ihnen die allgemeinen Sorgen für die Regierungs-Interessen und für Aufrechterhaltung der Disciplin und Autorität aufgelegt und die Eroberung, Aggression und die geistliche Strategie zur Pflicht gemacht waren, heraus und in die Amtsthätigkeit der Coadjutoren ein. Sie hörten auf, Regenten zu sein (und in der That hatte ihnen der Gang der europäischen Politik die Mühe des Erfindens und Beschließens abgenommen) und wurden behäbige und beschränkte Bureaukraten oder Schulmeister. Die nächsten Nachfolger Vitelleschi's, Vicenzo Caraffa (bis 1649) und Piccolomini (bis 1651) waren jener zu ascetisch-demüthig, dieser persönlich zu schwach, um in das Verderben des Instituts irgendwie einzugreifen. Der Deutsche Goswin Nickel (seit 1651) beleidigte durch bloße unfruchtbare Velleitäten und durch Aeußerungen eines Eigensinns, der durchaus nicht auf ernste Reformen hinausging, die Gesellschaft dermaßen, daß ihm die Generalcongregation vom Jahre 1661 mit päpstlicher Erlaubniß und Empfehlung den Genuesen Johann Paul Oliva als Vicar und Nachfolger beiordnete. Dieser aber, seit 1664 bis 1681 wirklicher General, genoß im bequemen Wohlleben die weltlichen Güter und Freuden, die ihm seine Stellung bot, und überließ es den Provincialen, sich gleichfalls nach ihrem Behagen und Gefallen einzurichten.

Der Periode nach dem westfälischen Frieden, in welcher der Orden die Beschwerden der Herrschaft und die Mühen der Diplomatie mit den bequemeren, aber noch immer reichlich mit Macht und Einfluß vergoltenen Diensten als Werkzeug der Höfe und Fürsten vertauschte, gehören die Spielereien seiner religiösen Symbolik an: — geistliche Epigramme, Charaden, Logogryphen, kleine bildliche Darstellungen der christlichen Tugenden in jesuitischen Mustern, vorzugsweise in den Musterhandlungen des heil. Ignatius und mit epigrammatisch zugespitzten Unterschriften, endlich christliche Travestieen der Idyllen und Eklogen Theokrit's und Virgil's, in denen mit möglichster Erhaltung des Urtextes Loyola und seine ersten Helfer und Schüler als Daphnis und Lycidas, Thyrsis, Alexis, Corydon und Tityrus auftreten. (Uebrigens wurde diese symbolische und epigrammatische Spielerei auch auf protestantischer Seite, z. B. in der fruchtbringenden Gesellschaft, und die idyllische von den Pegnitzschäfern in Nürnberg cultivirt, während ganz Europa für Marino's Adonis, die Steigerung von Guarini's „treuem Schäfer", schwärmte.)

Die gewaltigen Leistungen der frommen Reflexion, in welchen die italienischen Meister nach Raphael das Ebenmaß und die Ruhe von dessen Composition durchbrachen und an die Stelle derselben den Ausdruck der persönlichen Erregtheit, der Sehnsucht nach dem Himmlischen und der Devotion setzten (z. B. Agostino Carracci's sterbenden Hieronymus, der mit seinen letzten Lebenskräften nur noch Verlangen nach der Hostie ist, die ihm gereicht wird), können wir nicht einseitig auf jesuitische Einwirkung zurückführen. Die Reflexion, Absicht, selbst Uebertreibung, die sich in ihnen ausspricht, mag von jesuitischer Anregung herstammen; die weichliche Ausartung, die sich schon in Guido Reni geltend macht, und die sinnlichen Quälereien, in denen noch Spätere die Devotion und Aufopferung zur Anschauung brachten, dürfen wir noch eher als Zeugnisse von dem zunehmenden Einflusse der Jesuiten auf die Kunst betrachten. Aber die erste Kraft, mit welcher die nachraphaelischen Meister das Bedeutungsvolle ihrer Gegenstände hervorzuheben und in lebendiger Bewegung und Erregtheit darzustellen suchten, ist von den Jesuiten unabhängig. Die Berechnung, welche Loyola's geistliche Uebungen durchzieht, konnte keine Kunstwerke schaffen. In den ascetischen Gestalten der spanischen Malerschule ferner erkennen wir viel mehr das innere verzehrende Feuer der Dominikaner als den behutsam calculirenden Verstand der Jesuiten. Dagegen kann den Letzteren der Ruhm nicht abgesprochen werden, daß sie seit dem westfälischen Frieden die kirchliche Kunst des Katholicismus vorwiegend beherrscht und ihr den Charakter der gemüthlosen Verständigkeit aufgedrückt und den Mangel der Erfindung, vor Allem in den Kirchenbauten, durch überladene und zugleich kleinliche Pracht verdeckt haben.

Bezeichnend endlich für den Geist der kleinen Intrigue und der Verweichlichung, der die Jesuiten in dieser Periode einnahm, ist ihr Kampf mit den Bischöfen und anderen Orden, denen sie die Oberdirection der weiblichen Orden der Carmeliterinnen, besonders der neuen französischen Stiftungen der Ursulinerinnen und Visitandinen nicht gönnten und durch Verdächtigungen zu entziehen suchten. Da ihnen die Ordensregel die Direction von Frauenklöstern untersagte, so benutzten sie das Stillschweigen der Regel über die individuelle Seelsorge und das Recht der Nonnen, sich neben ihrem ordentlichen Beichtvater einen außerordentlichen zu wählen, um sich in letzterer Stellung in den vier- bis fünfhundert Klöstern der Ursulinerinnen und Visitandinen, die es zur Zeit Ludwig's XIV. in Frankreich gab, den vorwiegenden Einfluß zu verschaffen.

Und doch war der Boden, auf dem sie in dieser Periode ihre Prachtbauten aufführten, das Volk mit ihren Devisen und symbolischen Bildern anlockten und den Krieg in die Frauenklöster trugen, schon in den nächsten Jahren nach dem westfälischen Frieden unterhöhlt worden. Als Fürsten, Päpste und die eigenen Generale des Ordens an der Reform desselben verzweifelten und die gelehrten und kirchlichen Corporationen sich vor ihm beugten, unternahm das französische Bürgerthum den offenen Angriff zum Kampf auf Leben und Tod. Die Lehre von der Gnade hatte in der katholischen Kirche wieder Bekenner gefunden, und als diesmal die Jesuiten sich wieder in die ersten Reihen des Kampfes stürzten und ihre leichte und künstliche Frömmigkeit gegen eine strengere Lebensansicht vertheidigten, trat das Bürgerthum mit den Waffen der gelehrten Kritik gegen sie auf. Es bewies ihnen, daß ihre Moral und damit ihr ganzes Institut veraltet sei. Das Bürgerthum wollte sie nicht reformiren und ihre Moral weniger lax und etwas strenger haben, sondern es wollte sie vollständig verdrängen und an die Stelle ihrer Moral seine eigene rigoristische setzen. Die Consequenz erhob sich gegen den Grundsatz — beide Moralen waren weltlich gesinnt; die bürgerliche nahm für sich nur das Privilegium und den Ruhm der Gesinnung und strengen Ueberzeugung in Anspruch. Darum drehte sich der Kampf und darum konnten in demselben die Jesuiten nicht bestehen.

8) **Die Moral der Jesuiten** ist, wie schon oben bemerkt, das Erzeugniß ihrer ersten, productiven Periode. Ihre bedeutendsten Casuisten gehören dem Schluß des 16. und dem ersten Viertel des 17. Jahrhunderts an: Emanuel Sa, ein Portugiese, starb 1596, Thomas Sanchez 1610, Franz Suarez, wie Jener ein Spanier, 1617, der Italiener Vincenz Filliuzio 1622 und der Niederländer Leonhard Leß 1623. Der Spanier Anton Escobar gehört einer späteren Zeit an und starb 1669. Diese Männer sind die Schöpfer der Moral und zwar im Sinne einer Tugendlehre, welche die Verpflichtungen des Christen gegen Gott regelt und sein Verhalten in der Welt mit diesen Verpflichtungen auseinandersetzt.

In diesem Sinne haben die Lutheraner keine Moral ausbilden können; sie kannten nur Offenbarungen der Gnade und Wirkungen der dem Menschen innwohnenden Liebe. Weltliche Regungen haben sie auch gehabt und es finden sich daher auch bei ihnen frühzeitig Ansätze zu einer selbstständigen Moral. Allein sie haben jene Regungen doch immer wieder überwunden, diese Ansätze zurückgedrängt, da die bloße Beziehung des Menschen auf Gott, welche die Moral beibehalten mußte, um wenigstens ihren religiösen Charakter zu documentiren, ihnen zu dürftig war und insbesondere ihrer Gemüthseinheit mit der Gnade und der Kühnheit ihres Wahlspruches: „Nicht Ich, sondern Christus in mir" geradezu widersprach. Sie waren zu adlig und vornehm, um der

„seinen äußerlichen Zucht", die ihnen nur als sich von selbst verstehende Darstellung ihres Gnadenstandes galt, für sich allein einen absoluten Werth beizulegen und sie als ein Gebiet oder als eine Disciplin eigner und selbstständiger Art zu regeln. Als sie auch ihre Moral erhielten und paragraphirten, war es mit ihrem Christenthume und Lutherthume vorbei, war ihr Glaube auf die beiden Artikel Gott und Unsterblichkeit beschränkt und bedurfte es erst der (noch nicht christlichen, sondern) deutschen und germanischen Reaction ihrer Philosophen (besonders Kant's), um die Pflicht wieder mit der Persönlichkeit zu verschmelzen.

Die Jesuiten gingen dagegen von vorn herein darauf aus, eine weltliche Moral aufzustellen. Sie sind die Gründer des neueren Völkerrechts, des Staatsrechts, der Nationalökonomie; wie sie in der Dogmatik den natürlichen Willen gegen die Gnade behaupteten und nicht lassen wollten, so haben sie ihn in der Moral von den kirchlichen Rücksichten und Verpflichtungen emancipirt und auf sich selbst gestellt.

Zu diesem Zwecke zogen sie eine scharfe Grenzlinie zwischen den beiden Welten der Gnade und Heiligkeit und des natürlichen Willens und bemühten sich dann, das Urtheil, das in jeder dieser Welten gilt, vor Uebergriffen in ein ihm fremdartiges Gebiet zu bewahren. Hüben und drüben für die Heiligkeit Gottes und für den natürlichen Willen, lehrten sie, gilt ein anderes Gesetz, eine andere Norm, ein anderes Urtheil. Die Gerichte Gottes sind nicht die der Menschen — jene sind nicht so streng wie diese; was vor den Menschen ein Verbrechen ist, ist es darum nicht vor Gott; selbst die Sünde findet drüben und an Gottes Statt vor dem geistlichen Richter im Beichtstuhl Vergebung, wenn sie nicht wissentlich begangen, keine Gewissensthat und nicht zugleich Sünde gegen den heiligen Geist ist; was aber nur die Menschen verurtheilen, daraus braucht sich der Uebertreter kein Gewissen zu machen, denn die Menschen können einander keine Gewissenspflicht auflegen — das kann nur Gott — nur Er kann Etwas zur Gewissenssache, d. h. zur Sünde machen.

Um nun die Vermischung beider Gebiete, Gerichte und Urtheile zu verhüten, stellten die Jesuiten die Unterscheidung von Sünde und Uebertretung auf. Jene ist dem Richterstuhl Gottes vorbehalten, diese ist eine Verletzung des weltlichen Gebots, gilt aber vor Gott nicht als Sünde. Der Erdensohn mag selber zusehen, wie er sich in dieser Welt, namentlich in den Collisionen zwischen ihren Ordnungen und seinen Nöthen und Verlegenheiten zurecht findet. Er mag sich durch die gesellschaftlichen Verpflichtungen, welche die Menschen einander auflegen, ohne damit das Gewissen erreichen und binden zu können, durchschlagen, sich fügen, wenn er zum Widerstand oder zur' Ablösung einer Verpflichtung zu schwach ist, hat er die Kraft dazu, sich in den Besitz und Gebrauch seiner natürlichen Freiheit setzen — unterliegt er dagegen im Kampfe und er wird ergriffen, die Folgen tragen. Gott vergiebt ihm und läßt ihm durch den geistlichen Richter erklären, daß diese weltliche Uebertretung keine Sünde ist. Der Weltverkehr, der Handel und Wandel, der Wucher, das Kaufmannsgeschäft, das Dienstverhältniß — Alles Dinge, welche die Jesuiten bis in das kleinste Detail durchspüren — haben ihre eigenen

Regeln und Rücksichten, die mit Gottes Urtheil Nichts zu thun haben. Die Noth erklärt und rechtfertigt hier Alles, — hier steht der gemeine Mann auf seinem eigenen Boden und auf eigenen Füßen, er hat nur die Gesetze des Geschäfts, wozu ihm die jesuitischen Casuisten die gründlichste Anweisung geben, zu studiren und für seinen Vortheil oder für Gefahrlosigkeit zu sorgen.

Die Theilnahme der Jesuiten für den schwachen Weltmenschen kennt in dieser Beziehung keine Schranken und geht in die ganze Unendlichkeit des Details ein. Der Hauswirth, der sein Haus an öffentliche Dirnen vermiethet, der arme Schlucker von Bedienten, der für seinen Herrn ein Mädchen holt oder bei diesem die Ankunft seines Gebieters im Voraus anmeldet oder dem Herrn für das Liebeswerk der Nacht das Bett bereitet, — alle diese gebrechlichen Wesen finden vor ihnen Gnade, wenn sie nur (mittels der **Mental-Reservation**) ihre Gesinnung von dem Miethe- und Dienstgeschäft fern halten. Ihr Erbarmen entzieht sich auch nicht den unreinen und unehrbaren Gelüsten, zu denen sich Ehegenossen im Ehebett einander mißbrauchen, und schwerlich ist die menschliche Phantasie jemals mehr angestrengt worden, als es von den Jesuiten geschehen ist, wenn sie die Einfälle und Möglichkeiten, auf welche der Mensch als schwaches und verschrobenes Naturwesen gerathen kann, aufsuchen und den Grad ihrer Verzeihlichkeit bestimmen. Wie die Noth jenen Bedienten in seinem unehrbaren Geschäft entschuldigt und seine eigene Gesinnung rechtfertigt, so ist auch derjenige, der zu einem Eid gezwungen wird und bei der Leistung ihm mit seiner Gesinnung widerspricht, an ihn nicht gebunden. Gott sieht diesen Eid anders als die Gerichte der Menschen an — für ihn ist es kein Eid.

Der Gott der Jesuiten will überhaupt nicht, daß der Mensch das Opfer und der Thor der Consequenz werde. Die Moral geht vielmehr nach jesuitischer Ansicht in Fällen der Noth in's **Unmoralische** über; ein **schwaches Product endlicher Verhältnisse**, wird sie von den Verhältnissen auch wieder beschränkt und **umgeworfen** und namentlich wollen die Jesuiten nicht, daß der freie Wille durch die moralischen Rücksichten unterdrückt werde.

Man hat ihnen deshalb oft den Vorwurf gemacht, daß sie Immoralitäten gelehrt hätten. Das ist nicht richtig ausgedrückt. Sie haben sie **nicht gelehrt und nicht empfohlen**; sie haben nur dem freien Menschen das Zugeständniß gemacht, daß das Immoralische — (z. B. die **Nothlüge, die Nothwehr, der Tyrannenmord**) — durch die Gebote der Sittlichkeit, z. B. durch die Rücksicht auf eigene Ehre und Existenz und durch die Gesinnung für's Vaterland, eine **Nothwendigkeit** werden könne. So erklärt einer der Ihrigen, Amicus, in seiner Abhandlung de jure et justitia, daß „nicht nur ein Privatmann das Recht hat, sein Leben gegen einen Privatmann zu vertheidigen, sondern auch ein Privatmann gegen eine obrigkeitliche Person, ein Untergebener gegen einen Superior, ein Kind gegen Vater und Mutter, ein Geistlicher und Ordensmitglied gegen einen Weltlichen und dieser sowohl gegen den Einen wie den Andern." . Es ist erlaubt, sagt Molina, Jeden überhaupt zu tödten, der es auf unser Leben abgesehen hat. Auch gegen die Angriffe auf unsere zeitlichen Güter, lehrt unter Anderem Leß in seiner Schrift de justitia, findet das Recht der Nothwehr statt, da jene Güter uns nothwendig sind, um in Ehren und mit Anstand zu leben.

Am berühmtesten ist **Mariana** durch seine Rechtfertigung des Fürstenmords geworden; allein er steht mit seiner Lehre vom „**Recht der uns angebornen Freiheit**" gegen die Tyrannen nicht allein; seine Theorie findet sich auch bei seinen Ordensbrüdern und sein Lob des Jacques Clement, der den König Heinrich III. ermordete, hat die ganze Gesellschaft Jesu sich angeeignet, indem sie den Tag, an welchem der König tödtlich getroffen wurde, in einem öffentlichen Erlaß für einen ihrer Glückstage erklärte. Die einzige Einschränkung, welche die Jesuiten der Nothwehr gegen den Mißbrauch der königlichen, auch der legitimen, Autorität geben, ist die Bedingung, daß der Rächer der Volkssouveränetät in seiner That dem lauten Ruf der Volksstimme folge. Zu größerer Sicherheit fügt Mariana noch den Rath hinzu, man möge, ehe man zur That schreitet, den Rath angesehener Personen einholen; Leß erläutert diese Anweisung dahin, daß die gelehrten und angesehenen Personen, von deren Rath auch schon das ganze Volk seine Ueberzeugung von dem tyrannischen Charakter eines Fürsten abhängig machen solle, die Jesuiten sind.

Die Vertheidigung der **Volkssouveränetät**, mit welcher nach des Lainez Vorgange auch schon **Bellarmin** aufgetreten, die Folge der jesuitischen Verehrung und Hochhaltung des natürlichen Willens, war zugleich der Ausdruck der **Verachtung**, mit welcher die Jesuiten auf die Welt herabsahen. Man muß die Welt nehmen, wie sie ist, — man muß ihr in ihrer untergeordneten irdischen Sphäre ihren Lauf lassen, war ihr Grundsatz. Verfassungen wie die Nationalitäten waren ihnen gleichgültig. Ob das Volk die in ihm ruhende Gewalt Einem oder Mehreren übertrage — ob es sich für die Monarchie, Aristokratie oder für die demokratische Republik entscheide — wie oft es seine Souveränetät ausübt und die Verfassung ändert — das berührt nach ihrer Ansicht das Seelenheil nicht, fällt nicht in den Bereich der Sünde und findet vor dem Tribunal Gottes keine Verdammung. Ueber diesem an sich gleichgültigen Gewühl der Welt steht die Kirche, die über dem Heil der Seele zu wachen hat, an ihrer Spitze der Papst als geistlicher und von Gott ihr vorgesetzter Alleinherr — neben dem Papst die Gesellschaft Jesu als der Verein der Wissenden und der eigentlichen **Schiedsrichter**.

Der Hauptgegenstand ihres Wissens ist aber der Unterschied zwischen Sünde und Uebertretung, ihre schiedsrichterliche Stellung beruht auf der Virtuosität, mit der sie die Erhabenheit des göttlichen Urtheils über das menschliche zu behaupten wissen, ihre Macht und Herrschaft auf dem Glauben an ihren Verstand und an ihr Geschick, dem schwachen Sterblichen mit seinen Neigungen, Verirrungen und irdischen Abhängigkeiten vor dem göttlichen Richterstuhl unaufhörlich Vergebung zu verschaffen. Auf jene Unterscheidung zwischen Sünde und Uebertretung ist die ganze geschichtliche Bedeutung der Jesuiten zurückzuführen.

Sich selbst haben die Jesuiten das Leben äußerst schwer gemacht, indem sie alle Details des menschlichen Lebens durchsuchten, selbst die Gefahr der Beschmutzung nicht scheuten und Politik, Nationalökonomie, den Tagesverkehr mit seinem Lug und Trug und mit seinen Nöthen und Aengsten, das Ehebett mit den Verirrungen der kranken und speciell der romanischen Phantasie, endlich auch die Schwächen und Gebrechen des geistlichen und mönchischen Standes — Alles ohne Unterschied, das Große erniedrigend und das Schmutzige und Kleinliche wichtig machend, in das Schema ihres Doctrinarismus einzwängten. Aber dem gemeinen Mann oben und unten, in der Bedientenstube und auf den höchsten Stufen der Gesellschaft, im Ehebett und in der Verrichtung des heiligen Officiums, haben sie das Leben leicht gemacht.

Da trat in den jansenistischen Unruhen wiederum der Streit über die Gnade ein und führte, wenn sie auch wiederum wie auf dem tridentinischen Concil und entschiedener als in den Verhandlungen über die Molina'sche Lehre den Sieg davontrugen, ihr Verderben herbei. Die neue Erfrischung der Gemüther durch die augustinische Theorie erweckte den Unwillen über die Larheit der Moral der Jesuiten und über die Durchstechereien und Mittel der Falschheit, zu denen sie, um dem freien Willen und dem persönlichen Interesse des Erdenmenschen vor dem Tribunal Gottes durchzuhelfen, ihre Zuflucht nahmen. Früher hatten Päpste und mächtige Fürsten eine Gesellschaft, deren Betriebsamkeit und Intentionen auf sie einen unheimlichen Eindruck machten, beargwohnt und mit Reformplänen gequält; diesmal war es das höhere, parlamentarische Bürgerthum, welches ihnen im Namen der Ehrbarkeit, der ehrlichen Gesinnung und der gesellschaftlichen Interessen den Krieg erklärte.

Die erste Periode dieses bürgerlichen Kampfes wird durch die lettres provinciales Pascal's vom Jahre 1656 bezeichnet. Von dem Schlage, den ihnen diese Schrift beibrachte, haben sie sich seitdem nicht wieder erholt. Der Kampf in derselben drehte sich besonders um die **Probabilitäts-Maxime**, wonach der schülerhafte und zwar trotz seiner gerühmten Freiheit **in Angelegenheiten des moralischen Urtheils schülerhafte Mensch**, mit dem es die Jesuiten allein zu thun hatten, sich an die Autorität irgend eines Lehrers hält und in der Probabilität von dessen Entscheidung seine Rechtfertigung besitzt. Es war nicht allein die Schlauheit und Pfiffigkeit dieses Verkriechens unter eine Autorität, die Erlaubniß, den **mildesten Rath für probabel zu halten** und den strengeren Entscheidungen anderer Casuisten vorzuziehen, nicht die Skepsis und Anarchie, welche die Jesuiten durch jene Theorie in die bürgerliche und in ihre eigene Gesellschaft einführten, was den Spott und Unwillen der Jansenisten hervorrief, sondern vor Allem der **Pedantismus und doctrinäre Formalismus**, mit welchem die Jesuiten ihre Schüler über die Schleichwege zwischen Autorität und Willkür unterrichteten. Das Altfränkische, Steife und Aengstliche der jesuitischen Methode war zum Gespött geworden; das Bürgerthum verlangte nach einer **ernsthafteren Autorität und nach gesinnungsvollerer Unterwerfung**. (Uebrigens darf dasselbe auf die Dialektik und Gesinnungs-Tüchtigkeit seines Vorkämpfers Pascal heutigen Tages nicht mehr stolz sein; es hat indessen seine Meister und Strafprediger gefunden — in den Socialisten. Auch seine Moral ist lax und geschäftsmäßig geworden und hat vor der **Unvermeidlichkeit des Unrechts** und vor den Probabilitäten der Weltbildung die Segel eingezogen. Seine Menschenliebe und Humanität sind aufgeklärt genug geworden, um sich mit den Uebelständen der Concurrenz zu vertragen, und seine Gesinnungs-Tüchtigkeit versteht es, sobald, wie im Wucher, der eigene Vortheil im Spiele ist, sehr wohl, sich hinter der Autorität respectabler Grundsätze zu verkriechen. Es weiß jetzt auch die Unterscheidung zwischen Sünde und Uebertretung sehr wohl zu handhaben und für die Verzeihlichkeit der letzteren die Marimen: „Jeder ist sich selbst der Nächste", „Leben und Lebenlassen", „Klappern gehört zum Handwerk", anzurufen. Als Kritiker des Bürgerthums hat an diesem Charles Fourier die Jesuiten geräccht.)

In den ersten Jahren nach dem westfälischen Frieden hatte der Kampf zwischen dem Bürgerthum und den Jesuiten noch eine kirchlich-dogmatische Färbung. Allein die Jesuiten arbeiteten mit ihren Bemühungen, den Jansenismus vollständig zu unterdrücken, selbst darauf hin, daß diese Färbung verschwand. Ihr Sieg wurde durch die Bulle „Unigenitus" vom Jahr 1713 proclamirt; noch einmal, entschiedener als in der Molina'schen Streitigkeit, aber auch zum letzten Male, hatte sich die Curie für sie und gegen die Lehre ihrer Gegner von Sünde, Gnade und Rechtfertigung erklärt. Der Kampf der Jesuiten war zu Ende, der Sieg entschieden; aber nun ging es auch mit ihnen und mit dem antiaugustinischen Katholicismus zu Falle.

Man hat sich öfters darüber gewundert, daß unmittelbar nach diesem Triumph der Curie und der Jesuiten und nach dem Tode Ludwig's XIV. (1715) die entgegengesetzte Bewegung eintrat, die auf den Sturz der positiven Religion und des Katholicismus ausging, den Rationalismus, Humanismus und Naturalismus obenauf brachte und endlich bei der Revolution anlangte. Um diese auffallende Wendung zu erklären, verweist man auf die Gewaltsamkeit, mit welcher jener König den Protestantismus und den Jansenismus unterdrückte, und auf die Heuchelei, die er durch die Begünstigung der jesuitischen leichten Frömmigkeit und der leichten Bekehrungen, welche dieselbe möglich machte, zur Mode erhob. Allein der Abscheu gegen dies Verfahren, mochte er noch so lebhaft und allgemein sein, konnte noch nicht eine humanistische Theorie erzeugen oder, falls man dieselbe, wie den englischen Deismus, aus dem Auslande bezog, den einstimmigen Beschluß dieser Importation hervorrufen. Daß der Romane, wie der Verlauf der jansenistischen Bewegung beweist, eben kein besonderes Geschick dazu hat, sich in die augustinische Theorie einzuleben und sich im Gnadenreich mit sicherer adliger Haltung gleichsam als Kind vom Hause zu benehmen, ist für sich allein auch kein genügender Erklärungsgrund jener plötzlichen Katastrophe. Die Gesinnung, die alsbald nach dem Tode Ludwig's um sich griff und seitdem von Frankreich aus sogar eine unwiderstehliche Propaganda organisirte, mußte schon im Innern vorhanden und mächtig sein. Indessen, wir brauchen ihren eigentlichen Sitz nicht mehr zu suchen. Wir haben ihn bereits in den weltlichen und rationalistischen Voraussetzungen des Jesuitismus und in der Verweltlichung und Rationalisirung, in welche er seit dem tridentinischen Concil den Katholicismus hineinzog, kennen lernen. Jener göttliche Concursus, an den der Mensch seit der Schöpfung gebunden ist, gehört schon mehr der deistischen Anschauung als der christlichen an. Die

Freiheit und die für den Haus- und Weltgebrauch passable Gesundheit des natürlichen Willens war für den Rationalismus und für die Revolution eine brauchbare Voraussetzung. Das Kunststück der Jesuiten, aus dem reinen Menschen, ohne ihn in seinem Innern zu verändern, einen Christen zu machen, war schon humanistisch. In der jesuitischen Werkthätigkeit und auf die eigene Gesinnung pochenden Werkheiligkeit, in dieser Vergötterung des Menschen und seines Willens ist der spätere Liberalismus, die Revolution enthalten.

Nur Eins war nöthig, um diesen weltlichen Kern des Jesuitismus für sich allein zur Entwickelung zu bringen; — es brauchte bloß die leichte, geistliche Hülle zu fallen, mit der ihn die Jesuiten bedeckt hatten. Daß das geschah, dafür haben die Jesuiten in Verbindung mit der Curie selbst gesorgt. Die Betriebsamkeit, mit der sie ihre weltliche Gesinnung im Dogma von der Rechtfertigung seit dem tridentinischen Concil zur Herrschaft brachten, ließ keine geistliche Auffassung dieses Dogma's neben ihnen aufkommen. Die Curie selbst half ihnen in der Ausschließung und Verdächtigung jedes abweichenden Strebens; zuletzt stellte sie ihnen die Kraft ihres Anathema's zu Gebote.

Seit der Bulle Unigenitus war eine neue Erörterung des Dogma's unmöglich; der Gegensatz war für immer niedergeschlagen und ein dogmatischer Streit wäre von jetzt an nicht nur Auflehnung gegen das Urtheil der Curie, sondern lächerlich gewesen. Jene Bulle machte mit Einem Schlage das jesuitische Frankreich weltlich. Seit diesem Verbot der geistlichen Prüfung gab es keine dogmatischen Streitigkeiten mehr; zum Ueberfluß half noch die Ausartung der jansenistischen Opposition in Ekstase, Wunderthätigkeit und schwärmerische Verehrung der neuen Heiligen den Weltmenschen alles dogmatische Interesse verleiden. Hauptsächlich aber hatten dieses Interesse die Jesuiten in ihrem letzten Sieg getödtet und nun sahen sie sich plötzlich von der Skepsis, religiösen Gleichgültigkeit und von einem neuen Glauben an die Rechte des natürlichen Willens und des reinen Menschen angegriffen und überfluthet.

Ihre Aussaat wuchs ihnen über den Kopf. Natürlich waren ihre Nachfolger, was Erfolge in der Welt betrifft, noch glücklicher als sie, denn jene wollten eben nur der Welt angehören, sie retten, ohne sie mit christlich scheltenden Uebungen zu quälen, sie mit weltlichen Mitteln gewinnen, ohne ihr mit einer geistlichen Disciplin zur Last zu fallen. Selbst schon durch und durch weltlich, hatten die Jesuiten ihre profane Thätigkeit auf den Gebieten der Politik und der Rationalökonomie, in Haus und Schule mit dem Grundsatz: in majorem Dei gloriam zu heiligen gesucht; ihre Kinder stellten dagegen von vorn herein den Grundsatz auf: Alles dem Volke zu Ehren, Alles für das Volk, Alles nach dem Willen des Volks.

Die Jesuiten hatten die Kunst ausgebildet, den gemeinen Mann so zu regieren, wie es Gott haben will, ohne doch dabei Jenem vor den Kopf zu stoßen; sie hatten den Bedürfnissen, Schwächen, Neigungen und Leidenschaften des natürlichen und gesellschaftlichen Menschen „Rechnung getragen"; ihre freigeistigen Nachfolger dagegen wollten jene Kunst der Regierung nur so üben, wie der gemeine Mann selbst regiert sein will. Das Geschäft war somit

für die Fortſetzer deſſelben vereinfacht und erleichtert, aber das Material: der
natürliche Menſch, der gemeine Mann, die Leute, die gebildet und gebeſſert
werden ſollten, war daſſelbe geblieben; alſo erbten auch die weltlichen
Schüler die Handwerksmittel ihrer Vorgänger und die Methode, dieſe Kunſt-
griffe des Geſchäfts durch den edeln Zweck und die Intention zu rechtfertigen.

Wie die Jeſuiten ſich in die Gefahr begaben und — darin umkamen, als
ſie dem gemeinen Mann, mit dem ſie es in den oberen und unteren Regionen
der Geſellſchaft allein zu thun hatten, mit den zweckmäßigen, alſo ſelbſt gemeinen
Mitteln beikommen mußten, ſo hat ihr naturaliſtiſcher Nachwuchs, bis auf den
jetzigen Liberalismus, alle Mittel, Schmeichelei und Verſtellung, Schreck-
bilder und lachende Zukunftsphantaſieen, Verleumdung und Heuchelei, kurz,
düſtere und erheiternde Phraſen, für gerecht erachtet, wenn ſie nur die profane
Seele allarmiren und ihre Unterwerfung bewirken. Aber das Eine muß man
dieſen Vollendern des Jeſuitismus, mit Ausnahme des neueren Liberalismus, der wieder in das bloße Formelweſen herunter gefallen iſt, laſſen,
daß ſie an die Stelle der bloß formalen Beſchäftigung mit der Welt, in welcher
die jeſuitiſche Caſuiſtik ſtehen geblieben war, eine innerliche Entwicklung
des Weltgehalts geſetzt haben.

Die Jeſuiten begnügten ſich damit, das Räderwerk des Weltverkehrs zu
beobachten und wenn daſſelbe in die geiſtliche Sphäre eingreift oder mit den
Verpflichtungen derſelben in Colliſion kommt, die Sache in's Reine zu bringen.
Sie erkannten den politiſchen und bürgerlichen Händel und Wandel zwar an,
rechtfertigten ihn ſogar, aber hatten dabei ihre Seele für ſich. Reine Weltkinder, gaben ſie ſich der Welt doch nicht hin. Mit ihrer Intention ſtanden ſie
iſolirt zwiſchen Gottesreich und Weltreich, ohne einem von beiden
mit dem Gemüth anzugehören. Die Bibliotheken, zu denen ihre formaliſtiſchen
Beobachtungen und Urtheilsſprüche anwuchſen, behandelten nur die Gewiſſens-
fälle, in die der gemeine Mann durch den Weltlauf gerathen kann, die Scrupel,
die ſich die Leute über die Anforderungen der Welt machen. Aber alle die Fein-
heiten und Scharfſinnigkeiten, mit denen ſie dieſe Bedenken hoben, griffen den
Leuten nicht in's Herz und verſöhnten ſie weder mit der Welt, noch mit dem
Himmel. Die Jeſuiten ſorgten nur dafür, daß die Maſchine des geiſtlichen und
weltlichen Verkehrs im Geleiſe blieb und das Geſchäft ſeinen Fortgang hatte.
Innerlich war dem Menſchen in keiner Weiſe geholfen; ſeine Meiſter ſtellten
ihn nur, wenn er bedenklich wankte, wieder in die richtige Poſitur.

Die Aufklärung dagegen, welche die Conſequenzen des Jeſuitismus zog,
hatte wirklich ein Herz für die Welt, ſtieg in deren Inneres nieder und ſuchte
in Vernunft und Moral die Keime einer gehaltvollen Entwickelung auf, die ſie
allmählich zu Syſtemen der Moral, der Politik, der Nationalökonomie fortführte.
Es ward mit der weltlichen Geſinnung, die auf Seiten der Jeſuiten ſich
in tauſend und aber tauſend caſuiſtiſchen Rechtfertigungen des Weltmenſchen ab-
geäſchert hatte, ſo zu ſagen heiliger Ernſt, und ſtatt der Diſtinctionen, Ge-
wiſſensfragen und Antworten der Jeſuiten erhoben ſich plötzlich Meiſterwerke der
wiſſenſchaftlichen Architektonik und Rieſenunternehmungen, wie die philoſophiſchen

Encyklopädieen, in denen der Weltstoff, von Einem Geiste bearbeitet, zusammengestellt wurde.

Standen die Jesuiten und ihre rationalistischen und revolutionären Vollender, was den Gebrauch der kleinen Handwerksmittel, die Sucht der Propaganda, die aufreibende Arbeitsamkeit, die Einwirkung auf die Massen und die Werbung um Könige und Fürsten betrifft, völlig al pari, so erhoben sich die Vollender durch die gehaltvolle Tiefe des Weltsinns und die Kunst der Darstellung hoch über ihre Vorgänger. Vergleichen wir Beide in ihrem Verhältniß zum Christenthum und namentlich mit der Reformation, so dürfen wir uns durch die creatürlichen Fäden, an welchen die Jesuiten den Zusammenhang des natürlichen Menschen mit dem Schöpfer noch festhalten, nicht irre machen lassen. Innerlich erweckt haben die Jesuiten den Menschen nicht; jene Fäden zerrissen daher unter ihren Händen. Von ihnen aus konnte es nimmer zu einer Wiederbelebung des Christenthums kommen. Allerdings haben ihre naturalistischen Fortsetzer die theologische Grundlage, auf welcher die Väter noch arbeiteten, völlig bei Seite geschoben; aber daß sie im Gegensatz zu den Jesuiten den Mechanismus der Weltansicht derselben und ihrer Behandlung des Willens beseitigten, — diese Leistung machte eine innerliche Versöhnung mit dem Christenthum doch wieder erst möglich.

Die Jesuiten hatten die Welt nicht genommen, wie sie ist, sondern sie einerseits zu einem Mechanismus und zum Wohnplatz des bloßen gemeinen Mannes gemacht. Die philosophische und künstlerische Bemühung ihrer Nachfolger und Gegner, die Welt wirklich zu nehmen und darzustellen, wie sie ist, — als ein von innen heraus lebendes und wirkendes Wesen — derselben Männer Bestreben, den Willen im Innern wieder aufzusuchen und von innen heraus sich gestalten und offenbaren zu lassen — das stand dem Christenthum näher als die mechanische Beschwichtigung, welche die Jesuiten dem Willen angedeihen ließen. Von hier aus konnte auch wieder das Verständniß der lutherischen Rechtfertigungslehre erweckt werden, (man denke vor Allem an Kant's hierher gehörige Arbeiten) — von der jesuitischen Rechtfertigung des Naturwillens gegen seine geistlichen Scrupel nie. Kurz, die Niederlage der Jesuiten durch ihre eigne weltliche Consequenz war um so schrecklicher, als durch die künstlerische und philosophische Ausbildung der letzteren der Feind, den sie seit dem tridentinischen Concil bekämpft hatten, einen weltlichen Helfer erhielt.

9) Die Aufhebung des Ordens wurde durch die Gewaltmaßregeln, welche die romanischen Staaten einzeln und auf eigene Hand ergriffen, eingeleitet; Papst Clemens XIV. erließ sein Breve vom 21. Juli 1773, welches die definitive Aufhebung aussprach, erst, als er dem vereinten Andrängen der bourbonischen Fürsten nicht mehr widerstehen konnte. Ihr Sturz begann mit ihrer Vertreibung aus Portugal (1759). Pombal erklärte den Jesuiten den Krieg in einem ausführlichen Memoire, welches er in 20,000 Exemplaren drucken und in ganz Europa vertheilen ließ. Dieses Kriegsmanifest führte den Titel: „Kurzer Bericht über das Verfahren der Jesuiten in den außereuropäischen Welttheilen" (1757) und beschäftigte sich vornehmlich mit dem Krieg, den die Jesuiten von Paraguay an der Spitze ihrer bewaffneten Indianer gegen

die Regierungen von Spanien und Portugal geführt hatten. Ob sie, wie Pombal behauptete, auch an dem Unternehmen der Familie Tavora gegen das Leben des Königs (am 3. September 1758) betheiligt waren, ist um so fraglicher, da die Schuld jener Familie noch keineswegs erwiesen ist. In Spanien war die Regierung gegen die Jesuiten wegen der Rücksichtslosigkeit, mit der sie in Amerika, namentlich in Merico, selbst die Entscheidungen der königlichen Tribunale gegen ihre Uebergriffe mißachtet hatten, aufgebracht. Die Opposition der Jesuiten gegen den Klerus war in Merico in einen offenen Krieg gegen die geistliche Gerichtsbarkeit des Erzbischofs Palafor ausgeartet; der Letztere hatte sogar, als die Jesuiten im Vertrauen auf den Beistand des ihnen günstigen Vicekönigs gegen ihn einen Kirchenbann publicirten, in's Gebirge fliehen müssen (1747). Zwar sprach sich die Regierung des Mutterlandes für den Erzbischof aus, derselbe wurde, nachdem der Vicekönig abgesetzt war, im Triumph in seine Residenz zurückgebracht, selbst ein Breve des Papstes mißbilligte das Verfahren der Jesuiten. Diese verharrten jedoch in ihrem Ungehorsam gegen alle weltlichen und geistlichen Autoritäten und behaupteten sich trotz der Entscheidungen der Gerichtshöfe des Königs und des Papstes im Besitz der Zehnten, die sie dem Staat und den Domcapiteln entrissen und an ihre Collegien gebracht hatten. Auch über dem Grabe des Erzbischofs, dessen Heiligsprechung die Amerikaner und der Madrider Hof in Rom betrieben, dauerte der Kampf fort, bis Karl III. den Proceß wegen der Zehnten wieder aufnehmen ließ und die Entscheidung der Gerichte gegen die Jesuiten auswirkte. Ob die letzteren, wie die Regierung annehmen zu müssen glaubte, an den Aufständen der Madrider Volksmassen gegen die fiscalischen Maßregeln des Reformministeriums (im März 1766) betheiligt waren, ist eben so fraglich wie ihr Antheil an jener portugiesischen Verschwörung.

In Frankreich hatte der Eclat, welchen der Bankerott des Jesuiten de Lavalette und die durch denselben verursachten Falliffements mehrerer französischer Handelshäuser im Jahr 1756 machten, die Entscheidungen des Pariser Parlaments gegen den Orden, endlich das königliche Aufhebungsdecret (1764) hervorgerufen. Der Orden hatte jenen Jesuiten, der auf Martinique einen großen Theil des westindischen Handels an sich gezogen hatte, mit seinem Gelde und Credit unterstützt, weigerte sich aber, als im französisch-englischen Kriege die Schiffe der Jesuiten genommen wurden, die Wechsel, von denen ein Marseiller Haus für anderthalb Millionen auf die Ladung jener Schiffe übernommen hatte, einzulösen. Das Parlament verurtheilte bekanntlich den Ordens-General und in dessen Person den Orden selbst zur Bezahlung der Kosten und gab dem Proceß darauf einen noch gefährlicheren Umfang, indem es eine gerichtliche Untersuchung der Frage, ob und in wiefern der Orden den Reichsgesetzen und deren Vollziehung gefährlich sei, anordnete.

In Deutschland erlebten die Jesuiten, nachdem Hontheim 1765 in seiner bekannten Schrift der weltlichen und nationalkirchlichen Opposition eine gelehrte Grundlage gegeben hatte, die Niederlage, daß selbst die Mainzer und bayerischen Regierungen die Verbreitung von Bellarmin's Buch „von der Macht des Papstes", welches sie in Mainz im lateinischen Original, in Bayern in deutscher Uebersetzung herausgaben, verboten. In der von dem Kurfürsten von Mainz darüber erlassenen Verordnung heißt es z. B. ausdrücklich, „daß die in diesem Buch enthaltenen Sätze dahin zielen, die Macht der weltlichen Fürsten gänzlich zu untergraben, die Gewalt der Bischöfe einzuschränken, die Unterthanen wider ihre Obrigkeiten aufzuhetzen, das Leben und die Regierung der Regenten in Gefahr zu bringen, die allgemeine Ruhe zu stören und überall Aufruhr und Empörung zu stiften". Selbst in Oesterreich war man mit ihrer Unterrichtsmethode nicht mehr zufrieden; die Kaiserin Maria Theresia hatte der allgemeinen Stimmung gegen den Orden so weit nachgeben müssen, daß sie das ausschließende Privilegium desselben in Bezug auf den öffentlichen Unterricht einschränkte; von der Commission, die zur Hebung der unter der Leitung der Jesuiten verfallenen Universität Wien und zur Reform der Mißbräuche eingesetzt wurde, sahen sich die Jesuiten sogar ausgeschlossen und an ihrer Stelle einen Augustiner und einen Theatiner zu Mitgliedern derselben ernannt.

Der Glaube an ihr Institut war überall verschwunden. Alle ihre bisherigen Gegner, die sie verdrängt oder geschwächt hatten, — weltliche und geistliche Corporationen, Klerus und geistliche Orden, standen gegen sie auf, und der weltliche Absolutismus benutzte diese Opposition, um in ihnen zugleich alle geistlichen Uebergriffe in die moderne Regierungsmaschine zu verurtheilen.

Die geistlichen Ordnungsstifter hatten an den weltlichen Ordnern ihre Meister gefunden. Die Art und Weise, wie Portugal und Spanien ihre Jesuiten auf Schiffe packten und an der Küste des Kirchenstaates aussetzten, wie Neapel und Parma die ihrigen über die Grenze trieben, war brutal, die ganze Procedur die eines Staatsstreiches. Wenn wir aber auch das Verfahren ihrer Gegner als gewaltthätig und revolutionär bezeichnen müssen, so haben wir doch zugleich anzuerkennen, daß die Jesuiten von ihren Gegnern nur mit derselben Waffe geschlagen wurden, die sie zuerst gebraucht hatten.

Sie büßten jetzt für ihren Grundirrthum, daß sie die Reformation für eine Revolution gehalten und gegen sie die Contrerevolution ihrerseits zur Tagesordnung erhoben hatten. Gewalt ist immer vom Uebel, und die Aufdringlichkeit, die sich Gott und der Welt für unentbehrlich hält, straft sich endlich selber. Die Gewalt ruft gegen sich die Gewalt hervor, und jene Aufdringlichkeit, die sich an die Stelle der ganzen Welt setzen und nichts neben sich anerkennen will, kann mit den ersten Erfolgen ihrer geschäftigen Agitation den gemeinen Mann blenden, wird sich aber zuletzt immer durch die Kleinlichkeit und Gemeinheit ihrer Operationen ruiniren und selbst denjenigen zuwider werden, die sich ihrer zu eigenen Zwecken bedient haben. „Hier stehe ich," sagte Luther im Vertrauen auf die Gnade und auf die Production, zu der ihn sein Kampf mit sich selbst geführt hatte, und überließ es der Welt, wie sie sich zu ihm und dem Werke der Gnade stellen wollte. Der Protestantismus ist defensiv, weil er sicher ist, daß er den ihm gebührenden Raum in der Welt gewinnen und behaupten wird. Hinweg mit dir, damit ich mich an deine Stelle setze — ist die Parole der Jesuiten; sie haben das gleichlautende Losungswort des späteren Liberalismus erfunden. Wie viele Tausende Protestanten haben sie in den österreichischen Landen von Haus und Hof und in die Fremde getrieben, um ihre Stelle einzunehmen! Jetzt ernteten sie in den romanischen Ländern die Frucht ihrer Thaten, als die weltliche Revolution sie verjagte und sich an ihre Stelle setzte.

Auch das Papstthum büßte für die gleißenden Erfolge, die es der Betriebsamkeit der Jesuiten zu verdanken hatte. In dem Aufhebungsbreve vom 21. Juli 1773 beklagt es Clemens XIV., daß die Jesuiten trotz der wohlmeinenden Warnungen seiner Vorgänger in ihrer Habersucht gegen die Bischöfe, die regulären Orden und frommen Stiftungen und Brüderschaften aller Art in Europa, Asien und Amerika nicht nachgelassen hatten. Eben dieser Schwächung der geistlichen National- und Localgewalten, Orden und Corporationen hatte aber das Papstthum die moderne Ausbildung seines Absolutismus zu verdanken. Seine Klage über die Zerrüttung der Localgewalten hat denselben Werth und Grund wie das Bedauern, mit welchem bald darauf die Monarchen, als die Revolution sie eingeschlossen hatte und zur Uebergabe zwang, ihre Entblößung von allen corporativen und ständischen Stützen und Widerstandsmitteln, die ihr Absolutismus ruinirt hatte, erfuhren. Gleich entblößt wie diese, that Clemens XIV. dasselbe, wozu sich bald darauf die Monarchen bequemen mußten. Er vertraute sich wie Ludwig XVI. am 10. August 1792 der Revolution an und versetzte seine Vertheidiger in Ruhestand. Die Jesuiten, seine Miliz, konnten ihm nicht mehr helfen.

10) Die Wiederherstellung des Ordens und seine neuere Wirksamkeit werden wir nach obiger ausführlicher Darstellung seiner classischen Periode nur in gedrängten Zügen schildern. Das einzig Interessante an dieser späteren Periode ist neben seinen fortgesetzten Aggressionen gegen den Protestantismus die ihm durch den offen hervorgetretenen antichristlichen Charakter der Revolution aufgenöthigte apologetische Thätigkeit, die der Vertheidigung der allgemeinen christlichen Grundbestimmungen gewidmet ist und, um es sogleich und ein für alle Mal auszusprechen, von der protestantischen Apologetik sich nicht wesentlich unterscheidet. Ist in dieser Beschränkung der Polemik auf den Kampf gegen Materialismus und antichristliche Theorieen die Entsagung auf die früheren Moralprincipien und ein Heraustreten auf den allgemeinen christlichen Boden gegeben, so dürfen wir nicht übersehen, daß jenes Zusammentreffen in der apologetischen Tendenz, welches die Richtkenner an den neueren Reisepredigten der deutschen Jesuiten höchlich überrascht, für den Stand des protestantischen Bekenntnisses eben kein rühmliches Zeugniß ablegt. Daß die Vorkämpfer des neueren Katholicismus und die protestantischen Gegner der materialistischen Theorieen in der Vertheidigung des gemeinsamen Positiven sich zusammengefunden haben, ist als ein Fortschritt, aber auch als eine Schwäche der Zeit zu bezeichnen. Der Fortschritt liegt in dem Bewußtsein, daß die Sache des Katholicismus und des Protestantismus gegenüber der Revolution eine gemeinsame ist, — die Schwäche hat in der Rathlosigkeit, mit welcher Beide im jetzigen Augenblick dem revolutionären Frankreich gegenüberstehen, ihren eclatantesten Ausdruck erhalten. Das für neugierige Weltkinder überraschende Zusammentreffen jesuitischer Reiseprediger mit den apologetischen Wendungen unserer heimischen Lehrer bildet noch keine gründliche Gemeinsam-

keit; an eine Auseinandersetzung wird erst zu denken sein, wenn Jeder von Beiden das Seinige gethan, nämlich in seiner eigenen, katholischen oder protestantischen Weise seinen Proceß mit der Revolution zu Ende geführt hat. Noch jetzt klagt man protestantischerseits über die feindseligen Tendenzen, die der Jesuitismus mit seiner inneren und äußeren Mission gegen uns verfolgt; — wohlan! dann mißtraue man auch der Uebereinstimmung mit dem Gegner in einigen allgemeinen Antithesen gegen die demokratische und revolutionäre Aufklärung, und suche man mit dieser erst wieder auf dem eigenen Grunde des Glaubens und der Rechtfertigung in's Reine zu kommen.

Der Jesuitismus ist allerdings noch aggressiv gegen den Protestantismus, wie der Katholicismus überhaupt — Zeugen seiner Politik sind die Trennung Belgiens von Holland, die Zerrüttung der Schweiz bis zum Jahre 1848, die geistliche Invasion in Holland und England. Dies Unterminiren des Protestantismus beweist die Undankbarkeit des Jesuitismus, aber auch seinen Mangel an Berechnung. Als die Mitglieder des Ordens nach der Aufhebung desselben im westlichen und südlichen Europa sich unter neuen Titeln erst neue Sammelpunkte schaffen mußten, wurden sie in Preußen und Rußland nicht gestört. Während der letzte General des Ordens, der Florentiner Lorenz Ricci (gewählt den 21. Mai 1758), in der Engelsburg zu Rom (in der er den 24. Novbr. 1774 starb) als Gefangener saß, bestand der Orden in jenen beiden ketzerischen und schismatischen Ländern in vollständiger Organisation fort. Die Restauration des Ordens durch die Bulle Pius VII. vom 7. August 1814 (sollicitudo omnium ecclesiarum) wäre ohne den Sieg der ketzerischen Waffen, der den Papst aus der französischen Gefangenschaft befreite, nicht möglich gewesen, — und woher sollen die Waffen kommen, die dem Katholicismus und seiner Miliz aus den gegenwärtigen und sicherlich noch zunehmenden Röthen helfen, als aus ketzerischen Ländern? Preußen und Rußland hatten bei sich den Orden erhalten und benutzt; jenes als den Meister im Einschulen und wegen der Billigkeit seines Unterrichts, dieses als Werkzeug seiner Pläne gegen das katholische Polen. (Um es nebenbei zu bemerken: — wenn beide Freunde des Encyklopädismus, Friedrich II. und Katharina, in ihrer Protection der jesuitischen Schulmeister und Intriganten die Verwandtschaft der letzteren mit der deistischen Aufklärung und ihre Brauchbarkeit für das absolutistische Regime anerkannten, so gab dabei besonders der Erstere zugleich zu erkennen, daß er bei aller Verehrung der rationalistischen Bildung doch über der humanistischen Erbitterung derselben gegen katholische Institute stand.) Von Rußland aus ward die Wiederherstellung des Ordens überhaupt vorbereitet. Als die russischen Jesuiten 1782 den Polen Stanislaus Czerniewicz († 1785) zum Generalvicar ernannten, ließ es der dem Orden günstig gesinnte Pius VI. stillschweigend geschehen. Der 1799 ernannte dritte Generalvicar, der Pole Franz Xaver Kareu, erlangte schon von Pius VII. ein Breve, welches unterm 7. März 1801 die Herstellung des Ordens für ganz Rußland aussprach und dem Generalvicar die Würde des Generals verlieh. Dessen Nachfolger, der Deutsche Gabriel Gruber (seit 1802 bis 1805) bewirkte durch König Ferdinand von Neapel die Restitution des Ordens für das Königreich beider Sicilien (durch Breve vom 30. Juli

1804), welche aber während der französischen Occupation nur in Sicilien zur Ausführung kam. Der Pole Thaddäus Brzozowski, 1805 zum General für Rußland ernannt, konnte nach Wiederherstellung des Ordens der päpstlichen Einladung nach Rom nicht Folge leisten, da ihm die russische Regierung den Paß versagte und wahrscheinlich, so lange sie den Orden bei sich hatte, ihm das Ansehen einer eigenen nationalen Diöcese erhalten wollte.

Erst mit dem Veronesen Aloisius Fortis, der den 18. October 1820 ernannt war, zog der General der Gesellschaft wieder in Rom ein. Ihm folgte am 9. Juli 1829 der Holländer Joh. Roothaan, diesem im Juli 1853 der Oesterreicher Peter Beckr. Was das Schicksal der Jesuiten in den einzelnen Ländern Europa's betrifft, so wurden sie bald nach dem Tode Brzozowski's wegen der Aufdringlichkeit ihrer Proselytenmacherei und wegen ihrer Intriguen gegen die russische wissenschaftliche Mission in Peking durch den kaiserlichen Ukas vom 25. März 1820 aus Rußland vertrieben, nachdem ihnen am 1. Januar 1816 wegen des ersteren Grundes der Aufenthalt in Petersburg und Moskau verboten war. Schon 1816 hatten sie bald nach Errichtung ihres Noviziats zu Distelberg das Königreich der vereinigten Niederlande räumen müssen, weil sie den Widerstand des belgischen Episkopats gegen die niederländische Verfassung organisirt hatten; ihre Einwirkung auf die inneren Kämpfe des Königreichs war damit freilich nicht gebrochen und nach der September-Revolution von 1830 kehrten sie als Sieger zurück und bedeckten das neue Königreich mit ihren Collegien. In Spanien stiegen sie und fielen mit dem absoluten Königthum, ebenso in Portugal; aus letzterem Reich vertrieb sie Dom Pedro 1834, aus ersterem die Regentin Maria Christine 1835, doch haben sie sich in Spanien bald wieder eingefunden und Einfluß zu verschaffen gewußt und wurden 1855 durch Beschluß der Cortes auf's Neue ausgewiesen. In Frankreich mußten sie, wenn ihr Gegner, die Revolution, die Oberhand bekam, auf einige Zeit bei Seite treten, doch kamen sie immer wieder obenauf; am schnellsten haben sie sich nach der Februar-Revolution wieder gesammelt. Der Restauration gehört ihre Stiftung vom Jahr 1822, die Congregation von Lyon zur Ausbreitung der römischen Kirche an, der Zeit Louis Philipp's die Unterstützung, die sie dem Episkopat im Kampf für die Freiheit des Unterrichts gewährten. Die revolutionäre Bewegung von 1848 vertrieb sie aus Piemont und Neapel, selbst Pius IX. sah sich genöthigt, sie durch Decret vom 29. März 1848 aus dem Kirchenstaat zu verbannen; mit dem Papst kehrten sie zwar in Folge der französischen Expedition nach Rom zurück, erwarten aber hier mit dem Oberhaupt ihrer Kirche den Ausgang einer noch unübersehbaren Katastrophe. Von ihrer Wirksamkeit in England und Holland zeugt die kriegerische Haltung, welche der Katholicismus in beiden Ländern bis zum Jahre 1856 einnahm. In Oesterreich, wo sie erst 1820 als Redemptoristen Aufnahme und 1838 unter ihrem eigentlichen Namen die Theresianische Ritter-Akademie und das Gymnasium zu Innsbruck erhalten hatten, wurden sie nach der Märzrevolution von 1848 durch Volksaufstände beunruhigt, bis Kaiser Ferdinand am 8. Mai die Aufhebung des Ordens für alle seine Staaten aussprach; doch hatten sie im Kaiserstaat bereits 1854 wieder drei Collegien und 1857 wurde ihnen sogar die theologische

Facultät zu Innsbruck übergeben. Die deutsche Nationalversammlung beschloß bei der Berathung der Grundrechte am 27. September 1848, daß der Orden der Jesuiten für alle Zeiten aus dem Gebiete des deutschen Reiches verbannt sein solle, ließ aber diesen Beschluß bei der zweiten Lesung am 15. December wieder fallen. Seit 1850 haben sie als Reiseprediger in Preußen, Bayern und in den Staaten der oberrheinischen Kirchenprovinz eine große Thätigkeit entwickelt, in dem Jahre 1862 sind sie endlich bis nach Hamburg vorgedrungen; indessen haben sie in der Prüfung, die über das österreichische Concordat verhängt ist, und in der parlamentarischen Erhebung gegen die Conventionen, welche Württemberg und Baden mit der Curie abgeschlossen oder verhandelt hatten, erfahren, daß die Vielgeschäftigkeit weder ihnen, noch der Welt helfen kann.

In Betreff der Literatur müssen wir die vom Orden selbst hervorgerufene und autorisirte Historia societatis Jesu voranstellen; dieselbe umfaßt die weltgeschichtliche Periode des Ordens von seiner Stiftung an bis zum Jahre 1625 in sieben Folianten, wurde von Orlandini, den Aquaviva 1598 nach Rom berief und zum Geschichtsschreiber des Ordens ernannte, begonnen, nach dessen Tode (1606) von Sacchini fortgesetzt; nach des Letzteren Tode (1625) brachte Possinus den letzten Band desselben zu Ende; darauf erschien erst 1710 die Fortsetzung Sacchini's durch Jouvency, und Cordara veröffentlichte 1750 seine Darstellung der Periode von 1616 bis 1625. Während ihrer letzten Kämpfe um die Existenz gab die Gesellschaft den Gedanken an eine Fortsetzung des Unternehmens auf. Die officielle Jubelschrift von 1640 Imago primi seculi Soc. J. ist mit ihrer spielenden und schwülstigen Rhetorik ein Zeuge des damals schon beginnenden Verfalls der Gesellschaft. Von den gegnerischen Schriften heben wir neben Pascal's Arbeit nur das zu Mons 1702 in drei Theilen erschienene Werk: La morale des Jésuites hervor, eine gründliche, aus den Originalschriften geschöpfte Darstellung. Die neueren gegnerischen und apologetischen Schriften, unter jenen z. B. Jordan, „die Jesuiten und der Jesuitismus" (Altona und Leipz. 1839), unter diesen Crétineau-Joly, histoire rel., polit. et litt. de la Compagnie de Jésus (Paris 1844—46. 6 Vols.) und F. G. Buß, „die Gesellschaft Jesu" (Mainz 1846), leiden alle an demselben Mangel, daß sie den Zusammenhang des Jesuitismus mit der Revolution übersehen; die Liberalen wissen nicht, daß sie in den Jesuiten die Väter ihres Rationalismus und Humanismus angreifen, die Römisch-Kirchlichen können es nicht anerkennen, daß sie im Institut der Jesuiten den Anfang der Revolution von oben vertheidigen, und Buß z. B. darf nicht dahinter kommen, noch weniger es aussprechen, in welchem Sinne der Jesuitismus eine Erhebung des weltlich-rationalistischen Romanenthums gegen das Germanenthum war.

III.
Die Aufklärung.

Wie das Wort Aufklärung ausschließlich der deutschen Sprache angehört, da das französische lumières nur einzelne Streiflichter, allenfalls auch eine ausgebreitete Lichtmasse, aber weder den dadurch bedingten Zustand der Gesellschaft, noch die Thätigkeit und Anstrengung der Aufklärer bezeichnet, das englische enlightening aber nur eine schwache Nachbildung des Deutschen ist, so ist auch die Aufklärung als Zustand und Thätigkeit, als System und Propaganda vorzugsweise der deutschen Geschichte angehörig. Sie bildet eine Nationalangelegenheit der Deutschen in der zweiten Hälfte des vorigen Jahrhunderts, beschäftigte den Thron, wie sie die niedrigste Hütte erschütterte, sie hatte Staat wie Kirche ergriffen, stieg von den Universitäten zu den Elementarschulen herunter, veränderte die Sitten und die Gesetzgebung und gab auch den wirthschaftlichen Verhältnissen eine neue Form. Sie ist wohl zu unterscheiden von dem Anstoß, den die Auflehnung der holländischen Arminianer gegen die augustinisch-calvinische Prädestinationslehre zur Ausbildung der Toleranz gab, von dem Deismus, in dem sich die Cromwell'sche Revolution theologisch abschloß, von der Popularisirung, die dieser Deismus in Voltaire's Satire fand, endlich von dem Gegensatz, den der deutsche Pietismus in der Lostrennung der Religion als einer Herzensangelegenheit von der strengen Kirchen-Formel aufstellte. Obwohl sie von allen diesen vorhergehenden und verwandten Erscheinungen abhängig war und unter ihrem Einfluß stand, so ist sie doch eine Epoche und Arbeit für sich, die wir im Folgenden an zwei charakteristischen Typen, dem Protestanten Bahrdt und dem katholischen Illuminaten Weishaupt schildern werden. Die Vollständigkeit, mit welcher diese Beiden den ganzen Gehalt dieser Erscheinung und Epoche ausdrücken, wird die von uns gewählte Darstellungsform rechtfertigen und zugleich die Armuth und Schwäche der ganzen Aufklärungsarbeit schildern.

Voran stellen wir eine Definition, die sich in einem Documente der Bahrdt'schen „Deutschen Union" findet und im Ganzen richtig ist. Dieselbe lautet: „wir verstehen unter Aufklärung Gewöhnung des Menschen, in moralischen und ökonomischen Wahrheiten, die und sofern sie mit seiner Glückseligkeit in einer nothwendigen Verbindung stehen, seine eigene Vernunft zu brauchen und nicht eher etwas für ausgemacht zu halten, als bis er deutliche Begriffe und vernunftmäßige Gründe dafür gefaßt, geprüft und unwiderstehlich empfunden und sich in diesem vernünftigen Fürwahrhalten durch eine bewährte Autorität befestigt hat."

Diese Verbindung des eigenen Fürwahrhaltens, welches sich der Zufälligkeit seines Entstehens und seiner schwachen Begründung bewußt ist, mit der Unterwerfung unter eine Autorität ist in hohem Grade treffend und bezeichnet auf schlagende Weise den schreckhaften theoretischen Absolutismus, in welchen die Aufklärung ausläuft, so wie den praktischen Absolutismus, den die Regierungen zur Ausführung ihrer aufgeklärten Absichten in Anwendung brachten. Das Zusammenbrechen dieser ganzen aufgeklärten Welt unter der Wucht der französischen Waffen und unter der Herrschaft der Verachtung, welche die Fremden mit ihrem Kaiser über sie ausübten, war ihr natürliches Ende. Sie hatte in ihrem Helfer und in ihrer Autorität den wahren Herrn und Meister gefunden.

Werfen wir zunächst einen Blick in die Werkstätte des katholischen Aufklärers. Er sitzt in seinem Geistes-Laboratorium, die Macht der Finsterniß wogt noch um ihn, sie ist zwar durch einen Lichtstrahl gebrochen, aber sie strengt sich an, die Lücke wieder auszufüllen und die Alleinherrschaft zu üben. Adam Weishaupt war 1773, ein Jahr nach Aufhebung des Jesuiten-Ordens, zum Ordinarius der juristischen Facultät zu Ingolstadt ernannt und zwei Jahre darauf auch mit Vorlesungen über Feber's praktische Philosophie betraut. Durch diesen Auftrag zum natürlichen Gegner der jesuitischen Philosophie und Theologie erhoben, beschloß er, die schwachen Keime der süddeutschen Aufklärung zu pflegen und den Kampf mit den Jesuiten, die nach dem Verlust der weltlichen Grundlagen ihrer Stellung mit um so größerem Eifer ihre Herrschaft über die Gemüther zu befestigen suchten, aufzunehmen. Durch den Schlag, der den Jesuiten-Orden getroffen, war noch nichts entschieden. Licht und Finsterniß wogten noch durcheinander. Es war in Ingolstadt wie in ganz Bayern ein unaufhörliches Kämpfen und Ringen nach Macht, ein beständiger Wechsel von Fallen und Steigen der einen oder andern Partei und ihrer Führer. Um den Sieg des Lichtes und der Aufklärung zu entscheiden, schlug Weishaupt als Katholik den entgegengesetzten Weg wie seine protestantischen Mitarbeiter ein. Er begann sogleich damit, Autorität gegen Autorität, Orden gegen Orden, Despotismus gegen Despotismus zu setzen. In der ersten Zeit seines neuen Ordens, wo er sich damit begnügen mußte, allein einen Herrn v. Massenhausen zu instruiren und zum Anwerben von jungen, wo möglich reichen Leuten auszusenden, war er für diesen Autorität, gab er ihm Anweisungen, deren Zweck und Sinn derselbe später einsehen werde, zankte sich aber auch mit ihm, weil der Diener dem Meister nicht allein sorgen lassen wollte, und gab ihm endlich den Abschied, weil derselbe das Unternehmen nach seinem Kopf und Nutzen modeln wollte, um es sodann mit einem Herrn von Zwack zu versuchen und mit diesem sich gleichfalls wegen seines Eigenwillens herumzuzanken.

Als er seinen neuen Gehülfen belehrte und einen Blick in die, ihm selbst noch völlig unklare Einrichtung des beabsichtigten Ordens werfen ließ, empfahl er ihm außer dem von ihm classisch genannten Buche, Basedow's praktischer Philosophie, auch Meiner's philosophische Schriften, wegen der in denselben enthaltenen Abhandlung von den eleusinischen Geheimnissen, die ihm ein großes Licht geben werde. Er selbst aber vielmehr suchte noch das eigentliche, erlösende Licht; wo er Materialien, um dasselbe anzuzünden, finden konnte, raffte er sie zusammen und ein Zufall nach dem andern mußte ihn bereichern, bis er den Lichttempel aufrichten konnte, in dem er als Oberpriester und politisches Oberhaupt der neuen Gesellschaft thronen wollte.

Denjenigen Mitgliedern, die sich auf Physik legen wollen, läßt er durch Herrn von Zwackh anrathen, sich auf die Lehre von Feuer und Licht zu legen; dahin rechnet er auch die Electricität, deren Kenntniß wegen der Experimente, die durch Feuer und Electrum gemacht werden können, bei der Einrichtung der Ordens-Mysterien gute Dienste leisten würde. Er freut sich im Voraus über die Verwunderung, die das Geheimniß, über welchem er brütet, unter seinen Leuten erwecken werde. „Ich denke, schreibt er, das alte System der Guebers und Parsen wieder aufzuwärmen", und er ist stolz auf die Größe und Hoheit, die man darin finden werde. Der Feuertempel, der an allen Ecken und Stellen, wo die Einzuweihenden stehen werden, electrisch gemacht werden soll, beschäftigt und entzückt ihn, und nur mit der Schwierigkeit, ein Haus zu finden, in welchem seiner Zeit der Feuerdienst gehalten werden könne, entschuldigt er bei seinen Leuten den Umstand, daß die Sache in Bayern nur langsam vor sich gehe.

Dabei ist er voll Angst, daß die Bücher, aus denen er seine Weisheit schöpft, selbst unter seinen Anhängern zu frühzeitig verbreitet werden möchten. Während er seine nächsten Diener darauf anweist, auf seltene Bücher und Inedita Jagd zu machen, da man in denselben noch Mysterien und Statute von ungeahnten Gesellschaften finden könne — während er Alles für und gegen die Mönchsorden Erschienene gesammelt wissen will, da man auch daraus herrliche Dinge ziehen könne — während er die Seinigen auffordert, die Hofbibliothek in München und die Klosterbibliotheken zu plündern, da der Nutzen des Ordens den Diebstahl zur Tugend mache und die Kerls von Mönchen mit den Büchern doch Nichts anzufangen wüßten, giebt er seinem Zwackh den Befehl, das Buch und die Abhandlung des Meiners „nicht zu gemein zu machen", da das Licht nur an dem Orte, den er ihm in seinem Plane angewiesen habe, zum Vorschein kommen dürfe.

Despotisch in der Ueberzeugung von seiner Kraft und Bildung, von der Welt fast nur den Jesuiten-Orden kennend und im ausschließlichen Kampf mit demselben von der Idee erfüllt, daß man sich zum Guten derselben Mittel bedienen müsse, die jener Orden zu seinen Zwecken anwende, gründete Weishaupt zur Erleuchtung und Befreiung der Welt ein Autoritätssystem, dessen Kleinlichkeit er nur in seinem Eifer nach etwas Großem und für die ganze Menschheit Wichtigem übersehen konnte. Wie endlich die Bücher, Materialien und

Anregungen, die er zur Ausarbeitung seines Planes brauchte, ihm nur durch
den Zufall zugeführt wurden, so war es auch der Zufall, daß er selbst und
durch seine nächsten Vertrauten einen Blick in das vermeintliche Geheimniß der
Freimaurer warf, was ihm den letzten Anstoß zur Constituirung seines Licht-
und Aufklärungs-Ordens, des Illuminaten-Ordens, gab.

Derselbe Zufall, der den katholischen Aufklärer zur endlichen Aufrichtung seines Gebäudes führte, leitete den protestantischen zur Auflösung
und allmählichen Zersetzung seines heimischen Kirchen- und Glaubenssystems.
Als Bahrdt 1762 sein Lehramt an der Leipziger Universität antrat, war er
noch eben so rechtgläubig als seine kirchlichen Obern. Aber welchen Grund
hatte diese Rechtgläubigkeit und welches Band konnte sie zwischen ihm, dem
feurigen, strebenden Mitbewerber, und den Kirchen-Obern bilden? Er wußte
z. B. die Dutzende von Attributen auswendig, die man der Gnade zur Unterscheidung ihrer Wirkungen und Absichten beilegte. Aber konnte das verhindern,
daß der General-Superintendent Am-Ende, vor dem er zu Dresden sein
Candidaten-Examen machte, der Reihe nach zu jedem dieser Attribute den Kopf
schüttelte, als er sie auf die Frage des gestrengen Examinators, wie vielerlei
die Gnade sei, aufzählte? Konnte er ahnen, daß sein Oberer gerade die Zusammenfassung aller jener Attribute in den „medicinalen und forensischen" Act
der Gnade hören wollte? Ein Glaube, der auf einem Schematismus beruhte,
in welchem Lehrer und Schüler sich kaum noch zusammenfinden konnten, war
jeder Art von Zufällen ausgesetzt, und Bahrdt rächte sich für das Unglück, das
er in seinen Antworten im Examen gehabt hatte, sogleich mit seiner Prüfungs-
predigt, in der er das Evangelium vom ungläubigen Thomas dazu benutzte,
dem Christen Vorsicht und Behutsamkeit bei den Gegenständen seines
Glaubens und eigensinnige Prüfung anzuempfehlen und dagegen vor einem
leichtsinnigen Fürwahrhalten zu warnen.

Der rechtgläubige, kaum den Knabenjahren entwachsene Bahrdt, der unter
den Augen seines Vaters schon die Dogmatik vortrug, kam zufällig, von
einem Freunde fast mit Gewalt mitgeschleppt, in das Colleg des Professor
Fischer, der den kritischen Geist, welchen der Pietismus erweckt hatte, in der
philologisch-historischen Erklärung des N. T. pflegte. Nachdem derselbe zufällig in der Stunde, da Bahrdt hospitirte, — (zufällig, denn unbegreif-
liche Fügungen erziehen und führen den Aufgeklärten zu seiner Vollendung)
— aus classischen wie späteren hellenistischen Schriftstellern nachgewiesen hatte,
daß das Einssein, von Personen ausgesagt, allezeit nur eine moralische Einheit
ausdrücke, fügt er in strengem, barschem Tone hinzu: „Und nun seht ihr's ja,
was das Dictum 1. Joh. 5, 7 für eure Dreieinigkeitslehre beweisen kann,
wenn's auch genuin wäre." Hier war's, erzählt Bahrdt in seiner Lebens-
beschreibung, als wenn ein Donnerschlag ihn erschütterte. Er erblaßte
und das Herz fing ihm an zu schlagen, als wenn er einen Freund in Feuers-
gefahr erblickt hätte. „Gott, dachte er bei sich selbst, nicht genuin? Und
wenn's auch nicht genuin wäre, nichts beweisend? Das dictum classicum
primi ordinis pro adstruenda Ss. Trinitate, welches dir bisher das stärkste und
unwidersprechlichste geschienen hat, um dieses heilige Geheimniß aus der Schrift

klar zu machen, soll nicht genuin sein? Und soll auch keine Beweiskraft haben? Wahrlich, wenn das Dictum nichts mehr gilt, so sieht's um die anderen noch schlechter aus: da wankt meine ganze Dogmatik und verdient eigne Prüfung."

Das erste Licht, das in ihm bisher aufgegangen war, hatte ihn auf die Anführungen des Neuen Testaments aus dem Alten aufmerksam gemacht, die in diesem das nicht zu enthalten schienen, was sie im Neuen bezeugen sollten. Er fühlte sich, wie er sich ausdrückt, zu der Ketzerei gedrungen, im N. T. bloße Accommodationen anzunehmen, und bestärkte sich in dieser Annahme vor Allem in den exegetischen Schriften des arminianisch gebildeten Grotius, die ihm noch manches Licht gaben und manche alte herkömmliche Schriftauslegung von ihm verscheuchten. Jener Donnerschlag aber vollendete seine „Bekehrung" und legte den Grund zu seinem Unglauben. Er entschloß sich, die Kirchentheologie zu prüfen und auf den Probirstein der Vernunft und Philologie zu bringen. Sein Ziel ist nun die vernünftige Religion.

So faßte er den kühnen Entschluß, eine neue Dogmatik zu schreiben und alle alten Dogmatiker verwerflich zu machen, und es entstand, als er 1768 den Lehrstuhl in Erfurt bestiegen hatte, sein biblisches System der Dogmatik. Er rügt darin die schwerfällige Form der bisherigen Compendien und Systeme, die Menge, Unverständlichkeit und Unnützlichkeit, wie er sich ausdrückt, ihrer Terminologie; er will fehlerhafte Weitläufigkeit, die Vermengung der Hauptlehren mit den Nebenlehren beseitigen. Kurz, da er, wie er selbst gesteht, weder die Bibel so gründlich studirt hatte, um ihr Lehrgebäude nachzubilden, noch mit seiner Vernunft in der Dogmatik etwas Nennenswerthes geleistet hatte, so konnte er sich nur mit den Nebenbestimmungen einiger Lehrsätze beschäftigen; er glitt an der Oberfläche eines Systems hin, das er im Ganzen noch für wahr und göttlich hielt, musterte die Außenseiten und bemühte sich, sie zu reinigen. So fand er den gewöhnlichen Begriff von der Erbsünde übertrieben, folglich fand er auch, daß diese Uebertreibung der Bibel fremd sei; die Kirchenlehre vom angeborenen Verderben des Menschen immer noch für wahr haltend, milderte seine Vernunft nur den Begriff und so gemildert entdeckte ihn sein Auge auch natürlich in der Bibel. So beredete er sich, daß er die von ihm für unläugbar gehaltene Gottheit Christi nur begreiflicher mache, indem seine Vernunft die Verhältnisse, in denen die drei Personen in Gott zu einander stehen sollten, ein wenig benagte, und um einer Lehre wie der athanasianischen, die ihm „doch zu crass" vorkam, zu entgehen, versteckte er sich im Sabellianismus, den er wiederum, damit er nicht zu großen Anstoß errege, hinter den gewöhnlichen Ausdrücken des Kirchensystems versteckte. Ebenso gebrauchte er in der Lehre von den Gnadenwirkungen allerlei Wendungen, um seine auf die Seite der Pelagianer hinkende Vernunft unsichtbar zu machen und es sich nicht zu sehr merken zu lassen, daß er das Vermögen des Menschen, das er ihm bei seiner Bekehrung zuschrieb, für rein biblische Wahrheit hielt. In der Lehre vom Glauben hielt er zwar an der Ergreifung und Zueignung des Verdienstes Christi fest, aber er war doch zugleich so gefühlvoll für Tugend und Rechtschaffenheit, daß er den Eifer in guten Werken oder die thätige Be-

folgung der Lehre Jesu mit zum Wesen des Glaubens rechnete, und so bibel-
gläubig, daß er auch diese gefühlvolle Lehre in dem N. T. wiederfand.

Aber den theologischen Lorbeer gedachte er sich zu verdienen und alle seine
Vorgänger zu beschämen, indem er die symbolische Versöhnungstheorie neu begründete. Ein Zufall, ein Traum, ein nächtlicher Einfall gab ihm die
Antwort auf die Frage, die ihn Tag und Nacht beschäftigte, „was denn Gott
wohl bewogen haben müsse, die Menschheit mit einem solchen Aufwand von
Wundern und wunderbaren Begebenheiten zu erlösen." Er wollte, rief es ihm
in einem Traume zu, als er über jenen Gedanken eines Abends eingeschlafen
war, den vernünftigen Bewohnern des Weltalls seine erbarmende Liebe
auf eine recht feierliche und einleuchtende Weise offenbaren.

Schon in der Nacht hatte ihn die Freude über diesen Einfall so entzückt,
daß er darüber aufwachte, sich Licht anschlug und ihn zu Papier brachte. Am
Morgen, da er aufstand, war ihm nicht anders, als ob Gott ihn einer besonderen Erleuchtung gewürdigt hätte. Den Einfall, auf den er nun sein
ganzes System erbaute, erst zu prüfen, fiel ihm nicht ein. Sein lebhaf-
ter Geist blickte durch das System, für welches er nun den wahren Gesichts-
punkt erhascht hatte, und fand überall Harmonie, überall die schönste Zusammen-
stimmung, nirgends mehr einen unlösbaren Zweifel.

Dennoch keine Ruhe! Er hatte nichts gewisser erwartet, als daß alle
Welt die neue Hypothese anstaunen und jede Zeitung von seinem Lobe voll sein
werde. Aber er hatte sich betrogen. Die Orthodoxie sah in seiner Dreieinigkeitslehre den versteckten Sabellianer, in der Lehre von der Gnade den heim-
lichen Pelagianer, in anderen Dogmen den keimenden Ketzer, aber kein Mensch
machte ihm ein Compliment über seine erbarmende Liebe.

Das kränkte ihn. Aber eine wahre Revolution brachten einige Berliner
Briefe in seiner Seele hervor. Ein Ober-Kirchenrath schrieb ihm, daß man
in Berlin mit seinem Buche gar nicht zufrieden sei. Man sehe den hellen Kopf
durchleuchten und finde doch darin noch so viel Sätze des alten Systems beibehalten, die mit wahrer Aufklärung nicht bestehen könnten; er hätte sich mit
dieser hinkenden Methode Schaden gethan, beide Parteien verloren und lieber
gerade heraus gehen sollen.

Diese Aeußerungen fuhren ihm tief in's Herz. Sie belehrten ihn, daß
man ihn für aufgeklärter hielt, als er war, und es seiner Furchtsamkeit zuschrieb, daß er nicht ärger geketzert hatte. Das erschütterte ihn. Sein Ehrgeiz
ward rege. Seine Seele bekam einen neuen Stoß, der ihn auf dem Wege
der Untersuchung vorwärts trieb. Noch wußte er aber nicht, wo er
beginnen sollte.

Da half ihm die Ermüdung. Zuerst gab er die Dreieinigkeit auf,
weil er, wie er sich ausdrückt, nach jahrelanger Plage und Qual dieses unnützen
„Wahrheitsforschens", welches ihn weder zu einer mit der Vernunft sich rei-
menden Vorstellungsart geführt, noch vor Verketzerung bewahrt habe, müde
ward und „auf den Gedanken kam, daß in dieser Lehre für die Vernunft
nichts zu thun sei."

Eben war er, als Professor in Gießen, damit beschäftigt, diesen Fund auszubeuten und seinen „**Versuch, den protestantischen Lehrbegriff zu verbessern**", auszuarbeiten, als der Zufall einen naturalistischen Freund durch Gießen führte, der ihm durch den Gedanken eines „unveränderlichen, also unveränderlich liebenden Gottes" half, alle störenden Vorstellungen von Strafe, Schuld und Genugthuung aus seiner Versöhnungslehre zu entfernen.

Sonderbar, ruft er aus, daß **endlich noch ein Freigeist kommen und meine von mir so geehrte Vernunft in ihre Rechte einsetzen mußte!** Wie immer bei allen seinen Fortschritten in der Aufklärung, fühlt er sich nach diesem neuen Gewinn (oder Verlust) gehoben und wie neu geboren. Er vergleicht sich einem Menschen, der mitten in den Strahlen der Sonne die Augen verschlossen und sich nach Licht gesehnt hatte und nun nach Oeffnung der Augen über das volle Licht, das ihm entgegenstrahlte, die erquickendste Freude fühlt.

Außer der „Verbesserung", die er jetzt dem protestantischen Lehrbegriff zubrachte, erwies er der Bibel selbst in seinen „Neuesten Offenbarungen Gottes in Briefen und Erzählungen" — (es sind darunter die Episteln und Evangelien des N. T. gemeint) — die Ehre, sie für die Rechtgläubigkeit völlig unbrauchbar, d. h. vernünftig zu machen.

Das Werk der Aufklärung bestand bis jetzt darin, daß die vermeintliche Vernunft Dreieinigkeit, Versöhnung, Gnade, Erbsünde, Ewigkeit der Höllenstrafen verbannt hatte. Noch besaß zwar Bahrdt den Glauben an die **unmittelbare Sendung Jesu und an die Göttlichkeit der heiligen Schrift**, folglich auch an die **Wahrheit der biblischen Geschichte** (so weit er noch keine Widerlegungsgründe gegen die letztere, wie er selbst sagt, ausfindig gemacht hatte). Trotz der scheinbaren Größe dieses ihm noch gebliebenen Reichthums fühlte er sich **inmitten desselben doch arm**. Als General-Superintendent zu Dürkheim kam er dahinter, daß es ihm bald an Stoff für die Kanzel fehlen würde, wenn er diese reichhaltigen Themata seiner Dogmatik nicht durch neue Schätze ersetzen könne.

„Natürlich, erzählt er, mußte ich diese neuen Reichthümer in der Moral suchen. Aber wie sie auf diesem dürren Felde finden? Das ewige Einerlei von Buße, Glauben und Heiligung, aus dem ersten Theile, und von den Pflichten gegen Gott, gegen den Nächsten und gegen uns selbst, aus dem zweiten, wollte mir nicht mehr behagen. Es war mir theils monoton, theils hing das Meiste aus dem ersten Theile mit derjenigen Dogmatik zusammen, von welcher ich bereits meinen Geist so ziemlich gereinigt hatte. Und so schien auch die Moral eine wahre Hungerquelle für meine Predigten zu sein."

Er war sonach gezwungen, darauf auszugehen, wie er ein neues Land entdecken könne, und fand eine Strecke nach der untern, vor Allem das große Feld der Motive. Schon immer war es ihm widrig gewesen, die Ermahnungen zur Tugend mit göttlichen Befehlen zu unterstützen. Immer mehr hatte er angefangen, „des Unleidlichen des Zwanges bei dem, was den Menschen glücklich machen soll, inne zu werden." Er dachte daher über den

Zusammenhang der Forderungen und Warnungen der Moral mit der menschlichen Glückseligkeit nach. So fand er endlich das „grenzenlose" Gebiet der Bewegungsgründe, freute sich seines Reichthums und konnte nun in seinen Predigten den mannichfaltigen Einfluß einer moralischen Forderung auf alle Theile der menschlichen Glückseligkeit beschreiben — auf die Veredlung des Geistes — auf die Gesundheit und Vervollkommnung des Körpers — auf Vermehrung und Stärkung der Kräfte — auf Feinde — Freunde — gesellschaftliches und häusliches Leben — Ehre — Nahrung — Kinderzucht u. s. w.

Kurz, er war jetzt bei der Moral der Aufklärung angelangt und fühlte es im Voraus, daß ihn diese rein moralische Religion in den Stand setzen würde, auch den letzten Rest seiner positiven Religion wegzuwerfen.

Doch neue Zufälle mußten eintreten, neue Mittler ihm nahen, um diese Wendung herbeizuführen. Die Reichsacht mußte vom Reichshofrath über ihn ausgesprochen werden; er mußte aus dem Reich nach Halle fliehen, Basedow mußte hier mit ihm zusammenkommen, ihm imponiren mit seiner Vermittlung zwischen dem alten und neuen Glauben und mit seiner Theorie von einer geoffenbarten natürlichen Religion — Basedow mußte mit diesem seinen Einfall den alten Glauben des Aufklärers aufschrecken und zugleich einschläfern, — Eberhard mußte kommen, um die letzte Stütze zu zerbrechen, und ihn überführen, daß Christus keinen wesentlichen Lehrsatz vorgetragen habe, den nicht Sokrates ebenfalls gelehrt hätte, — Professor Trapp mußte bald darauf in einem Gespräch mit Bahrdt, als dieser noch von Offenbarung sprach, „eine herzliche Lache aufschlagen" und einem anwesenden Freunde zurufen: „O, hören Sie doch, der Bahrdtius ist noch ein Gläubiger."

Die Scham, die Bahrdt über diesen Ausruf empfand, war die letzte, die er in dieser Auflockerung des Kirchensystems zu bestehen hatte. Er selbst sagte, daß die Sterbeglocke seines Glaubens schlug. Wiederum, nachdem es schon so oft um ihn licht und klar geworden war, wurde es in seiner Seele helle; sein „vernünftiges Lehrgebäude" stand jetzt auf eigenem Grunde, abgelöst von der Offenbarung, die er immer noch bisher behauptet hatte, und, von Stolz auf seine letzte Entfesselung erfüllt, sah er auch seine bisherigen Wege und Schicksale als Mittel an, deren sich die Vorsehung bedient habe, um ihn zu der Höhe der Aufklärung zu führen, wo er Mosen, Jesum wie den Confucius, Sokrates, Luther, den Halle'schen Professor Semler und — sich selbst als Werkzeuge der Vorsehung betrachtete, durch welche sie auf die Menschheit nach ihrem Wohlgefallen Gutes wirkt und die alle aus derselben Quelle der Vernunft geschöpft haben.

Dies aus zufälligen und vereinzelten Anstößen, aus Ermüdung und Scham, aus Scham über eigne Schwäche und aus Wetteifer mit weiter Gekommenen entstandene System, wenn so Zusammenhangloses und lüderlich Zusammengestoppeltes oder eine solche zufällige und ruckweise vor sich gehende Verzettelung der alten Dogmatik ein System genannt werden könnte, ist das System der Aufklärung. Bahrdt ist nur ein Beispiel für die Vorgänge, die von 1760 bis 90 im deutschen Publicum vor sich gingen und diese Verzettelung bewirkten, aber ein classisches Beispiel — um so bedeutender, da er diese Seelen-Vorgänge in seiner Autobiographie in wahrhaft erschöpfender Weise geschildert hat.

Womit der katholische Aufklärer anfing, das bildete den Schluß der protestantischen Aufklärung, ohne sich jedoch in Norddeutschland die Bedeutung verschaffen zu können, die jener im Süden, obwohl auch nur für kurze Zeit, genossen hatte. Wir meinen die **geheime Ordensverbindung**. Eigentlich war dieselbe im Norden nur ein, noch dazu verspätetes, Plagiat, welches Bahrdt in seiner Stiftung der deutschen Union oder im Bunde der 22 dem indessen bereits gestürzten Illuminaten-Orden entlehnte.

Dennoch ist dieser praktische Versuch der norddeutschen Aufklärung wichtig, sofern er auch ihre Herrschsucht und ihre absolutistischen Tendenzen ausdrückt. Um das Beste der Menschheit durch wahre Aufklärung, das heißt durch „Entfernung des Fanatismus und moralischen Despotismus" zu befördern, sollten die verbündeten Aufklärer selbst einen Despotismus üben und diesen durch völlige Entwaffnung ihrer Gegner zur unbestrittenen Herrschaft bringen. Zum Operationsplan der deutschen Union gehörte es daher, den **Buchhandel** in ihre ausschließliche Gewalt zu bekommen, die Schriften für die Aufklärung zu mehren und die entgegengesetzten zu mindern. Ein **allgemeines politisch-literarisches Intelligenzblatt**, d. h. eine universelle, Politik und Wissenschaft umfassende Literatur-Zeitung sollte durch Verdrängung aller andern Blätter das Publicum für die Zwecke der Aufklärung stimmen, die verbündeten Künstler, Gelehrte und Handwerksleute begünstigen und fördern, eine moralische **Macht über die ganze Nation** selbst bis in die Hütten des Volks begründen und endlich eine unbestreitbare **Einheit des Denkens** in der ganzen Nation herstellen. Die Union, die in erster Reihe alle „gute und aufgeklärte" Schriftsteller, sodann sogleich in zweiter Reihe zur Erleichterung und Sicherheit ihrer Correspondenz die **Postmeister und Postsecretäre** — (auch eine Idee der Illuminaten!) — in's Auge faßt und zu gewinnen sucht, richtet sich außerdem an Menschen **aller Stände**, nur die **Fürsten und ihre Minister**, wahrscheinlich als die bedrohtesten Subjecte, läßt sie bei Seite stehen, sucht aber deren Günstlinge auf und hofft sich dadurch bald in den Stand gesetzt zu sehen, durch ihren Einfluß in Familien und an den Höfen die Ihrigen in den besten Hofmeisterstellen, Secretariaten, Pfarreien u. s. w. unterzubringen. Nach der ersten Werbungsepoche, für die sie ungefähr ein Jahr annimmt, will sie dann die **Männer der Nation** zu einer Synode, also zu einer Art von deutschem Parlament, berufen und auf derselben den **geheimen Operationsplan** gemeinschaftlich berathen.

Wie der Katholicismus die allgemeine Kirche von der eigentlichen, auf die Hierarchie beschränkten Kirche unterscheidet, so soll auch in der Union der Aufgeklärten nach der Vollendung ihrer Organisation der Unterschied der Herrscher und der Unterthanen streng bewahrt bleiben — es bleiben die beiden Klassen der **gemeinen** und der **dirigirenden Brüder**; nur die dirigirenden kennen den Zweck der Union, die Mittel der Ausführung; sie sind die Gesetzgeber, die Executive und die wahren Herrscher — ja, sie allein machen eigentlich die Union aus, die die Welt beherrschen soll, ohne daß ihr Name und ihre Verbindung vor den Leuten laut wird.

So endigt ein System, welches Religion und Politik als Werkzeuge des Despotismus anklagte und alle Religion von den geheimen Intriguen einer Priesterkaste ableitete, in dem Versuch, von einer geheimen Loge aus die Welt dem schrecklichsten Despotismus zu unterwerfen. Sie, diese Aufgeklärten, denen es immer heller und heller wurde, wenn sie eine Autorität nach der andern beseitigten, wollten zuletzt alle Autorität in ihrer Person vereinigen. Sie, die eingestandenermaßen nur durch einen Zufall nach dem andern zum vermeintlichen Genuß ihrer Freiheit kamen, wollten die Welt, indem sie dieselbe leiteten, über die neue Herrschaft im Dunkel lassen und sie glauben machen, daß sie von einem unbegreiflichen Zufall zu ihrem Besten geführt werde.

Der Traum dieser Herrschaft wurde aber, um davon zu schweigen, daß die Welt doch auch ein Wort dazu zu sprechen hatte, von der Rivalität der neuen Oberhäupter gestört. Jeder wollte der eigentliche Mittler, Oberpriester, Herr und Despot sein, — keiner konnte daher den vollen Siegespreis der Aufklärung genießen.

Als Basedow das Philanthropin zu Dessau begründete, lebte er, wie sein anfänglicher Mitarbeiter Wolke dem Publicum erzählte, gleich einem Heiligen, sprach und hielt er sich wie ein Prophet, handelte er wie ein werdender Messias der neuen Zeit. Er sprach so, als ob er glaube, daß Gott ihn allein einer übernatürlichen Erleuchtung und Eingebung würdige. Inbrünstig und öffentlich flehte er, bei Wahrnehmung des ausgebreiteten Unglaubens — (nämlich gegen die Wirksamkeit seiner guten Absichten und Lehren) — zu Gott um die Kraft, Wunder zu thun. Aber zu seinem Leidwesen erfolgte sie nicht, aber wohl ein unheilbares Zerwürfniß zwischen ihm und seinen Gehülfen, die den Druck dieses Weisen und Propheten nicht ertragen konnten.

In Marschlins in Graubündten, wo Bahrdt ein Jahr lang das von dem Freiherrn v. Salis gegründete Philanthropin leitete, erlebte er alle Qualen der Hölle, weil der Freiherr aus Furcht vor seiner vermeintlichen Herrschsucht ihn seinerseits in schreckenerregender Weise tyrannisirte.

Als Basedow Bahrdten in seiner Halle'schen Verlassenheit aufsuchte, erschien er vor ihm mit der Miene des Patrons. In seiner ersten Anrede lag der Gedanke: lieber Bahrdt, ich kann Sie glücklich machen, ich werde es auch vielleicht, — wenn ich Ihre Handlungsweise, Ihre Duldkraft nach meinem Wunsche finde. Das war der Eingang, die erste Probe. Die zweite war der Versuch, ob der Schützling die geistige Superiorität des Propheten anerkennen wolle: „lieber Bahrdt, wenn Sie der Mann sind, der redlich das Gute will, so will ich meinen Geist ganz in Sie hineingießen und Ihnen Ideen offenbaren, wie sie noch kein Mensch gehabt hat." Nach wochenlanger Vertröstung auf dieses aufgeklärte Pfingstfest der Erleuchtung kam die letzte Probe, der Versuch, ob der Mann, der mit dem Projectmacher an der Weltregierung Theil nehmen und an einem Unternehmen mitarbeiten sollte, das vielleicht — bei ernster Arbeit, gewiß hunderttausend Thaler einbringen werde, auf jeden eigenen Willen Verzicht leisten, in der Ausführung des immer noch unbekannt bleibenden Planes sich ganz — ganz dem neuen Heiland anvertrauen — ganz nach seiner Idee arbeiten — ganz ihn in sich selbst hineingießen lassen wollte — ob er im Stande sei, mit reinem Herzen und mit voller Verzichtleistung auf Ehre und Vortheil ganz — ganz und allein für das Beste der Menschheit zu entbrennen — ob er das Gute, welches der Planmacher beabsichtige, als die Sache Gottes ansehen und bereit sein werde, dafür auch Last und Elend sich gefallen zu lassen. Bahrdt, sein Weib und seine Kinder segneten den Augenblick, in welchem der Prophet wieder abzog und sein unenthüllt gebliebenes Project mit sich nahm.

„O, Menschen! zu was kann man euch bereden," schreibt Weishaupt an einen seiner bayerischen Vertrauten auf der Höhe seiner Macht. Es war ihm gelungen, sein Ordens-Gebäude bis zum Priestergrade aufzurichten, in welchem die natürliche Religion und die Vernunftgesetze als der eigentliche Gehalt der Lehre Jesu den Einzuweihenden mitgetheilt wurden, und eine große Anzahl angesehener Männer Nord- und Westdeutschlands, protestantische Staats- und Kirchenbeamte, waren dem Orden beigetreten. „Das Wunderbarste ist, daß große protestantische und reformirte Theologen, die vom Orden sind, schreibt Weishaupt in dem erwähnten Briefe, noch dazu glauben, der darin ertheilte Religions-Unterricht enthalte den wahren und ächten Geist der christlichen Religion. Hätte nicht geglaubt, daß ich noch ein neuer Glaubensstifter werden sollte!"

Doch auch der Illuminaten-Orden war schon, ehe ihn das Verbot der bayerischen Regierung im Jahre 1785 traf, innerlich durch seine strenge Nachbildung des Autoritätssystems und durch innere Aufstände und Empörungen gegen dasselbe zerrüttet worden. Der Letzte, mit dem Weishaupt zu kämpfen hatte, war sein thätigster und unternehmendster Gehülfe, Herr v. Knigge. Unerschütterlich behauptete er zwar gegen diesen seine Autorität. Weder die Drohungen desselben, der Welt die Mißhandlungen zu erzählen, die er für alle seine Ordensleistungen erfahren habe, und „den jesuitischen Charakter des Mannes, der Alle vielleicht bei der Nase herumführt," zu enthüllen, noch seine Versprechungen, dem Orden den Weg zu den Reichthümern, die er, wie alle diese aufgeklärten Vereine suchte, zu eröffnen, ihm erstaunliche und einträgliche Naturgeheimnisse mitzutheilen, ihm eine feste Grundlage, Macht und Geld und unter Anderem freien Handel und Privilegien in Dänemark und Holstein zu verschaffen, — Nichts von dem Allen konnte Weishaupt zur Nachgiebigkeit bewegen. Zuvörderst und vor Allem wollte er Unterwerfung und Anerkennung seiner Autorität — Niemand sollte glauben, ihm unentbehrlich zu sein, worauf Knigge nur der Ausruf der Verzweiflung übrig blieb: „Wie, wenn Sie selbst Jesuit wären! Ich zittere bei dem Gedanken! Aber dann soll selbst die Hölle Sie nicht aus meinen Klauen reißen."

Auf der großen Weltbühne wiederholte sich diese Steigerung des Autoritätssystems zur Ausführung der Aufklärungsdogmen und die Auflehnung aller untergeordneten Kreise, wenn Kaiser Joseph seine Völker zur Vernunft zwingen will und endlich ihrem Aufstande erliegt. Im Schulwesen gehört hierher der Versuch der Philanthropine, Unterricht und Zucht zu einem Spiel zu verwandeln, und die Zerrüttung aller dieser Unterrichtsanstalten im Kampf der Gehülfen und Schüler gegen eine jesuitische Autorität, die bei der Einführung der neuen Spielübungen ihre Hintergedanken hat und die Welt, ohne daß sie es merkt, zu ihrem Besten führen will. In der Kunst repräsentirt diesen aufgeklärten Jesuitismus Sarastro (der Zauberflöte) mit seinen Lehren, die, während sie die Welt erfreuen, sie zugleich bessern und aufrichten sollen. Jean Paul's erhabene Genien und Geistesmenschen, diese göttergleichen Mittelspersonen, die mit einem weisen Spruch aus ihrem Heiligthum und Versteck heraustreten und den armen Helden, die bei jedem Schritt am Ende der Welt zu stehen glauben, die Hand bieten, sind nur Nachbildungen der Bahrdt's, Basedow's und Weishaupt's, stehen aber mit ihrem Ekel gegen das Leben, mit der Armuth ihrer zwei Sätze: Gott und Unsterblichkeit, und mit dem Schluß aller ihrer Weisheit, daß die Erde fast gar nichts und das Leben nur ein Lumpenleben ist, hinter diesen Männern, die bei ihrer unermüdlichen Thätigkeit nie zu dieser Leerheit herunterfielen, weit zurück. Goethe hat diesen Leichtsinn, dem die Welt nichts als eine Verknüpfung zufälliger und an sich unbedeutender Umstände ist, in seinem „Wilhelm Meister" interessant zu machen gesucht und die Autorität in den Wunderthurm installirt, von welchem aus eine geheime Gesellschaft den vagabondirenden Helden leitet und in dem endlich derselbe am Ende seiner Lehrjahre die Lebensregeln vernimmt, die eben so albern sind wie die Mummereien, unter denen sie ihm zugerufen werden.

Ist es zu verwundern, wenn eine Nation, die im Schauspiel, in der Oper, im Roman die Geheimnisse dieser erhabenen Mittelspersonen und die Wunderwelt der geheimen Orden anstaunte und deren Angehörige auch im gewöhnlichen Leben endlich keinen höheren Wunsch kannten, als irgend einmal auf einem Spaziergange dem Emissär eines jener geheimen Orden in die Hände zu fallen und von ihm in der romantischen Irre umhergeführt zu werden, bis ihnen von den Oberen des Ordens ein edles Mädchen zum Weibe zugeführt und eine unerschöpfliche Kasse geschenkt würde — — ist es da zu verwundern, wenn die deutsche Nation in ihrer aufgeklärten Mehrzahl das Abenteuer der „Neu-Franken", die so edelmüthig waren, eine bewaffnete Weltfahrt anzutreten, um Vernunft und Recht überall obenauf zu bringen, als ein Geschenk des Himmels begrüßte?

Bald aber machte sich ihnen auch in diesem Abenteuer die Autorität fühlbar, die in kolossalem Jesuitismus die den französischen Heeren vorgetragene Idee nur benutzte, um den Völkern überhaupt das Denken zu verbieten und den letzten Heller zu nehmen. So systematisch mußte die Einheit des Denkens durchgeführt, so nackt und rechtlos mußte die Autorität mit Hülfe der Aufklärung und der Waffen aufgerichtet werden, damit die Völker wieder auf die Stimme ihres eigenen Innern hörten und den Werth der eigenen, geschichtlich begründeten Autorität schätzen und vertheidigen lernten. (Was die Literatur betrifft, so bemerken wir nur noch, daß, wie Bahrdt's Selbstbiographie als Darstellung des aufgeklärten Abenteurers über Goethe's Wilhelm Meister und über Jean Paul's Schilderung der Logenbrüder und Logenschüler steht, die George Sand in ihrer Gräfin Rudolstadt die pathologische Seite der Ordens-Aufklärung am richtigsten getroffen hat, indem sie Weishaupt und Knigge von dem Irren Albert in den „Traum von der Zukunft der Menschheit" eingeweiht werden läßt.)

IV.
Der Illuminatenorden.

Da wir in den vorhergehenden Abschnitten die historische Stellung des Illuminatenordens innerhalb des Verlaufs der Aufklärung bereits geschildert haben, bleibt uns nur noch die Darstellung seiner geheimen inneren Geschichte übrig.

Adam Weishaupt, geb. den 6. Februar 1748 zu Ingolstadt, erhielt, nachdem er ebendaselbst studirt hatte und 1768 Doctor der Rechte geworden war, die Stelle eines juristischen Repetenten, 1772 eine außerordentliche Professur der Rechte und 1775 den Lehrstuhl des Natur- und des kanonischen Rechts. Der Jesuitenorden war zwar indessen von der obersten kirchlichen Autorität aufgehoben; allein die Macht desselben auf die Gemüther damit noch keineswegs gestürzt, noch weniger sein Einfluß in den Regierungen beseitigt. Weishaupt, sowohl in seiner Lehrerstelle bedroht, als auch voller Angst für die philosophische Aufklärung, die er der norddeutschen Bildung entlehnt hatte, beschloß daher in dieser Periode, in welcher die Waagschalen der jesuitischen Reaction und des philosophischen Fortschritts wechselweise fielen und stiegen, der letzteren ein dauerndes Uebergewicht zu geben, indem er die Sache des vermeintlichen „Lichts" mit den Künsten und Erfahrungen der sogenannten „Finsterniß" unterstütze und in einer geheimen Gesellschaft die Praxis des Jesuitismus mit der Theorie der Aufklärung combinirte.

Die Stiftung seines Ordens fällt in das Jahr 1776; seine ersten Jünger konnte Weishaupt Anfangs nur unter den Studenten seines Hörsaals suchen und sowohl die Nothwendigkeit des Geheimnisses, wie das Gefühl der Fremdheit, welches die Aufklärer und Revolutionäre dieser Zeit gegen ihre Mitwelt und Umgebung empfanden, bestimmte ihn, seinen Getreuen und den Städten und Provinzen, denen sie angehörten, antike Namen zu geben. Er selbst hieß als der Führer der Aufständischen Spartacus, Ingolstadt als Hauptort des geheimen Geisterreichs Eleusis, später Ephesus.

In der Angst, mit welcher dieser Befreier Seelen suchte und durch Andere suchen ließ, sie behütete und durch seine Gehülfen bewachen ließ, sie zustutzte und durch seine Unterdirigenten bearbeitete, zeigte sich sogleich im Anfange die ganze Schwäche der jesuitischen Anschauung, für welche der Mensch nur ein psychologisches Object war, dem man auf Seitenwegen, mit Schli-

chen und kleinlichen Künsten beikommen muß, um es zu zähmen und dienstbar und gefügig zu machen. Ein Herr v. Maſſenhauſen, im Ordensdienſte Ajar genannt, war der Erſte, dem Spartacus ein näheres Zutrauen ſchenkte und nach beendigtem Studium und bei ſeinem Abgange von Ingolſtadt unterm 19. Juli 1776 eine ſchriftliche Recapitulation ſeiner Ordenspflichten übergab.*)
Berichte — alle vierzehn Tage wenigſtens einen — an den Meiſter einſchicken, beſtimmte Bücher ſtudiren und aufgegebene Thema's ſchriftlich bearbeiten, darauf beſchränkten ſich zunächſt jene Pflichten. Aus dem Briefwechſel, der ſich zwiſchen Spartacus und Ajar entſpann, erſehen wir aber ſogleich vollſtändig die geringe Achtung vor den Menſchen, denen der Meiſter mit ſeinem Orden Freiheit und Aufklärung bringen wollte. „Es muß ſein! Es muß nun auf einmal gehen" — das ſind die wiederholten Zurufe, mit denen er ſeine Sendboten auf die Menſchenjagd ausſchickt. „Man muß auch ſolche Leute haben", ſchreibt er, als Maſſenhauſen einen unſchuldigen Baron zu werben dachte, „ſie vermehren die Zahl und die Kaſſe." Er ſelbſt erwähnt zweier junger Leute, die zu ihm in Koſt kommen werden, und ſchreibt, daß ſie auch „an den Angel werden beißen müſſen, den man ihnen vorwerfen wird." Bald darauf ſpricht er von „ein Paar Teufelskerlen" in München, auf die Ajar Jagd machen ſoll, — als Teufelskerle „zwar etwas ſchwer zu birigiren. Unterdeſſen, wenn es möglich wäre, ſo wäre die Priſe nicht übel." Allmählich erweitert ſich die Menſchenjagd. „Macht euch hinter Cavaliers, ihr Leute!" ſchreibt Weishaupt nach München. Er ſelbſt iſt hinter ein Paar Domherren her und hofft, bedeutend weiter zu ſein, wenn ihm ſeine Abſicht mit ihnen gelingt. „Unſere Leute", ſchreibt er ferner, müſſen einnehmend, unternehmend, intrigant und geſchickt ſein, beſonders die Erſten" — damit die Recepti, wenn ihnen einmal die Augen aufgethan werden, im Stamm und in den Obern der Geſellſchaft Leute ſehen, an denen man Ehre hat.

Weiter aber als bis zu dieſen Anweiſungen zur Menſchenjagd und Menſchenbeobachtung — (ſo ſollen ſich z. B. die Leute angewöhnen, ein Buch zu halten, in welches ſie genaue moraliſche und phyſikaliſche Signalements jeder Perſon ihres Umgangs eintragen) — weiter ferner als bis zu Anweiſungen über die Lectüre, der ſich die Novizen widmen, und über die Thema's, die ſie in Aufſätzen bearbeiten ſollten, kam die Ordensſache während der Correſpondenz des Meiſters mit Maſſenhauſen nicht. Kein Wunder daher, daß Letzterer matt wurde oder vielmehr in der wüſten Detail-Jagd, deren Zweck er noch nicht einmal kannte, alle Luſt verlor. Spartacus ſuchte ihn zwar, wenn die Briefe aus München ausblieben, durch die Meldung, daß er am Syſtem des Ganzen beſtändig arbeite, hin und her denke, verfeinere und Abänderungen mache, und daß es ihm wunderbar gelinge, zu ermuntern. Vergeblich! Der Diener, der

---

*) Vergl. „Einige Originalſchriften des Illuminatenordens, welche bei dem geweſenen Regierungsrath Zwack durch vorgenommene Hausviſitation zu Landshut den 11. und 12. October 1786 vorgefunden worden. Auf höchſten Befehl Sr. kurfürſtl. Durchlaucht zum Druck befördert" (München 1787). „Nachtrag von weitern Originalſchriften" (München 1787). Ferner: Weishaupt's „Vollſtändige Geſchichte der Verfolgung der Illuminaten in Bayern" (Frankfurt und Leipzig 1786) und „Apologie der Illuminaten." (Ebend. 1786).

nicht einmal für die einleitenden Geschäfte Eifer und Stärke genug besaß, wollte den Meister, der mit dem Ganzen selbst noch nicht im Klaren und fertig war, nicht allein sorgen lassen. Es half nichts, daß der Meister ihm schrieb (am 31. October 1777), er und seine Münchener Mitarbeiter hätten sich, während er am System arbeite, um nichts zu bekümmern, als ihm Leute anzuwerben und dieselben fleißig zu studiren, zu unterrichten und zuzustutzen. Der Diener wollte nicht bloß Mittel sein; außerdem hatte er sich damals durch ein Liebesverhältniß zerstreuen lassen und somit, statt die Leute für den Orden zu poliren und zu civilisiren, sich als ein widerspenstiges Naturkind bewiesen. Mit dieser Rebellion des ersten Mitarbeiters und mit jenem Abschiedsbrief Weishaupt's vom 31. October 1777 endigte die erste Periode des Ordens.

Die zweite wird durch die Mitarbeiterschaft eines Xaver von Zwack, der später im Orden den Namen Cato führte, bezeichnet. Weishaupt war während des Zwiespalts mit Ajar zu demselben in nähere Beziehung getreten und gab ihm unterm 31. Januar 1778 die Anweisung, die Oberleitung von Athen zu übernehmen. Zunächst dauert die Menschenjagd und die Registrirung der Leute nach ihrer Brauchbarkeit und nach ihrem Charakter fort, mit der Ausarbeitung des Systems geht es aber noch langsam. Nur im Allgemeinen kann der Meister seinem Gehülfen melden, daß sein Zweck sei, die Vernunft zur Geltung zu bringen, sein Nebenzweck der Schutz der Ordensangehörigen, Macht, sicherer Rücken vor Unglücksfällen und Erleichterung der Mittel, zur Erkenntniß und Wissenschaft zu gelangen. Als sein Streben bezeichnet der Meister, diejenigen Wissenschaften zu fördern, die auf des Ordens Glückseligkeit und die Privatangelegenheiten seiner Angehörigen Bezug haben, und die entgegengesetzten aus dem Wege zu räumen, — also Kampf mit dem „Pedantismus, mit öffentlichen Schulen, Erziehung, Intoleranz, Theologie und Staatsverfassungen." Ueber die Gliederung des Ordens konnte er endlich seinem Cato längere Zeit hindurch nur melden, daß derselbe aus verschiedenen Klassen bestehen und jede vorhergehende die Prüfungsschule für die folgende sein wird, — daß die Menschen in diesen Klassen brauchbar gemacht werden sollen und unter Anderm an die Stelle der Beichte der Jesuiten das Bekenntniß der Vorurtheile, die Jeder in sich noch vorfinde, treten solle. Im obersten Conseil des Ganzen, wo die würdig Befundenen in die Politik des Ordens eingeweiht werden, sollen endlich die Projecte entworfen werden, wie den Feinden der Menschlichkeit nach und nach auf den Leib zu rücken sei. In seinem Brief an Cato vom 10. März 1778 weiß er noch nicht einmal, wie viele Klassen eingerichtet werden sollen. „Gott und die Zeit, schreibt er, werden es lehren." Im Uebrigen versichert er seinem Schüler, daß er nach und nach eine eigene Moral, Erziehung, Staatskunst und Religion entstehen sehen werde, jedoch um das, was herauskommen werde, sich nicht kümmern solle.

Je nachdem Weishaupt dieses oder jenes Buch in die Hände gerieth, nahm sein Ordensbau, besonders die Mysterienklasse, die dem obersten Conseil als Vorstufe dienen sollte, eine andere Gestalt an. Meiners' Abhandlung von den eleusinischen Geheimnissen gab ihm eine willkommene Aufklärung und zugleich den Plan ein, diese Mysterien für seinen Orden zu verarbeiten. Als ihn seine Lectüre mit dem Cultus der Parsen bekannt machte, regt ihn diese Entdeckung so an, daß er an Cato schreibt: „Ich denke das System der Guebers und Parsen aufzuwärmen, und Sie sollen sehen, daß Größe und Hoheit darin steckt; es wird Jedem neu sein und Verwunderung erwecken." Schon giebt er seinen Leuten in München die Anweisung, einen **Feuertempel** in einem von ihnen allein zu bewohnenden Hause zu errichten und für die Herstellung imponirender Licht-Effecte Bücher über Experimental-Physik aufzutreiben; in seinem Enthusiasmus für diese Feuer-Idee geht er sogar so weit, die **parsische Zeitrechnung** in den Orden einzuführen. Zwischen diese Feuer-Ideen kam dann der Plan, den neuen Bund mit dem **Freimaurer-Orden** in Zusammenhang zu bringen. Schon im Anfange des Jahres 1777 hatte sich Weishaupt in denselben zu München aufnehmen lassen, und seitdem hatte er sich mit Grübeleien über die Maçonnerie abgegeben. Unterm 25. August 1778 meldet er Cato, daß es ihm nunmehr gelungen sei, in das Geheimniß der Freimaurer einen tiefen Blick zu thun; er kenne ihren ganzen Endzweck und werde ihn auch seiner Zeit in einem höheren Grade seines eigenen Ordens Allen mittheilen. Indessen scheint seine Kenntniß jenes Maurer-Geheimnisses nicht besonders groß gewesen zu sein; denn er ist sehr erfreut, als ihm Cato gegen das Ende des Jahres 1778 meldet, daß er den Münchener Logen näher getreten sei, die Uneinigkeit zwischen ihnen nähre, auch in einer Privatunterhaltung mit dem Abbate Marotti das ganze auf Religion und Kirche sich beziehende Geheimniß der Maurerei erfahren habe, und zuletzt kommt er zu dem Plane, die **drei ersten Grade der Freimaurerei als Vorstufe** für seinen Orden zu benutzen. Dazwischen beschäftigt er sich, wie aus einem Briefe an Cato vom 27. März 1779 zu ersehen ist, mit der römisch-katholischen Liturgie, bewundert die „Klugheit", mit der sie auf das sinnliche Bedürfniß der Menschen berechnet sei, und sinnt darauf, wie er seinen Orden mit neuen Ceremonien und Liturgieen ausstatten könne. Indessen steht von seinem neuen Gebäude noch nichts, noch nicht einmal der Name fest. Ein Mal will er den Orden statt Illuminaten- vielmehr Bienen-Orden nennen, dazwischen unterscheidet er die Illuminaten von denjenigen, die zu den höheren Graden des Feuerdienstes zugelassen werden. Er studirt, arbeitet, brütet und skizzirt immerfort und kann doch, wenn er am 6. April 1779 von seinen Entwürfen zum Feuerdienst spricht, nur melden: „Ich muß mich ganz in die Alten hineindenken; zum Glück habe ich ein gutes Buch dazu." Das allein kann er in demselben Briefe seinem Münchener Gehülfen melden, daß der Feuerdienst der Streit gegen die **Finsterniß** und der Endzweck des Ordens der Aufgang des **Lichtes** sei.

Jedoch auch jener Gehülfe war kein standhafter Getreuer. Ihm und den Freunden, die er in der Hauptstadt Bayerns gewonnen hatte, war es ermüdend geworden, nichts als polizeiliche Berichte über junge Leute nach Eleusis zu schicken und einem Manne zu dienen, der sie mit Verkündigungen eines unbekannten Neuen eben so hinhielt, wie sie ihre untergeordneten Jünger hinhalten sollten. Schon in der Mitte des Jahres 1778 war Cato schwankend und mißmuthig geworden und verlangte, daß ihm Weishaupt auch die Einsicht in die

Berichte gestatte, die er aus anderen Provinzen des Ordens, aus Sparta (Ravensburg), Theben (Freysing) und Erzerum (Eichstädt) erhielte. So schwach diese anderen Provinzen an der Ordenssache betheiligt waren, so traten sie gegen den Meister von Eleusis allmählich doch auch in Opposition, und statt einer reinen Monarchie wollten sie für den Orden eine aristokratische Verfassung und ein permanentes Conseil der obern Rathgeber. Die Athener wollten sogar das Universal-Archiv des Ordens unter ihre unmittelbare Obhut gestellt wissen. Die Zeit vom April 1779 bis zum Frühjahr 80 verging unter diesen Streitigkeiten, ohne daß die allgemeine Angelegenheit vorwärts kam. Die Provinzial-Aristokratie bestand auf der Einrichtung jenes Conseils, zu welchem Spartacus nur die Stellung eines Rathgebers haben sollte; dieser gab von seiner Forderung, daß er, so lange das Ganze noch nicht eingerichtet sei, die unbeschränkte Dictatur üben müsse, nichts nach. In diesem Zwist endigte die zweite Periode des Ordens und es begann die dritte, als Philo (Baron v. Knigge) in den Orden gezogen wurde und durch seine Eroberung Norddeutschlands, die die definitive Constituirung desselben nöthig machte, die Ordensglieder zu neuen Anstrengungen und zur Einheit zwang.

In seiner „endlichen Erklärung, seine Verbindung mit dem Orden der Illuminaten betreffend" (1788), berichtet Philo, er sei im Sommer 1780 durch Diomedes — den Marchese Costanza, dessen Bekanntschaft er in der Loge zu Frankfurt a. M. machte — für den Orden gewonnen worden. Diomedes war bereits von den Bayern abgeschickt, um wo möglich in protestantischen Provinzen Colonieen anzulegen, und hatte, wie Philo erzählt, diesem, der sich mit dem Gedanken einer Reform der damals zerrütteten Freimaurerei trug, eröffnet, daß bereits eine Gesellschaft existire, die Alles, was er erst noch suche, Macht, Einfluß und kraftvolle Ideen, besitze. Allein Philo muß sich bei der Abfassung dieser Erklärung in der Chronologie geirrt haben; im Anfange des Jahres 1780 war er vielmehr bereits dem Orden näher getreten. In einem Briefe Weishaupt's an Cato vom 18. Februar wird Knigge's schon unter seinem Ordensnamen Philo gedacht und zwar in einer Angelegenheit, in der es sich um die Constituirung einer selbstständigen maurerischen Verbindung, um die Losreißung der süddeutschen Logen von Berlin und um die Unterwerfung der Münchener Logen unter den Illuminaten-Orden handelte. Philo hatte darauf unter Anderm den Vorschlag gemacht, sich des mit ihm befreundeten Mauvillon in Kassel zu bedienen und durch diesen, der Meister vom Stuhl einer von Royal-York aus constituirten Loge sei, sich der Oberleitung der ganzen Logen zu bemächtigen. Wahrscheinlich kam Philo zu jener chronologischen Verwirrung durch den Umstand, daß ihm erst, nachdem ihm Diomedes den untersten Grad des Ordens, den der Minervalen, ertheilt hatte, Spartacus auch einen Theil des kleinen Illuminaten-Grades zuschickte und ihm auf sein ferneres Anbringen eröffnete, daß der Orden eigentlich noch gar nicht, sondern erst nur in seinem Kopfe existire und daß er ihm alle seine Materialien zur Ausarbeitung und Umänderung ausliefern werde, falls er nicht, was vorzuziehen sei, zur persönlichen Besprechung selbst nach Bayern kommen wolle.

Erst im November 1781 konnte Knigge dieser Einladung Folge leisten;

er fand in Spartacus, als er ihn persönlich kennen lernte, nach seiner eigenen Aussage einen Mann aller Achtung und Bewunderung werth, dessen Herz vor Eifer glühte, etwas Großes und für die Menschheit Wichtiges zu unternehmen, empfindlich für kleine Hindernisse, aber kraftvoll zum Widerstande gegen größere Unglücksfälle, in Bezug auf sein praktisches Studium der Menschen von den Principien des Jesuiten-Ordens geleitet und endlich in der Ueberzeugung von seiner Kraft und Bildung despotisch. Philo nahm nun die Papiere des Spartacus in Empfang, die er jedoch eigentlich nur zu ordnen und auszufeilen brauchte, und begab sich darauf nach Athen, wo er die unzufriedenen Areopagiten (d. h. die Provinzial-Obern) mit ihrem Meister in Eleusis wieder vereinigte und mit ihnen den Receß vom 20. December 1781 abschloß, welcher die Reihenfolge der Ordensklassen bestimmte und den Areopagiten beständige Einsicht in den Gang des Ganzen zusicherte, so jedoch, daß die Geschäfte in der Hand des Generals zu Eleusis sich concentriren. Nachdem darauf Spartacus in der Reihenfolge der vorbereitenden Klassen noch Einiges geändert hatte (damit, wie er am 15. März 1782 an die Areopagiten schrieb, die Maschine so einfach würde, daß ein Kind sie dirigiren und in Bewegung setzen könne), kamen bis zum Schluß des Jahres auch die obern Grade der Priester und Regenten zum Abschluß. Spartacus hatte sich beeilen müssen, da Philo indessen im Norden Deutschlands eine große Menge von Mitgliedern gewonnen hatte und unter ihnen so viel gebildete und geprüfte Männer, daß die untern Grade nicht mehr ausreichten und etwas Bedeutendes der allgemeinen Erwartung geboten werden mußte.

Uebersehen wir nun das Gebäude des Ordens, wie es beim Beginn des Jahres 1783 zu Stande gekommen war. Die unterste Klasse ist die der Minervalen; Hauptbeschäftigung in derselben ist Verbesserung des Verstandes und Erweiterung der Kenntnisse und der Novize bekommt bei seiner Aufnahme in die Gesellschaft zu hören, daß dieselbe der bedrängten nothleidenden Tugend gegen das Unrecht beispringen wolle, im Uebrigen aber nichts bezwecke, was dem Staate, der Religion und den guten Sitten nachtheilig sei. Es folgt sodann die kleine Illuminaten-Klasse, deren Zweck es ist, Leute zu bilden, welche die Minervalen zu dem Geiste und den Grundsätzen des Ordens gehörig anleiten können und auf die Neigungen, Reden, Geberden, Mängel und Tugenden derselben zu achten haben. Bei der Aufnahme in diese Klasse erfahren die Novizen, daß es in der Welt gewisse und allgemeine Gebrechen giebt, die der Kluge und Rechtschaffene jedes Zeitalters gern abgeschafft wissen möchte, und daß es somit ein natürlicher Wunsch der Guten sei, sich gegen die Bösen und deren Uebermacht zu verbinden und sich denselben fürchterlich zu machen. Die Mitglieder der großen Illuminaten-Klasse haben wiederum den Charakter der kleinen Illuminaten zu studiren und selbst Haar, Stimme, Gang, Haltung des Kopfes, Teint, Art und Weise des Stirnrunzelns u. s. w. zu beobachten und diejenigen, die der Beförderung werth sind, den Obern namhaft zu machen. Bei ihrer Aufnahme hören die großen Illuminaten schon von Fürsten und Pfaffen sprechen; sie werden aber zugleich vor jeder gewaltsamen Reform gewarnt und vielmehr ermahnt, dahin zu wirken, daß sich um die

Mächtigen der Erde eine Legion edler Männer sammle, die unermüdlich Alles zum Besten der Menschheit leiten und das Land zu ihrem Zweck umstimmen. Die Hauptthätigkeit des darauf folgenden Grades der schottischen Ritter ist auf die Bearbeitung der vorhandenen Freimaurerlogen oder auf die Errichtung von Logen der drei ersten Grade gerichtet; eigenthümlich ist diesem Grade ferner ein der altchristlichen Agape nachgebildetes Liebesmahl und ein Unterricht über den wahren Sinn der Lehre Jesu, der aber nichts als eine flüchtige Vorausnahme der Enthüllungen des **Priestergrades** ist. In letzterem endlich wird die Entstehung des Despotismus gedeutet und sein gewisser Sturz offen verkündet. Die Staatenbildung wird das Grab der ursprünglichen Freiheit und der Uebergang zur definitiven Gründung eines freien Weltzustandes genannt. Auf die Staaten sollen neue, klüger gewählte Verbindungen folgen und die Politik der Despoten, die im Wettstreit der Macht ihre Horden von Untergebenen aufgeklärter und zu brauchbareren Werkzeugen ihrer Pläne zu machen suchen, wird als die Vorbereitung der Revolution bezeichnet, die dem Despotismus ein sicheres Ende bereiten wird. Die Aufklärung und Moral, welche Fürsten und Staaten entbehrlich machen soll, wird endlich in diesem Grade als der eigentliche Kern der Lehre Jesu gepriesen. Der **Regentengrad**, der über dem Priestergrade stand, enthielt dagegen nach den weitgreifenden Offenbarungen des letzteren nur Anweisungen zu einer klugen Praxis im Interesse des Ordens. Die Klugheitsregeln der unteren Grade waren in ihm nur erweitert, ohne Neues zu bieten. Die Regenten sollen durch Weiber wirken, durch Einfluß auf Schulen, Freigebigkeit, Glanz, Herablassung das Volk zu gewinnen suchen, in den Regierungen und Gerichten sich geltend machen, Schriftsteller, die mit ihren Ideen zu früh kommen, gewinnen oder verschreien u. s. w.

Der Priestergrad hatte in Norddeutschland dem Orden die meisten Anhänger erworben. In der Mitte des Jahres 1783 stand der Orden auf dem Gipfel seiner Macht. In Heidelberg war ihm durch Philo der Kirchenrath Mieg gewonnen, in Göttingen Koppe und Feder, in Mainz der Coadjutor Dalberg und dessen Secretär, der geistliche Rath Kolborn, in Wetzlar arbeitete und schwärmte für die Verbindung der Kammergerichts-Assessor v. Dittfurth. Schon hatte der Orden auch mehrere kleine Fürsten mit Illuminaten umgeben, ihm standen ganze Gerichte zu Gebote, mehrere Prinzenerzieher wirkten in seinem Sinne, in Berlin war Nicolai, in Wien Sonnenfels ihm günstig gesinnt, in Bayern gehörte ihm ein Kreis von Grafen und Baronen, Domherren, Gerichts- und Schulräthen an, unter den letzteren Socher und Bucher. Den ganzen Rhein hinunter bis nach Aachen erstreckten sich seine Colonieen und Philo hatte sogar nach Polen einen vielversprechenden Apostel ausgesandt. Eine der bedeutendsten Acquisitionen, die Knigge gemacht hatte, war endlich die des Buchhändlers Bode, dessen Einfluß auf die Freimaurerlogen dem Orden die Herrschaft über dieselben zu garantiren versprach.

Als aber der Orden vollkommen gesichert schien, trat auch bereits im Zwiespalt seiner beiden obersten Führer die Schwäche seiner Organisation an den Tag. Philo war nach seinen freimaurerischen Antecedentien ein Freund von Ceremonien, namentlich von solchen, die einen religiösen Anstrich hatten. Spartacus dagegen, obwohl er in der Theorie von der Nothwendigkeit derselben überzeugt war, fühlte sich im Grunde seiner Seele von ihnen doch zurückgestoßen, wenn es mit ihnen Ernst werden sollte, und wurde sogar, sobald sie zu religiös waren, peinlich afficirt. Ein Spiel, das im Norden und für die Protestanten den Reiz der Neuheit hatte, war den Katholiken des Südens, die wie Weishaupt sich der Herrschaft ihrer Kirche entziehen wollten, lästig, oder erschien ihnen, falls sie noch der Kirche ergeben waren, als Blasphemie. So war Spartacus mit dem schottischen Ritter, dem Spielwerk der norddeutschen Freimaurer, besonders unzufrieden und verlangte von Cato, daß er das Liebesmahl, sammt der von Philo verfaßten „kauderwälschen, halbtheosophischen Anrede und Erklärung der Hieroglyphen" streiche. Auch mit der Einfügung der drei Freimaurergrade in sein System, obwohl er sich selbst von ihr viel versprochen hatte, war er unzufrieden; er vermißte nämlich, als sie Anfangs nach dem kleinen Illuminatengrade eingeschoben waren, alle Steigerung. Der Priestergrad erregte die meisten Unruhen, da ihn Manche im Süden doch zu gefährlich fanden, und als Spartacus darin änderte, hielt Philo sich für compromittirt, da er mit der Einführung desselben im Norden hatte eilen müssen. Sehr ungenügend fand endlich Spartacus den Regentengrad, von dem er an Cato den 7. Februar 1783 schrieb, daß er ihn nicht gemacht habe, obwohl beinahe Alles von ihm sei. Er konnte selbst die Bemerkung nicht unterdrücken, daß einige Maximen „einfältig und niederträchtig" seien, sah aber nicht, daß dieser Grad als Zusammenfassung der psychologischen Tendenz des Ordens nichts als Klugheits- und Pfiffigkeitsregeln enthalten konnte. Obwohl er mit Philo die gleichen Gedanken von Leitung und Benutzung der Menschen theilte, so reagirte doch sein edleres Wesen, wenn Knigge dieselben als ein fertiges System hinstellte. Verstimmung über die Mängel des Unternehmens und die Verlegenheiten, in welche Philo durch die beständigen Aenderungen des Spartacus gerieth, führten endlich den Bruch zwischen Beiden herbei.

Im Zwist der Leiter fiel ein Gebäude zusammen, in welchem jedoch der Orden von vorn herein nur das Symbol seiner Vergänglichkeit errichtet hatte. Die Menschen sind gewohnt, sich einander zu benutzen, hinzuhalten und zu täuschen, — aber sie schämen sich doch wenigstens, es offen auszusprechen, daß es recht und um eines vermeintlich edeln Zweckes willen erlaubt sei, zu täuschen und hinzuhalten. Die Täuschung und Benutzung in ein System gebracht, ist ein Unding, das sich selbst zerstört. Derjenige, der systematisch täuscht und benutzt und vom Obern systematisch darauf angewiesen wird, muß endlich auf den Gedanken kommen, daß er gewiß auch getäuscht und benutzt wird. Ein anderer Mangel des Ordens lag in seiner Herabsetzung des Menschen zu einem bloß psychologischen Object und in der Erhebung der kleinlichsten Beobachtung desselben zur allgemeinen Ordensaufgabe. Auch nach dem Beitritt Philo's gerieth die ganze Maschine des Ordens jeden Augenblick in Verwirrung oder Stillstand, weil die Provinzialberichte in Eleusis nicht regelmäßig einliefen oder nichtssagend waren. Eine Anstalt endlich, die ihre Leute beständig psychologisch mustern und zustutzen und polizeilich beaufsichtigen muß, steht wegen der natürlichen Unzuverlässigkeit ihrer Mittel beständig Angesichts des Bankerutts. So schreibt Spartacus Anfangs des Jahres 1782 an Cato: „Von Theben höre ich fatale Nachrichten: Sokrates, der ein Capital-Mann wäre, ist beständig besoffen, Augustus in dem übelsten Ruf und Alcibiades setzt sich den ganzen Tag vor die Gastwirthin hin und seufzt und schmachtet. Tiberius hat in Korinth des Diomedes Schwester nothzüchtigen wollen und der Mann kam dazu. Um des Himmels willen, was sind das für Areopagiten." Der General selbst aber hatte sich nach dem Tode seiner Frau im Sommer 1783 durch eine „Unvorsichtigkeit", wie er sich ausdrückte, in eine Lage gebracht, wo er seinen Einfluß auf den Orden und somit auch diesen selbst verloren gab. In seiner Verzweiflung schreibt er an den Münchener Bruder Marius, den Canonicus Hertel: „ich stehe in Gefahr, meine Ehre und Reputation, durch welche ich so vieles auf unsere Leute vermochte, zu verlieren. Denken Sie, meine Schwägerin ist schwanger." Er hatte schon gewaltsame Mittel angewandt, um „Ehre, Ruhe und Macht, zu wirken," sich zu erhalten, aber auch zugleich zu Erlangung der geistlichen Dispensation und Heirathslicenz Schritte gethan. Die Sache wurde noch so ziemlich damit vertuscht, daß seine Freunde die Schwägerin nach Sandersdorf schafften und bald darauf Hochzeit und Kindtaufe den Knoten lösten.

So unsicher stand der Orden, als das Zerwürfniß mit Philo eintrat. Dieser richtete im Laufe des Jahres 1783 noch mehrere Droh- und Beschwichtigungsbriefe an den General; drohte bald damit, die Welt mit dem jesuitischen Charakter eines Mannes, der die Seinigen „bei der Nase herumführe", bekannt zu machen, und versuchte es dann wieder, den General, der es von Anfang an auch auf gewinnbringende Speculationen zu Gunsten des Ordens abgesehen hatte, damit zu ködern, daß er dem Orden höchst einträgliche Naturgeheimnisse mittheilen und ihm Privilegien und freien Handel in Dänemark und Holstein verschaffen wollte. Spartacus blieb unbeweglich, und am 1. Juli 1784 trat Philo aus dem Orden, indem unter Vermittlung einiger Nationaldirigenten zwischen ihm und dem Orden ein Vergleich geschlossen wurde, in welchem man seinen Eifer für die Ausbreitung des Ordens anerkannte.

Indessen brach aber auch über den ganzen Orden das Gewitter aus. Derselbe war mit allen seinen Absichten längst kein Geheimniß mehr; außerdem war er durch abtrünnige Mitglieder der Regierung in München verrathen worden. Am 22. Juni 1784 ließ der Kurfürst von Bayern, ohne jedoch der Illuminaten namentlich zu gedenken, ein Rescript ergehen, welches alle geheime Gesellschaften verbot. Auch die Freimaurer erhoben sich und die Loge zu den drei Weltkugeln in Berlin protestirte, gleichfalls ohne den Namen der Illuminaten zu nennen, mit einem feierlichen Fluch gegen den Mißbrauch der Maurerei zu politischen und antireligiösen Zwecken. Weishaupt glaubte gleichwohl fast noch ein Jahr hindurch den Sturm beschwören zu können, als im Anfang des Jahres 1785 sein Antrag, den Bayle und Richard Simon für die Universitätsbibliothek anzuschaffen, eine Untersuchung gegen ihn und seine Entsetzung von der Professur zur Folge hatte. Er nahm die ihm im Rescript vom

11. Februar 1785 gewährte Frist bis zum Schluß des Schuljahres nicht an, erklärte, daß er auch die ihm zugesagte Pension nicht annehmen werde, und legte seine Professur und den Hofraths-Charakter dem Kurfürsten zu Füßen. Er begab sich nach Regensburg und von hier nach Gotha, wo er, zum Legations- und Hofrath ernannt, den 18. November 1830 starb.

Wenn auch zersprengt, trug der Orden seine Früchte. Die in ihm gebildeten Abligen, Geistlichen und Schulmänner verbreiteten, als sie die Verfolgung der Jahre 1785 und 86 zum Theil außer Landes trieb, in ganz Süddeutschland die Lehren der Aufklärung und kamen großentheils während der Montgelas'schen Periode Bayerns in ihrer Heimath wieder zu Ansehen und Einfluß. Die norddeutschen Gelehrten waren mit dem Geist der Revolution erfüllt, Bode trug die Ideen Weishaupt's in die Freimaurerlogen und Dittfurth wirkte in den Logen des eklektischen Bundes für die Entwicklung des philosophischen Humanitätsprincips. Eine der bedeutendsten Nachwirkungen des Illuminaten-Ordens machte endlich in der Theorie des Restaurators Karl Ludwig von Haller Epoche. Ueber den beiden Graden der Priester und Regenten hatte nämlich Weishaupt noch etwas Höheres in petto. In einem Schreiben an Cato vom 7. Juni 1782 z. B. spricht er von einem Grad des patriarchalischen Lebens, der in München mit hundert Schlössern verwahrt sei. Wie Philo in einem Schreiben an Cato vom 20. Januar 1783 angiebt, sollten sich über Priester und Regenten die beiden höchsten Grade des Philosophus oder Magus und des Rex erheben, jener sollte die Religion abschaffen und im pantheistischen Sinne deuten, dieser die Souveränetät jedes Einzelnen lehren, wonach alle Obrigkeit und Regierung wegfallen müsse. Der Herausgeber der Schrift: „Die neuesten Arbeiten des Spartacus und Philo" (1794), welche die Statuten des Priester- und Regentengrades enthält, will als Ordensmitglied beide höchste Grade gesehen haben. Diese revolutionäre Verheißung einer bevorstehenden Rückkehr zur Souveränetät, die alle Einzelnen im Naturzustande genossen haben sollen, ist es nun, die Haller zu dem berichtigenden Satz führte, daß auf der Basis des Eigenthums und der von demselben bedingten Macht und Freiheit die Local-Autonomie sich im Laufe der Geschichte vielmehr immer erhalten habe.

V.
Der unbekannte König und die Freimaurerei.

Die Bürger von Athen opferten zur Zeit, als es mit dem Alterthum zu Ende ging, dem **unbekannten Gott**; die Bürger des vorigen Jahrhunderts suchten auf ihren Irrfahrten zwischen den Trümmern der mittelalterlichen Einrichtungen den **unbekannten König**.

Das ganze achtzehnte Jahrhundert war mit dem bestehenden Königthum unzufrieden. Von dem Königthum des Glanzes und der Gewalt, wie es Ludwig XIV. aufgerichtet hatte, wandte es sich, nachdem dasselbe an die Stelle der abligen, kirchlichen und corporativen Vorrechte sein ausschließliches Privilegium gesetzt hatte, entschieden ab. Die idyllische Liebes- und Naturtändelei eines Ludwig XV. und die philanthropische Geschäftigkeit eines Ludwig XVI. waren ihm zu weichlich und zerflossen, und nachdem es mit seinen königlichen Führern mitgetändelt und mitgespielt hatte, vergalt es ihnen ihre Menschlichkeit mit Verachtung oder wenigstens mit Mißachtung. Das Königthum der Pflicht, des Gesetzes, des Menschenverstandes und des strengen Staatsdienstes endlich war ihm zu verwandt, zu bürgerlich, um den Eindruck des Königlichen zu machen — zu wenig persönlich, da dasselbe in seiner Pflichtmäßigkeit nur den Staatszwang steigerte und den Dienst in der Bureaukratie einseitig organisirte und fixirte — mit seinem Grundsatz: „Jedem das Seine" zu arm, da derselbe den persönlichen Schatz, aus dem der König das Seinige, Originales und Neues mittheilt und spendet, in Vergessenheit brachte. Das Wort desselben Königthums: „Jeder nach seiner Façon" konnte auch nicht auf die Dauer genügen, da es die verschiedenen Façons, die es gewähren ließ, noch etwas despectirlich behandelte.

Von Ludwig XIV. an bis auf Napoleon Bonaparte, der das mißlungene Werk der Könige in seine Hand nahm und vollenden wollte, war die Stiftung des Reichsfriedens, die Ausgleichung des Parteikampfes, die Erhebung über die Parteien das Ideal des 18. Jahrhunderts. Aber weder das glänzende Elend, welches Ludwig XIV. nach der Aufzehrung aller Vorrechte auf den Thron erhoben hatte, noch die bürgerliche Biederkeit des aufgeklärten Königthums konnte das Ideal verwirklichen. Napoleon, der als der wahre Meister auf das Werk der Könige herabsehen zu können glaubte, indem er in seinem Kaiserthum das unparteiische Königthum zu realisiren suchte, leistete weiter nichts, als daß er der Schwäche und Unvollkommenheit des vorigen Jahrhunderts ihren äußersten Ausdruck gab. Er einigte die Parteien wie die Völker, aber nur dadurch, daß er ihre Eigenthümlichkeit in den Bann that und ihnen nichts gönnte und gewährte. Soweit er die Rudera der Parteien dulden mußte, bewachte er sie durch seine geheime Polizei und bedrohte er sie mit seinen Specialgerichten, wie er die Völker durch seine Armeen beaufsichtigte und vor jeder eigenen Regung behütete.

Der Unglaube der Fürsten und Könige des achtzehnten Jahrhunderts an ihre eigene Fürstlichkeit und Königlichkeit sprach sich am schroffsten in ihrem Anschluß an die Freimaurerei aus. Sich einem Verein zugesellen, der die Grenzen der bestehenden Reiche nicht achtete und in England, Schweden, Frankreich oder Italien sein Ordenshaupt besaß oder suchte, das hieß der eigenen Majestät mißtrauen und derselben sehr wenig gewiß sein. Mit einem Unterthanen-Verein die geheimen Oberen desselben suchen und mit Spannung der Nachricht harren, daß man dem obersten Haupte des Vereins auf die Spur gekommen sei, diese Entsagung auf ihr Vorrecht war den Fürsten nur möglich, wenn sie nicht mehr das Zeug dazu in sich fühlten, ihre Unterthanen nach dem Ideal, welches der Freimaurer-Orden ihnen offenbarte, zu regieren. (Um es beiläufig zu bemerken: Ihre Sehnsucht nach dem unbekannten Oberen wurde in einer schweren Episode durch Napoleon, der sich als der Erwartete geltend machte, mit Gewalt gestillt.)

Die Initiative zur Vollendung des Königthums und der königlichen Persönlichkeit ging im vorigen Jahrhundert von unten aus. Die Völker waren es, die sich erhoben und ihre Boten aussandten, um den unbekannten König zu suchen; die Frage nach der wahren Königlichkeit und die Beschäftigung mit dieser Frage war eine populäre That. Diese Völkerbewegung begann 1716 und 1717 zu London im Weinhaus zum Apfelbaum und im Bierhaus zur Gans und zum Rost, und sie erhielt im Studirzimmer Adam Weishaupt's zu Ingolstadt ihre definitive Richtung angewiesen.

Durch die oppositionelle oder wenigstens gleichgültige Haltung der Logenbrüder gegen das bestehende Fürstenthum und Königthum darf man sich über ihr Sinnen und Trachten nach der königlichen Persönlichkeit und nach dem unbekannten König nicht täuschen lassen. Jene Gleichgültigkeit oder Opposition war nicht geringer und nicht größer als diejenige, welche die Fürsten des Jahrhunderts gegen ihre eigene Würde oder gegen ihr ererbtes Vorrecht bewiesen. Selbst der Schrei der Revolution und Demokratie nach Volksfreiheit sollte bei aller Erbitterung und selbst Verbitterung gegen das ständische Königthum den freien König erwecken, der in keiner einzelnen Klasse des Volks, in keiner einzelnen Richtung des Volksgeistes und in keiner einzelnen Aufgabe und Thätigkeit desselben befangen ist, wie der König des Friedens und der Eintracht, der den Logen als Ideal vorschwebte, der Verbitterung der Grundsätze und Parteien ein Ende machen und die exclusiven Klassen und Bekenntnisse Bescheidenheit und Selbstbescheidung lehren sollte.

Der gesunde Kern der Maurerei und der demokratischen Bestrebungen des vorigen Jahrhunderts ist die Voraussetzung, daß der unbekannte König erst hervortreten und die königliche Persönlichkeit schalten und walten kann, wenn die Gesellschaft von jenem königlichen Geist des Friedens und der Nichtbefangenheit durchdrungen ist.

Maurerei wie Demokratie mußten aber nothwendig scheitern, da sie zu einem Material griffen, aus dem sich nimmermehr eine Gesellschaft des freien, friedlichen und königlichen Geistes aufbauen läßt. Dies Material war der natürliche, der Weltmensch, der Gemeinmensch oder der gemeine Mensch — ein Material, welches jene beiden Hauptmächte des vorigen Jahrhunderts vom Jesuitenorden geerbt haben.

Den Gemeinmenschen nämlich, welchen die obern und regierenden Klassen der früheren Gesellschaft in Fesseln geschlagen, herabgedrückt und benutzt hatten, aber vergeblich zu bezwingen suchten, haben die Jesuiten gerechtfertigt, — wenigstens gehegt und gepflegt. So wie er ist und in dem unbezwungenen Zustande, in welchem sie ihn von seinem bisherigen Herrn überwiesen erhielten, haben sie ihm aus den Verlegenheiten geholfen, welche ihm bis dahin die Kirchenpflichten, die christlichen Gebote und die Ansprüche seiner weltlichen Herren bereitet hatten. Geschickte Geschäftsleute und für alle Fälle und Verwickelungen Rath wissend, haben sie neben Gottes Sache — (nach ihrem Wahlspruch: omnia in majorem Dei gloriam) — wie die neueren Volksführer neben ihrer Devotion gegen den „verfassungsmäßigen König", die Sache ihres Schützlings geführt und es ihm leicht gemacht, sich mit den Ansprüchen seiner früheren geistlichen und politischen Herren abzufinden.

Die Jesuiten, die Begründer der Advocatenherrschaft, des Liberalismus und des Literatenregiments, haben den gemeinen Menschen, den dann die Aufklärung gegen die Qual der metaphysischen Probleme schützte, der Socialismus in's irdische Paradies zurückführen und die Freimaurerei zu königlicher Würde erheben wollte, zum ersten Male auf seine eigenen Beine gestellt.

Im Mittelalter war das Gemeine vom Reinen gesondert, — man floh es, entsagte ihm und seinen Genüssen, Forderungen und Rechten, — man bekämpfte es und suchte es durch Scheiterhaufen und die Schärfe des Schwertes zu vernichten; aber besiegt hat man es nicht, noch weniger mit der Kraft des Reinen durchdrungen und geadelt. Der Jesuitismus hat es dagegen zur Macht und zwar zu einer weltgeschichtlichen Macht erhoben, die neben den verschiedenen Formen der Revolution im vordringenden Judenthum einen rüstigen Vorkämpfer gewonnen hat.

Alles Andere konnte man an der Spitze dieser Macht — (und auch das nur als flüchtigen Schein) — gewinnen; aber nur nicht das, was man suchte: königliche Freiheit und Persönlichkeit. Die Jesuiten konnten sich als Ausgleicher und Ordner zwischen den beiden Welten des Reinen und Gemeinen eine wichtige Stellung erobern — die Aufklärung konnte den Verstandesmenschen mit sich selbst zufrieden machen — die Freimaurerei den Leuten den Streit der Bekenntnisse in Vergessenheit bringen — der Socialismus das Bild des irdischen Paradieses seinen Anhängern vorgaukeln, aber eine Gesellschaft königlichen Geistes war damit nicht gestiftet.

Die gute Menschennatur, auf welche die Jesuiten und ihre Nachfolger bis auf Rousseau und die Männer des französischen Wohlfahrtsausschusses ihr neues Gebäude errichten wollten, ist eben nur ein Phantom, da in der Natur das Gute und Schlechte gleich natürlich ist. Der Räuber der Wüste folgt der Natur wie der Wucherer und Stellenjäger der civilisirten Gesellschaft. Beide Bekenner der gemeinen Menschennatur unterscheiden sich nur durch den Verstand, der ihnen verschiedene Mittel an die Hand giebt. Das Ding, das sie verschieden verstehen, bleibt dasselbe, mag es gebildete Gemeinheit und Gewöhnlichkeit oder die uncivilisirte Natur sein.

Die königliche Freiheit und Majestät, deren Bild die Freimaurer und die revolutionären Eiferer des achtzehnten Jahrhunderts verehrten, war entweder Gleichgültigkeit des Natur- und Privatmenschen gegen das übernatürliche Gemüth und gegen die originalen Erzeugnisse desselben oder gewaltige Vernichtungskraft gegen das Gemüth, das sich der Welt und Natur nicht unterwerfen wollte, und Rache für die früheren Angriffe desselben auf die Naturseele. Jetzt lautet das Stichwort: Vereinbarung zwischen beiden Reihen der bisherigen Geschichte, das heißt: gegenseitige Abstumpfung, Verbitterung und Verderbniß. Wir ziehen aus dem gesunden Kern, der in dem geheimen Suchen der Freimaurerei und im Rothschrei der Demokratie nach königlicher Gerechtigkeit enthalten ist, ein anderes Resultat und nennen es, indem wir hiermit auf den Eingang zu unserer neuerlichen Schrift über das Judenthum zurückkommen, Scheidung und Auseinandersetzung zwischen jenen beiden historischen Reihen. Ist es das Werk der königlichen Persönlichkeit, Bescheidenheit und Selbstbescheidung zwischen den Grundsätzen, Lebensformen, Reihen und Parteien der Gesellschaft zu stiften und zu unterhalten, so wird der unbekannte und noch erwartete königliche Meister seine Hauptthat verrichten, indem er a u c h s i c h s e l b s t b e s c h e i d e t und die Naturseele, so weit sie nicht gewaltthätig über ihre Ordnung hinausgreift, in ihrer Art anerkennt, gewähren läßt, gegen aufdringliche Quälerei beschützt und das, was das leicht in Eifer versetzte Gemüth von ihr wünscht und auf der Stelle in's Werk gesetzt sehen will, der Zukunft anheimstellt. In diesem Sinne mag man, ohne wie neuerlich in Frankreich zu erfolglosen Gewaltmaßregeln seine Zuflucht zu nehmen, auch der Freimaurerei ihre Erbauung an dem Bilde eines brüderlichen und friedlichen Universalreichs in Ruhe lassen.

www.ingramcontent.com/pod-product-compliance
Lightning Source LLC
Chambersburg PA
CBHW031345160426
43196CB00007B/738